Trilogie complète
des best-sellers

Enseignements essentiels, méditations et exercices

ECKHART TOLLE

Trilogie complète des best-sellers

Enseignements essentiels, méditations et exercices

Le Pouvoir du moment présent
Mettre en pratique *Le pouvoir du moment présent*
Quiétude, ou l'art du calme intérieur

ARIANE

Titre originaux anglais :
The Power of Now © 1999 par Eckhart Tolle
Practicing the power of now – Essential teachings, meditations and exercices from the Power of now © 2001 par Eckhart Tolle
Stillness Speaks © 2003 par Eckhart Tolle
Publiés par New World Library, Novato, CA 94949 USA

1217, av. Bernard O., bureau 101, Outremont, Qc, Canada H2V 1V7
Téléphone : 514 276-2949, télécopieur : 514 276-4121
Courrier électronique : info@editions-ariane.com
Site Internet : www.editions-ariane.com

Traduction : Annie J. Ollivier, Michel Saint-Germain
Révision : Martine Vallée
Révision linguistique : Monique Riendeau, Michelle Bachand
Photo de la page couverture : McDonald Wildlife Photography, Inc.
Samburu Hills Sunrise, Kenya
Graphisme : Carl Lemyre
Première impression : 2013
ISBN : 978-2-920987-134-5

Dépôt légal : 2013
Bibliothèque nationale du Québec
Bibliothèque nationale du Canada
Bibliothèque nationale de Paris

Diffusion
Québec : Flammarion Québec – 514 277-8807 – www.flammarion.qc.ca
France et Belgique : D.G. Diffusion – 05.61.000.999 – www.dgdiffusion.com
Suisse : Servidis/Transat – 22.960.95.25 – www.servidis.ch

Gouvernement du Québec – Programme de crédit d'impôt
Pour l'édition de livres – Gestion SODEC

Imprimé au Canada

Table des matières

Le pouvoir du moment présent

Table des matières

Mettre en pratique *le pouvoir du moment présent*

Table des matières

Quiétude

Le pouvoir du moment présent

Guide d'éveil spirituel

Vous êtes ici pour permettre
à la mission divine de l'univers
de se déployer.
Voilà à quel point vous êtes important !

– Eckhart Tolle

Préface de l'éditeur

Marc Allen
Auteur de *Visionary Business* et de *A Visionary Life*

Une fois en dix ans, ou même au cours d'une génération, s'offre à vous un ouvrage comme *Le pouvoir du moment présent*. En fait, c'est bien plus qu'un livre, car une énergie vit en lui, que vous pouvez probablement ressentir alors que vous le tenez entre vos mains. Ce volume a le pouvoir de faire vivre à ses lecteurs une expérience qui changera leur vie.

Le pouvoir du moment présent a d'abord été publié au Canada et l'éditrice canadienne, Connie Kellough, m'a rapporté avoir entendu à de multiples reprises des histoires de belles transformations et même de miracles survenus chez les gens qui en avaient entrepris la lecture. «Les lecteurs me téléphonent», m'a-t-elle raconté, «et un grand nombre d'entre eux me dépeignent les merveilleuses guérisons et la grande joie qu'ils connaissent dans leur vie depuis qu'ils se sont plongés dans ce bouquin».

Ce livre m'amène à prendre conscience du fait que chaque instant de ma vie est un miracle. Et ceci est tout à fait vrai, que je le réalise ou non. Et il me montre, page après page, comment je peux y arriver.

Dès les premières pages de cet ouvrage, il est clair que son auteur, Eckhart Tolle, est un maître contemporain. Cet homme n'a pas d'affinités avec une religion particulière, un maître ou un gourou quelconque et ne défend aucune doctrine. Ses enseignements englobent le cœur et l'essence de toutes les traditions. Ils ne contredisent ni le christianisme, ni le bouddhisme, ni l'islam, ni les traditions aborigènes ou autres. Comme tous les grands maîtres, il sait nous dévoiler en termes simples et clairs que le chemin, la vérité et la lumière sont en nous.

Eckhart Tolle commence son livre en nous racontant brièvement son histoire: une histoire de dépression et de désespoir qui, une nuit, a abouti à une formidable expérience d'éveil spirituel, peu après son vingt-neuvième anniversaire. Depuis vingt ans, il réfléchit, médite et tente d'approfondir son discernement et sa compréhension par rapport à cette expérience.

Au cours des dix dernières années, il est devenu un enseignant de classe mondiale, une grande âme qui apporte un message extraordinaire, tout comme Jésus et Bouddha l'ont fait avant lui, à savoir que l'éveil spirituel est accessible ici et maintenant. Qu'il est possible de vivre sans souffrance, sans anxiété et sans névrose. Mais pour atteindre cet état d'éveil nous devons arriver à comprendre que nous sommes nous-mêmes les créateurs de notre propre souffrance. Que notre mental – et non pas les autres et notre monde environnant – est à l'origine de nos problèmes. C'est notre propre mental, avec son flot presque continu de pensées, qui se soucie du passé et s'inquiète de l'avenir. Nous faisons la grave erreur de nous identifier à lui en pensant que c'est ce que nous sommes, alors que nous sommes en fait des êtres bien plus grandioses.

À maintes reprises, l'auteur nous montre comment établir le lien avec ce qu'il appelle l'Être:

> L'Être est la vie éternelle et omniprésente qui existe au-delà de toutes les formes de vie assujetties au cycle de la vie et de la mort. L'Être n'existe cependant pas seulement au-delà mais aussi au cœur de toute forme; il constitue l'essence invisible et indestructible la plus profonde. En d'autres termes, l'Être vous est accessible immédiatement et représente votre moi le plus profond, votre véritable nature. Mais ne cherchez pas à le saisir avec votre «mental» ni à le comprendre. Vous pouvez l'appréhender seulement lorsque votre «mental» s'est

tu. Quand vous êtes présent, lorsque votre attention est totalement et intensément dans le présent, vous pouvez le sentir. Mais vous ne pouvez jamais le comprendre mentalement. Retrouver cette présence à l'Être et se maintenir dans cet état de «sensation de réalisation», c'est cela l'illumination.

Il est presque impossible de lire cet ouvrage d'un seul trait. Il vous faut le parcourir à petites doses, puis le déposer pour réfléchir aux paroles que vous venez de lire et les intégrer ensuite à votre expérience de vie. Il s'agit d'un guide exhaustif et d'un cours intégral sur la méditation et la réalisation de soi. C'est là un livre à lire encore et encore. Et chaque fois que vous le reprendrez, vous y trouverez une nouvelle profondeur et une autre signification. Et sans aucun doute, plusieurs d'entre nous voudront se pencher sur son contenu toute leur vie.

Le pouvoir du moment présent voit le nombre de ses ardents lecteurs augmenter. On l'a déjà qualifié de chef-d'œuvre. Peu importe comment on le décrit, il a le pouvoir de changer nos vies, de nous amener à réaliser totalement ce que nous sommes.

Avant-propos

Par Russell E. DiCarlo
Auteur de *Towards a New World View*

Sur un fond de ciel bleu azur, les rayons jaune orangé d'un soleil couchant peuvent, à certains moments privilégiés, nous régaler d'un instant d'une telle beauté, que nous en restons momentanément ébahis, le regard fixe. La splendeur de ce moment nous éblouit tellement que nos esprits habituellement si bavards marquent un temps et ne nous entraînent pas mentalement ailleurs que dans l'ici-maintenant. Baignant dans un halo de lumière, nous voyons s'ouvrir en nous une porte donnant sur une autre réalité. Une réalité qui est toujours là mais dont nous sommes rarement les témoins.

Abraham Maslow qualifiait ces instants d'expériences d'apogée étant donné qu'ils constituent les moments forts de la vie où nous nous retrouvons projetés avec joie au-delà des confins de la vie concrète et ordinaire. Il aurait aussi bien pu les qualifier d'expériences furtives. Au cours de ces moments d'expansion de la conscience, nous avons un bref aperçu du royaume éternel de l'Être. Ne serait-ce que pour un bref instant, nous revenons chez nous, vers notre être véritable.

Dans un soupir, nous nous disons: «C'est si grandiose... Si seulement je pouvais rester là. Comment faire pour y demeurer à tout jamais?»

C'est ce que je m'efforce de découvrir depuis les dix dernières années. Durant ma quête, j'ai eu l'honneur de dialoguer avec certains des pionniers les plus audacieux, inspirants et perspicaces de notre époque en ce qui concerne les paradigmes, et ce, dans de nombreux domaines: la médecine, les sciences, la psychologie, les affaires, la religion, la spiritualité et le potentiel humain. Ces personnages fort divers ont en commun l'intuition que l'humanité est en train de faire un saut quantique dans son évolution. Ce changement s'accompagne d'un bouleversement de la vision du monde, de l'image de fond que nous véhiculons en ce qui a trait à la «façon dont les choses sont». Une vision du monde cherche à répondre à deux questions essentielles: «Qui sommes-nous?» et «Quelle est la nature de l'univers dans lequel nous vivons?» Nos réponses à ces questions déterminent la qualité et les caractéristiques des relations que nous entretenons avec les membres de notre famille, nos amis et nos patrons ou nos employés. Sous un angle plus grand, nous pourrions dire qu'elles définissent nos sociétés. Affirmer que la vision du monde qui voit actuellement le jour remet en question de nombreux éléments tenus pour acquis par la société occidentale ne surprendra pas beaucoup.

Mythe numéro un : L'humanité a atteint le sommet de son développement.

S'inspirant d'études comparées dans les domaines de la religion, des sciences médicales, de l'anthropologie et des sports, Michael Murphy, un des fondateurs de l'institut Esalen (Californie), a soulevé une polémique en avançant qu'il existe des stades plus avancés de développement humain. Quand une personne atteint ces stades de maturité spirituelle, d'extraordinaires aptitudes voient le jour sur les plans de l'amour, de la vitalité, de la personne, de la conscience corporelle, de l'intuition, de la perception, de la communication et de la volition.

Première étape: reconnaître l'existence de ces stades. La plupart des gens ne les voient pas. Deuxième étape: employer consciemment et intentionnellement des méthodes pour les explorer.

Mythe numéro deux : Nous sommes totalement séparés les uns des autres, de la nature et du cosmos.

Le mythe de «plutôt l'autre que moi» est la cause des guerres, du viol manifeste de la planète et de toutes les formes et expressions d'injustice humaine. Après tout, quelle personne sensée désire faire du mal à une autre si elle considère que celle-ci fait également partie d'elle-même? Dans sa recherche sur les états de conscience extraordinaires, Stan Grof récapitule en disant que «la psyché et la conscience de chacun de nous correspondent en fin de compte au Grand Tout parce qu'il n'y a aucune frontière absolue entre le corps-ego et la totalité de l'existence».

Les études scientifiques effectuées sur le pouvoir de guérison de la prière corroborent la médecine Era-3 du docteur Larry Dossey où les pensées, les attitudes et les intentions de guérison d'une personne peuvent influer sur la physiologie d'une autre personne (la médecine Era-2 concernant surtout l'aspect psycho-spirituel). Selon les principes connus de la physique et de la vision du monde de la science traditionnelle, ceci ne peut pas se produire. Et pourtant, les preuves sont là pour démontrer le contraire.

Mythe numéro trois : Le monde matériel est tout ce qui existe.

Confinée à la matière, la science traditionnelle part de la prémisse selon laquelle tout ce qui ne peut pas se mesurer, se vérifier en laboratoire ou être éprouvé par les cinq sens ou leurs remplaçants technologiques n'existe tout bonnement pas, n'est pas réel. Par conséquent, la réalité tout entière a été ramenée au concret. Toute dimension spirituelle ou non physique de la réalité, s'est fait évincer.

Ceci entre en conflit avec la «philosophie de la pérennité», ce consensus philosophique retrouvé à toutes les époques, dans toutes les religions, traditions et cultures, et qui fait état de diverses mais permanentes dimensions de la réalité s'échelonnant des plus denses et moins conscientes – que nous appelons la matière – aux moins denses et plus conscientes – que nous qualifions de spirituelles.

Fait intéressant, les spécialistes de la théorie quantique, dont Jack Scarfetti, qui parle de voyage supraluminal, font référence à ce modèle multidimensionnel de la réalité. On utilise d'autres dimensions de la réalité pour expliquer les déplacements plus rapides que la vitesse de la lumière, référence suprême en ce qui concerne la vitesse de déplacement. Nous n'avons qu'à nous reporter aux travaux du légendaire physicien David Böhm et à son modèle multidimensionnel de la réalité qui comprend l'explicite (le physique) et l'implicite (le non-physique).

Ce n'est pas qu'une théorie. En 1982, l'expérience Aspect, effectuée en France, a démontré que deux particules étalons anciennement reliées et par la suite séparées par une très grande distance restent reliées entre elles d'une façon ou d'une autre. Si une des particules subissait un changement, l'autre changeait instantanément. Les scientifiques ne connaissent pas le mécanisme derrière ce phénomène du «déplacement plus rapide que la lumière», bien que certains théoriciens avancent que ce lien s'effectue par l'intermédiaire de passages dans des dimensions supérieures.

Donc, contrairement à ce que peuvent penser ceux qui prêtent allégeance au paradigme traditionnel, les personnes avant-gardistes et influentes avec qui je me suis entretenu estimaient que nous n'avons pas encore atteint l'apogée de notre développement, que nous sommes tous reliés à la vie au lieu d'en être dissociés et que l'éventail de tous nos niveaux de conscience englobe aussi bien la dimension matérielle qu'une multitude de dimensions immatérielles de la réalité.

Fondamentalement, cette nouvelle vision du monde nous amène à nous voir, ainsi que les autres et toute la vie, non pas avec le regard de notre petit moi concret qui est né et vit dans le temps, mais bien plutôt avec le regard de l'âme, de notre Être, de notre véritable moi. Un à un, les gens font le saut.

Avec son ouvrage *Le pouvoir du moment présent*, Eckhart Tolle trouve justement sa place parmi ce groupe spécial d'enseignants de calibre mondial. Son message se résume à ceci: le problème de l'humanité est profondément enraciné dans le mental lui-même. Ou plutôt dans notre identification au mental.

L'errance de notre conscience, notre tendance à choisir le chemin le plus aisé en étant moins qu'à moitié éveillé face au moment présent, crée un vide. Et le mental limité par le temps, destiné à être notre utile serviteur, compense en se proclamant lui-même le maître. À l'instar d'un papillon qui volette d'une fleur à l'autre, notre mental s'arrête sur nos expériences passées ou anticipe celles à venir en projetant ses propres productions visuelles. Il est rare que nous nous reposions dans la profondeur océanique de l'ici-maintenant. C'est pourtant ici, dans l'instant présent, que nous découvrons notre véritable moi, qui se trouve en quelque sorte derrière notre corps physique, nos émotions changeantes et notre mental bavard.

Le plus grand triomphe du développement humain ne réside pas dans notre capacité à raisonner et à penser, bien que cela nous distingue du règne animal. L'intellect, tout comme l'instinct, est seulement un détail dans l'ensemble. Ultimement, notre destinée consiste à nous rebrancher sur l'Être essentiel qui est en nous et à exprimer notre réalité divine et extraordinaire dans le monde concret et ordinaire du quotidien. Facile à dire, mais pas facile à faire puisque ceux qui ont atteint les étapes ultérieures du développement humain sont encore rares.

Heureusement, il y a des guides et des maîtres pour nous éclairer tout au long du chemin. Le pouvoir formidable d'Eckhart Tolle, lui-même guide et maître, n'a rien à voir avec sa facilité à nous raconter des histoires amusantes, à expliquer l'abstrait par le concret ou à nous procurer des techniques fort utiles. Non, son pouvoir vient du fait qu'il parle en fonction de son expérience propre, comme quelqu'un qui sait. Le résultat? Ses paroles s'appuient sur une force que l'on ne retrouve que chez les plus célèbres maîtres spirituels. En vivant sa vie à partir des profondeurs de la réalité supérieure, Eckhart Tolle trace une route et nous invite à le suivre.

Et qu'arriverait-il si nous le faisions? Il est certain que le monde tel que nous le connaissons actuellement changerait pour le mieux. Nos valeurs partiraient à la dérive avec nos peurs dissipées puisqu'elles auraient été aspirées et vidangées par le tourbillon de l'Être lui-même. Une nouvelle civilisation verrait le jour.

« Où est la preuve de cette réalité supérieure? » demanderez-vous. Je ne peux vous répondre que par cette métaphore: un groupe de scientifiques peuvent bien se rassembler et vous fournir toutes les preuves permettant de conclure que les bananes sont effectivement amères. Néanmoins, il vous suffit d'en goûter une, une fois, pour réaliser qu'elles présentent aussi cette caractéristique particulière. En fin de compte, la preuve ne provient pas d'arguments intellectuels, mais du sacré qui nous touche d'une façon ou d'une autre.

Eckhart Tolle nous ouvre, de main de maître, à cette possibilité.

Remerciements

Je suis particulièrement reconnaissant à Connie Kellough de son aimable soutien et de sa participation essentielle à faire de mon manuscrit le livre que vous tenez entre les mains. C'est une joie que de travailler avec elle.

Toute ma gratitude à Corea Ladner et à ces merveilleuses personnes qui ont contribué à ce livre en me laissant de la place – ce plus précieux des cadeaux – pour écrire et pour être. Merci à Adrienne Bradley de Vancouver, à Margaret Miller de Londres et à Angie Francesco de Glastonbury en Angleterre, à Richard de Menlo Park et à Rennie Frumkin de Sausalito, en Californie.

Je tiens aussi à remercier Shirley Spaxman et Howard Kellough pour leur révision première du manuscrit et pour avoir apporté d'utiles suggestions. Je remercie aussi tous ceux qui ont relu le manuscrit à une étape ultérieure et qui ont ainsi apporté leur contribution. Merci à Rose Dendewich pour avoir pris en charge le traitement de texte de ce manuscrit à sa façon unique, pleine d'entrain et professionnelle.

Enfin, je voudrais exprimer mon amour et ma gratitude à ma mère et à mon père, sans qui ce livre n'aurait jamais vu le jour, à mes maîtres spirituels et au plus grand des gourous, la vie.

Eckhart Tolle

Introduction

L'origine de ce livre

Le passé ne m'est pas d'une grande utilité et j'y pense rarement. Cependant, j'aimerais vous raconter rapidement comment j'en suis venu à devenir un guide spirituel et comment ce livre a vu le jour.

Jusqu'à l'âge de trente ans, j'ai vécu dans un état presque continuel d'anxiété ponctué de périodes de dépression suicidaire. Aujourd'hui, j'ai l'impression de parler d'une vie passée ou de la vie de quelqu'un d'autre.

Une nuit, peu après mon vingt-neuvième anniversaire, je me réveillai aux petites heures avec une sensation de terreur absolue. Il m'était souvent arrivé de sortir du sommeil en ayant une telle sensation, mais cette fois-ci c'était plus intense que cela ne l'avait jamais été. Le silence nocturne, les contours estompés des meubles dans la pièce obscure, le bruit lointain d'un train, tout me semblait si étrange, si hostile et si totalement insignifiant que cela créa en moi un profond dégoût du monde. Mais ce qui me répugnait le plus dans tout cela, c'était ma propre existence. À quoi bon continuer à vivre avec un tel fardeau de misère? Pourquoi poursuivre cette lutte? En moi, je sentais qu'un profond désir d'annihilation, de ne plus exister, prenait largement le pas sur la pulsion instinctive de survivre.

«Je ne peux plus vivre avec moi-même.» Cette pensée me revenait sans cesse à l'esprit. Puis, soudain, je réalisai à quel point elle était bizarre. «Suis-je un ou deux? Si je ne réussis pas à vivre avec moi-même, c'est qu'il doit y avoir deux moi: le "je" et le "moi" avec qui le "je" ne peut pas vivre.» «Peut-être qu'un seul des deux est réel», pensai-je.

Cette prise de conscience étrange me frappa tellement que mon esprit cessa de fonctionner. J'étais totalement conscient, mais il n'y avait plus aucune pensée dans ma tête. Puis, je me sentis aspiré par ce qui me sembla être un vortex d'énergie. Au début, le mouvement était lent, puis il s'accéléra. Une peur intense me saisit et mon corps se mit à trembler. J'entendis les mots «ne résiste à rien», comme s'ils étaient prononcés dans ma poitrine. Je me sentis aspiré par le vide. J'avais l'impression que ce vide était en moi plutôt qu'à l'extérieur. Soudain, toute peur s'évanouit et je me laissai tomber dans ce vide. Je n'ai aucun souvenir de ce qui se passa par la suite.

Puis les pépiements d'un oiseau devant la fenêtre me réveillèrent. Je n'avais jamais entendu un tel son auparavant. Derrière mes paupières encore closes, ce son prit la forme d'un précieux diamant. Oui, si un diamant pouvait émettre un son, c'est ce à quoi il ressemblerait. J'ouvris les yeux. Les premières lueurs de l'aube fusaient à travers les rideaux. Sans l'intermédiaire d'aucune pensée, je sentis, je sus que la lumière est infiniment plus que ce que nous réalisons. Cette douce luminosité filtrée par les rideaux était l'amour lui-même. Les larmes me montèrent aux yeux. Je me levai et me mis à marcher dans la pièce. Je la reconnus et, pourtant, je sus que je ne l'avais jamais vraiment vue auparavant. Tout était frais et comme neuf, un peu comme si tout venait d'être mis au monde. Je ramassai quelques objets, un crayon, une bouteille vide, et m'émerveillai devant la beauté et la vitalité de tout ce qui se trouvait autour de moi.

Ce jour-là, je déambulai dans la ville, totalement fasciné par le miracle de la vie sur terre, comme si je venais de venir au monde.

Pendant les cinq mois qui suivirent, je vécus sans interruption dans une grande béatitude et une paix profonde. Par après, cela diminua d'intensité ou telle fut mon impression peut-être parce que cet état-là m'était devenu naturel. Je pouvais encore fonctionner dans le monde même si je réalisais que rien de ce que je faisais n'aurait pu ajouter quoi que ce soit à ce que j'avais déjà.

Bien entendu, je savais que quelque chose de profondément significatif m'était arrivé, sans toutefois comprendre de quoi il s'agissait. Ce ne fut que plusieurs années plus tard, après avoir lu des textes sur la spiritualité et passé du temps avec des maîtres spirituels, que je compris qu'il m'était arrivé, à moi, tout ce que le monde cherchait. Je compris que l'intense oppression occasionnée par la souffrance cette nuit-là devait avoir forcé ma conscience à se désengager de son identification au moi malheureux et plein de peur profonde, qui en fin de compte n'était qu'une fiction. Ce désengagement avait dû être si total que ce faux moi souffrant s'effondra immédiatement, comme un ballon qui se dégonfle quand on enlève le bouchon. Tout ce qui restait, c'était ma véritable nature, l'éternel *je suis*, la conscience dans son état vierge avant l'identification à la forme. Plus tard, j'appris également à retourner en moi, dans ce royaume intemporel et immortel que j'avais au début perçu comme un vide, tout en restant pleinement conscient. Je connus des états de béatitude et de grâce tels qu'il est difficile de les décrire et qu'ils éclipsent même la première expérience que je viens de décrire. Il fut un temps, pendant une certaine période, où il ne me resta plus rien sur le plan concret. Pas de relations, pas d'emploi, aucune identité sociale. Je passai presque deux ans assis sur les bancs de parcs dans un état de joie la plus intense qui soit.

Mais même les plus belles expériences ont une fin. Il y a peut-être quelque chose de plus important que n'importe quelle expérience, et c'est la paix sous-jacente qui ne m'a jamais quitté depuis ce jour-là. Elle est parfois très puissante, presque palpable, et les autres peuvent la sentir aussi. À d'autres moments, elle est plus en arrière-plan, semblable à une mélodie de fond.

Plus tard, les gens sont venus me voir à l'occasion en me disant: «Je veux arriver à la même chose que vous. Pouvez-vous m'y amener ou me montrer comment faire?» Et je leur répondais: «Mais vous y êtes déjà. Vous ne pouvez pas le sentir parce que votre mental fait trop de bruit.» Cette réponse s'élabora et devint plus tard le livre que vous tenez entre les mains.

En un rien de temps, je me retrouvai de nouveau avec une identité. J'étais devenu un enseignant spirituel.

La vérité en vous

Ce livre constitue l'essence de mon travail – pour autant qu'il soit possible de le transmettre avec des mots – que j'ai partagé avec des particuliers et de petits groupes de chercheurs de la spiritualité, en Europe et en Amérique du Nord depuis dix ans. Avec tout mon amour et toute mon appréciation, j'aimerais remercier ces gens pour leur courage exceptionnel, leur disposition à accepter le changement intérieur, leurs questions pleines de défis et leur promptitude à écouter. Ce livre n'aurait pas vu le jour sans eux. Ces personnes appartiennent à une minorité infime mais fort heureusement croissante de pionniers du domaine de la spiritualité. Elles sont arrivées au point où elles ont pu se défaire des conditionnements mentaux collectifs qui font partie de l'héritage des humains et qui, depuis toujours, maintiennent ces derniers dans la souffrance.

Je suis confiant que ce livre arrivera jusqu'à ceux qui sont prêts à connaître une transformation aussi radicale et qu'il jouera pour eux un rôle de catalyseur. J'espère aussi qu'il tombera dans les mains de nombreux autres lecteurs qui trouveront son contenu digne d'intérêt, même s'ils ne sont pas encore prêts à vivre et à pratiquer totalement ce qu'il préconise. Il est possible que plus tard, la graine qui aura été semée à la lecture de ce livre rencontre la semence d'illumination que chaque être humain porte en lui et que, soudainement, elle germe et se mette à pousser en eux.

Le format adopté pour cet ouvrage provient des réponses que j'ai données, souvent spontanément, aux questions posées par des gens dans des séminaires, des séances de méditation et des rencontres en consultation privée. J'ai donc conservé le format question-réponse. J'ai autant appris et reçu qu'eux. Certaines questions et réponses ont été reproduites presque mot à mot. D'autres étant d'ordre plus général, je les ai regroupées et synthétisées en une seule question-réponse. Parfois, en cours de rédaction, me venait une nouvelle réponse plus profonde ou plus appropriée que tout ce que j'avais jamais pu formuler. Certaines autres questions ont été posées par l'éditeur afin de pouvoir clarifier certains points. Vous verrez que de la première à la dernière page, les dialogues alternent continuellement entre deux niveaux.

En premier lieu, j'attire votre attention sur ce qui est faux en vous. Je traite de la nature de l'inconscience et de la dysfonction chez l'humain, ainsi que de leurs manifestations les plus communes, allant du conflit relationnel à la guerre entre tribus ou nations. Cette connaissance est indispensable, car à moins que vous ne puissiez reconnaître le faux comme tel – comme n'étant pas vous –, il ne peut y avoir de transformation durable et vous serez toujours condamné à revenir dans l'illusion et à retrouver une forme de souffrance ou une autre. À ce niveau encore, je vous fais voir comment ne pas faire de ce qui est faux en vous un moi et un problème, car c'est ainsi que le faux se perpétue.

En deuxième lieu, je parle de la profonde transformation de la conscience humaine, non pas comme une possibilité dans un futur lointain mais comme quelque chose de disponible dans l'instant, peu importe qui vous êtes et où vous vous trouvez. Je vous montre comment vous libérer de l'esclavage du mental, comment accéder à cet état éclairé de conscience et de quelle manière le maintenir dans le quotidien. Dans cet esprit, les mots ne sont pas toujours axés sur l'information, mais souvent destinés à vous amener à ce nouvel état de conscience pendant que vous lisez. À plusieurs reprises, je m'efforce de vous entraîner à ma suite dans cet état intemporel d'intense et consciente présence dans l'instant présent afin que vous ayez un avant-goût de l'illumination. Il se peut que vous trouviez ces passages quelque peu répétitifs si vous n'avez pas encore pu faire l'expérience de ce dont je parle. Par contre, dès que vous en ferez l'expérience, je crois que vous réaliserez qu'ils contiennent une bonne dose de pouvoir spirituel. Ces passages deviendront peut-être pour vous les éléments les plus enrichissants du livre. Par ailleurs, étant donné que chaque personne porte en elle le germe de l'illumination, je m'adresse souvent au sage en vous qui existe derrière le penseur, au moi profond qui reconnaît immédiatement la vérité spirituelle, vibre avec elle et s'en sustente.

Le symbole ∫ qui apparaît après certains passages vous invite à vous arrêter de lire pendant un petit moment, à vous immobiliser et à sentir en vous la vérité tout juste énoncée. Il est possible que vous ayez envie de le faire naturellement et spontanément en d'autres endroits du livre.

Allez-y! Quand vous entamerez votre lecture, il se peut que le sens de certains mots, comme «Être» ou «présence», ne soit pas très clair pour vous. Poursuivez tout de même. Il est possible également que vous viennent à l'esprit des questions ou des objections en cours de lecture. Elles trouveront probablement leurs réponses plus loin ou bien tomberont à plat à mesure que vous approfondirez votre compréhension et plongerez en vous.

Ne lisez pas seulement avec votre tête. Soyez à l'affût des réponses qui arrivent sous la forme de sensations et de reconnaissance intérieure. Je ne peux vous faire part d'aucune vérité spirituelle que vous ne connaissiez pas déjà au fin fond de vous. Tout ce que je peux faire, c'est vous rappeler ce que vous avez oublié. Une connaissance vivante, ancienne et pourtant toujours nouvelle est ainsi réactivée et libérée dans chacune des cellules de votre corps.

Le mental veut toujours catégoriser et comparer. Ce livre fonctionnera cependant mieux pour vous si vous n'essayez pas de comparer sa terminologie avec celle d'autres enseignements, car cela pourrait vous désorienter. J'emploie des termes comme «mental», «bonheur» et «conscience» d'une façon qui peut ne pas correspondre à d'autres enseignements. Ne restez pas accroché à quelque mot que ce soit. Les mots ne sont que des points de repère que l'on doit délaisser aussitôt que possible.

Lorsque je cite à l'occasion Jésus ou Bouddha, *Un cours en miracles* ou tout autre enseignement, je le fais non pas pour comparer, mais pour attirer votre attention sur le fait que, essentiellement, il n'y a jamais eu qu'un seul enseignement spirituel, bien qu'il puisse prendre de nombreuses formes. Il s'est cependant ajouté à certaines de ces formes tellement d'éléments superflus, entre autres dans les religions anciennes, que leur essence spirituelle en a été presque totalement éclipsée. Voilà pourquoi, dans une large mesure, leur sens profond est impossible à reconnaître et leur pouvoir transformateur, perdu. Quand je réfère à ces vieilles religions ou à d'autres enseignements, c'est pour souligner leur signification profonde et par la même occasion leur restituer leur pouvoir transformateur, en particulier pour les lecteurs adeptes de ces religions ou de ces enseignements. Je leur dis qu'ils n'ont pas besoin d'aller ailleurs pour trouver la vérité et leur montre comment approfondir ce qu'ils ont déjà à leur disposition.

Par contre, je me suis surtout efforcé d'employer une terminologie qui soit aussi neutre que possible afin de pouvoir atteindre le plus grand éventail de gens. On peut considérer ce livre comme l'expression, à cette époque-ci, du seul et unique enseignement spirituel intemporel, qui est l'essence même de toutes les religions. Cette transmission ne provient pas de sources extérieures mais de la seule véritable source intérieure. Elle ne contient donc aucune théorie ni spéculation. Je m'adresse à vous à partir de mon expérience, et si je m'exprime parfois en termes frappants, c'est pour arriver à traverser toutes ces épaisses couches de résistance mentale et atteindre enfin ce lieu en vous qui sait déjà, tout comme moi, et où la vérité se reconnaît quand elle est entendue. Une sensation d'exaltation et une vitalité accrue en vous émergent alors en même temps que quelque chose en vous dit: «Oui. Je sais que ceci est vrai.»

CHAPITRE UN

Vous n'êtes pas votre mental

Le plus grand empêchement à l'illumination

L'illumination, c'est quoi ?

Un mendiant était assis sur le bord d'un chemin depuis plus de trente ans. Un jour, un étranger passa devant lui. « Vous avez quelques pièces de monnaie pour moi ? » marmotta le mendiant en tendant sa vieille casquette de baseball d'un geste automatique. « Je n'ai rien à vous donner », répondit l'étranger, qui lui demanda par la suite : « Sur quoi êtes-vous assis ? » « Sur rien, répondit le mendiant, juste une vieille caisse. Elle me sert de siège depuis aussi longtemps que je puisse m'en souvenir. » « Avez-vous jamais regardé ce qu'il y avait dedans ? » demanda l'étranger. « Non, répliqua le mendiant, pour quelle raison ? Il n'y a rien. » « Jetez-y donc un coup d'œil », insista l'étranger. Le mendiant réussit à ouvrir le couvercle en le forçant. Avec étonnement, incrédulité et le cœur rempli d'allégresse, il constata que la caisse était pleine d'or.

Je suis moi-même cet étranger qui n'a rien à vous donner et qui vous dit de regarder à l'intérieur. Non pas à l'intérieur d'une caisse, comme dans cette parabole, mais dans un lieu encore plus proche de vous : en vous-même.

« Mais je ne suis pas un mendiant », puis-je déjà vous entendre rétorquer.

Ceux qui n'ont pas trouvé leur véritable richesse, c'est-à-dire la joie radieuse de l'Être et la paix profonde et inébranlable qui l'accompagnent, sont des mendiants, même s'ils sont très riches sur le plan matériel. Ils se tournent vers l'extérieur pour récolter quelques miettes de plaisir et de satisfaction, pour se sentir confirmés, sécurisés ou aimés, alors qu'ils abritent en eux un trésor qui non seulement recèle toutes ces choses, mais qui est aussi infiniment plus grandiose que n'importe quoi que le monde puisse leur offrir.

Le terme «illumination» évoque l'idée d'un accomplissement surhumain, et l'ego aime s'en tenir à cela. Mais l'illumination est tout simplement votre état naturel, la sensation de ne faire qu'un avec l'Être. C'est un état de fusion avec quelque chose de démesuré et d'indestructible. Quelque chose qui, presque paradoxalement, est essentiellement vous mais pourtant beaucoup plus vaste que vous. L'illumination, c'est trouver votre vraie nature au-delà de tout nom et de toute forme. Votre incapacité à ressentir cette fusion fait naître l'illusion de la division, la division face à vous-même et au monde environnant. C'est pour cela que vous vous percevez, consciemment ou non, comme un fragment isolé. La peur survient et le conflit devient la norme, aussi bien à l'intérieur qu'à l'extérieur.

J'affectionne la définition simple que donne Gautama le Bouddha de l'illumination: il affirme que c'est «la fin de la souffrance». Cela n'a rien de surhumain, n'est-ce pas? Bien sûr, comme telle, cette définition est incomplète, car elle exprime seulement ce que l'illumination n'est pas, c'est-à-dire qu'elle n'est pas souffrance. Mais que reste-t-il quand il n'y a plus de souffrance? Bouddha garde le silence là-dessus et son silence sous-entend que c'est à vous de le découvrir. Il retient une définition par la négative afin que le «mental» ne puisse pas en faire une croyance ou un accomplissement surhumain, un objectif qu'il vous soit impossible à atteindre. Malgré cette précaution de la part de Bouddha, la majorité des bouddhistes croient encore que l'illumination est l'apanage de Bouddha et non le leur, du moins pas dans cette vie-ci.

Vous avez employé le terme «Être». Pouvez-vous en expliquer la signification?

L'Être est LA vie éternelle et omniprésente qui existe au-delà des myriades de formes de vie assujetties au cycle de la naissance et de la mort. Être n'existe cependant pas seulement au-delà mais aussi au cœur de toute forme; il constitue l'essence invisible et indestructible la plus profonde. En d'autres termes, l'Être vous est accessible immédiatement et représente votre moi le plus profond, votre véritable nature. Mais ne cherchez pas à le saisir avec votre «mental» ni à le comprendre. Vous pouvez l'appréhender seulement lorsque votre «mental» s'est tu. Quand vous êtes présent, quand votre attention est totalement et intensément dans le présent, vous pouvez sentir l'Être. Mais vous ne pouvez jamais le comprendre mentalement. Retrouver cette présence à l'Être et se maintenir dans cet état de «sensation de réalisation», c'est cela l'illumination.

Lorsque vous utilisez le terme «Être», faites-vous référence à Dieu? Si oui, pourquoi n'employez-vous pas le terme «Dieu»?

Le mot «Dieu» s'est vidé de son sens, car on en a abusé pendant des millénaires. Je l'emploie parfois, mais avec parcimonie. Quand j'affirme que le terme est galvaudé, je veux dire que certaines gens, qui n'ont jamais ne serait-ce qu'entrevu le sacré ni même jamais eu le moindre aperçu de l'infinie vastitude que le mot abrite, recourent à ce terme avec grande conviction, comme s'ils savaient de quoi ils parlent. Ou bien que d'autres personnes le rejettent, comme si elles savaient ce qu'elles nient. Cet abus d'emploi a donné naissance, par l'ego, à d'absurdes croyances, affirmations et illusions du genre «Mon ou notre Dieu est le seul Dieu véritable et votre Dieu est faux» ou encore comme le célèbre énoncé de Nietzsche: «Dieu est mort.»

Le mot «Dieu» est devenu un concept fermé. Dès qu'il est prononcé, une image mentale se crée, qui n'est peut-être plus celle d'un vieux patriarche à la barbe blanche, mais qui reste encore et toujours une représentation mentale de quelqu'un ou de quelque chose qui se trouve en dehors de vous. Qui plus est, inévitablement du genre masculin.

Ni le terme «Dieu», ni «Être», ni quelque autre expression que ce soit ne peut définir ou expliquer l'ineffable réalité qu'abrite le mot en question. En fait, la seule question importante à se poser est la suivante: «Ce mot vous aide-t-il ou vous empêche-t-il de faire l'expérience de ce qu'il désigne?» Fait-il référence à cette réalité transcendantale qui existe au-delà de lui-même ou s'emploie-t-il à tort et à travers pour ne devenir rien de plus qu'une idée à laquelle votre tête peut croire, qu'une idole mentale?

À l'instar du terme «Dieu», le mot «Être» n'explique rien. Par contre, il a l'avantage d'être un concept ouvert. Il ne réduit pas l'infini invisible à une entité finie et il est impossible de s'en faire une image mentale. Personne ne peut se déclarer être l'unique détenteur de l'Être, car il s'agit de votre essence même et que celle-ci vous est accessible immédiatement sous la forme de la sensation de votre propre présence, de la réalisation de ce «Je suis» qui précède le «Je suis ceci ou cela»: Le pas à franchir entre le terme «Être» et l'expérience d'«Être» est donc plus petit.

Qu'est-ce qui nous empêche le plus de connaître cette réalité?

C'est l'identification au «mental», car celle-ci amène la pensée à devenir compulsive. L'incapacité à s'arrêter de penser est une épouvantable affliction. Nous ne nous en rendons pas compte parce que presque tout le monde en est atteint: nous en venons à la considérer comme normale. Cet incessant bruit mental vous empêche de trouver ce royaume de calme intérieur qui est indissociable de l'«Être». Ce bruit crée également un faux moi érigé par l'ego qui projette une ombre de peur et de souffrance sur tout. Nous reviendrons plus en détail sur tout cela.

Le philosophe français Descartes a cru avoir découvert la vérité la plus fondamentale quand il fit sa célèbre déclaration: «Je pense, donc je suis.» Il venait en fait de formuler l'erreur la plus fondamentale, celle d'assimiler la pensée à l'être et l'identité à la pensée. Le penseur compulsif, c'est-à-dire presque tout un chacun, vit dans un état d'apparente division, dans un monde déraisonnablement complexe où foisonnent perpétuellement problèmes et conflits, un monde qui reflète l'incessante fragmentation du mental. L'illumination est un état de plénitude, d'unité avec le Tout et donc de paix. C'est un état d'unité avec la vie sous sa forme manifeste, soit le monde, et avec la vie sous sa forme non manifeste, c'est-à-dire votre moi. Un état d'unité avec l'être. L'illumination est non seulement la fin de la souffrance et du perpétuel conflit en soi ou avec le monde extérieur, mais aussi d'un épouvantable esclavage, celui de l'incessante pensée. C'est une incroyable libération !

L'identification au mental crée chez vous un écran opaque de concepts, d'étiquettes, d'images, de mots, de jugements et de définitions qui empêchent toute vraie relation. Cet écran s'interpose entre vous et vous-même, entre vous et votre prochain, entre vous et la nature, entre vous et le divin. C'est cet écran de pensées qui amène cette illusion de division, l'illusion qu'il y a vous et un «autre», totalement séparé de vous. Vous oubliez un fait essentiel : derrière le plan des apparences physiques et de la diversité des formes, vous ne faites qu'un avec tout ce qui est. Et quand je dis que vous oubliez, je veux dire que vous ne pouvez plus sentir cet état d'unité comme étant une réalité qui coule de source. Il se peut que vous la croyiez vraie, mais vous ne l'appréhendez plus comme telle. Une croyance peut certes vous réconforter. Par contre, seule l'expérience peut vous libérer.

Penser est devenu une maladie et celle-ci survient quand les choses sont déséquilibrées. Par exemple, il n'y a rien de mal à ce que les cellules du corps se divisent pour se multiplier. Mais lorsque ce phénomène s'effectue sans aucun égard pour l'organisme dans sa totalité, les cellules prolifèrent et la maladie s'installe.

Le mental est un magnifique outil si l'on s'en sert à bon escient. Dans le cas contraire, il devient très destructeur. Plus précisément, ce n'est pas tant que vous utilisez mal votre «mental» ; c'est plutôt qu'en général vous ne vous en servez pas du tout, car c'est lui qui se sert de vous. Et c'est cela la maladie, puisque vous croyez être votre mental. C'est cela l'illusion. L'outil a pris possession de vous.

Je ne suis pas tout à fait d'accord. C'est vrai que mes pensées sont souvent sans objet, comme chez la plupart des gens, mais je peux encore décider d'utiliser mon mental pour acquérir ou accomplir des choses. C'est ce que je fais tout le temps.

Ce n'est pas parce que vous réussissez à terminer un jeu de mots croisés ou à fabriquer une bombe atomique que vous savez vous servir de votre mental. Ce dernier aime se faire les dents sur des problèmes, comme les chiens le font avec les os. Voilà pourquoi il fait des mots croisés et invente des bombes atomiques, alors que vous, l'Être, ne portez intérêt ni à l'un ni à l'autre. Laissez-moi vous poser les questions suivantes: «Pouvez-vous vous libérer du mental quand vous le voulez? Avez-vous réussi à trouver l'interrupteur qui le met hors circuit?»

Vous voulez dire arrêter complètement de penser? Non, je n'y réussis pas, sauf pour un instant ou deux.

Dans ce cas, le mental se sert de vous et vous vous êtes inconsciemment identifié à lui. Par conséquent, vous ne savez même pas que vous êtes son esclave. C'est un peu comme si vous étiez possédé sans le savoir et que vous preniez l'entité qui vous possède pour vous. La liberté commence quand vous prenez conscience que vous n'êtes pas cette entité, c'est-à-dire le penseur. En sachant cela, vous pouvez alors surveiller cette entité. Dès l'instant où vous vous mettez à observer le penseur, un niveau plus élevé de conscience est activé et vous comprenez petit à petit qu'il existe un immense royaume d'intelligence au-delà de la pensée et que celle-ci ne constitue qu'un infime aspect de cette intelligence. Vous réalisez aussi que toutes les choses vraiment importantes – la beauté, l'amour, la créativité, la joie, la paix – trouvent leur source au-delà du mental. Et vous commencez alors à vous éveiller.

Comment se libérer du mental

Qu'entendez-vous exactement par «observer le penseur»?

Lorsque quelqu'un va chez le médecin et lui dit qu'il entend des voix, celui-ci l'enverra fort probablement consulter un psychiatre. Le fait est que, de façon très similaire, presque tout le monde entend en permanence une ou plusieurs voix dans sa tête et qu'il s'agit du phénomène involontaire de la pensée que vous ne réalisez pas avoir le pouvoir d'arrêter. Ce ne sont que monologues ou dialogues continuels.

Il vous est certainement déjà arrivé de croiser dans la rue des déments qui parlent sans arrêt tout haut ou tout bas. En réalité, ce n'est pas très différent de ce que vous et tous les gens «normaux» faites, sauf que vous le faites en silence. La voix passe des commentaires, fait des spéculations, émet des jugements, compare, se plaint, aime, n'aime pas, et ainsi de suite. Ce que cette voix énonce ne correspond pas automatiquement à la situation dans laquelle vous vous trouvez dans le moment. Elle ravive peut-être un passé proche ou lointain ou bien alors imagine et rejoue d'éventuelles situations futures. Dans ces moments-là, la voix imagine souvent que les choses tournent mal et envisage des résultats négatifs. C'est ce que l'on appelle l'inquiétude. Cette bande sonore s'accompagne parfois d'images visuelles ou de «films mentaux». Et même si ce que la voix dit correspond à la situation du moment, elle l'interprétera en fonction du passé. Pourquoi? Parce que cette voix appartient au conditionnement mental, qui est le fruit de toute votre histoire personnelle et celui de l'état d'esprit collectif et culturel dont vous avez hérité. Ainsi, vous voyez et jugez dorénavant le présent avec les yeux du passé et vous en avez une vision totalement déformée. Il est fréquent que, chez une personne, cette voix intérieure soit son pire ennemi. Nombreux sont les gens qui vivent avec un bourreau dans leur tête qui les attaque et les punit sans cesse, leur siphonnant ainsi leur énergie vitale. Ce tyran est à l'origine des innombrables tourments et malheurs, ainsi que de toute maladie.

Mais la bonne nouvelle dans tout cela, c'est que vous pouvez effectivement vous libérer du mental. Et c'est là la seule véritable libération. Vous pouvez même commencer dès maintenant. Écoutez aussi souvent que possible cette voix. Prêtez particulièrement attention aux schémas de pensée répétitifs, à ces vieux disques qui jouent et rejouent les mêmes chansons peut-être depuis des années. C'est ce que j'entends quand je vous suggère «d'observer le penseur». C'est une autre façon de vous dire d'écouter cette voix dans votre tête, d'être la présence qui joue le rôle de témoin.

Lorsque vous écoutez cette voix, faites-le objectivement, c'est-à-dire sans juger. Ne condamnez pas ce que vous entendez, car si vous le faites, cela signifie que cette même voix est revenue par la porte de service. Vous prendrez bientôt conscience qu'il y a la voix et qu'il y a quelqu'un qui l'écoute et qui l'observe. Cette prise de conscience que quelqu'un surveille, ce sens de votre propre présence, n'est pas une pensée. Cette réalisation trouve son origine au-delà du «mental».

Ainsi, quand vous observez une pensée, vous êtes non seulement conscient de celle-ci, mais aussi de vous-même en tant que témoin de la pensée. À ce moment-là, une nouvelle dimension entre en jeu. Pendant que vous observez cette pensée, vous sentez pour ainsi dire une présence, votre moi profond, derrière elle ou sous elle. Elle perd alors son pouvoir sur vous et bat rapidement en retraite du fait que, en ne vous identifiant plus à elle, vous n'alimentez plus le mental. Ceci est le début de la fin de la pensée involontaire et compulsive.

Lorsqu'une pensée s'efface, il se produit une discontinuité dans le flux mental, un intervalle de «non-mental». Au début, ces hiatus seront courts, peut-être de quelques secondes, mais ils deviendront peu à peu de plus en plus longs. Lorsque ces décalages dans la pensée se produisent, vous ressentez un certain calme et une certaine paix. C'est le début de votre état naturel de fusion consciente avec l'Être qui est, généralement, obscurcie par le mental. Avec le temps et l'expérience, la sensation de calme et de paix s'approfondira et se poursuivra ainsi sans fin. Vous sentirez également une joie délicate émaner du plus profond de vous, celle de l'Être.

Il ne s'agit pas du tout d'un état de transe, car il n'y a aucune perte de conscience. Bien au contraire. Si la paix devait se payer par une réduction de la conscience et le calme, par un manque de vitalité et de vigilance, elle n'en vaudrait pas la peine. Dans cet état d'unité avec l'Être, vous êtes beaucoup plus alerte, beaucoup plus éveillé que dans l'état d'identification au mental. Vous êtes en fait totalement présent. Et cette condition élève les fréquences vibratoires du champ énergétique qui transmet la vie au corps physique.

Lorsque vous pénétrez de plus en plus profondément dans cet état de vide mental ou de «non-mental», comme on le nomme parfois en Orient, vous atteignez la conscience pure. Et dans cette situation, vous ressentez votre propre présence avec une intensité et une joie telles que toute pensée, toute émotion, votre corps physique ainsi que le monde extérieur deviennent relativement insignifiants en comparaison. Cependant, il ne s'agit pas d'un état d'égoïsme, mais plutôt d'un état d'absence d'ego. Vous êtes transporté au-delà de ce que vous preniez auparavant pour «votre moi». Cette présence, c'est vous en essence, mais c'est en même temps quelque chose d'inconcevablement plus vaste que vous. Ce que j'essaie de transmettre dans cette explication peut sembler paradoxal ou même contradictoire, mais je ne peux l'exprimer d'aucune autre façon.

Au lieu «d'observer le penseur», vous pouvez également créer un hiatus dans le mental en reportant simplement toute votre attention sur le moment présent. Devenez juste intensément conscient de cet instant. Vous en tirerez une profonde satisfaction. De cette façon, vous écartez la conscience de l'activité mentale et créez un vide mental où vous devenez extrêmement vigilant et conscient, mais où vous ne pensez pas. Ceci est l'essence même de la méditation.

Dans votre vie quotidienne, vous pouvez vous y exercer durant n'importe quelle activité routinière, qui n'est normalement qu'un moyen d'arriver à une fin, en lui accordant votre totale attention afin qu'elle devienne une fin en soi. Par exemple, chaque fois que vous montez ou descendez une volée de marches chez vous ou au travail, portez attention à chacune des marches, à chaque mouvement et même à votre respiration. Soyez totalement présent. Ou bien lorsque vous vous lavez les mains, prenez plaisir à toutes les perceptions sensuelles qui accompagnent ce geste: le bruit et la sensation de l'eau sur la peau, le mouvement de vos mains, l'odeur du savon, ainsi de suite. Ou bien encore, une fois monté dans votre voiture et la portière fermée, faites une pause de quelques secondes pour observer le mouvement de votre respiration. Remarquez la silencieuse mais puissante sensation de présence qui se manifeste en vous. Un critère certain vous permet d'évaluer si vous réussissez ou non dans cette entreprise: le degré de paix que vous ressentez alors intérieurement.

Ainsi, le seul pas crucial à faire dans le périple qui conduit à l'éveil est d'apprendre à se dissocier du mental. Chaque fois que vous créez une discontinuité dans le courant des pensées, la lumière de la conscience s'intensifie. Il se peut même que vous vous surpreniez un jour à sourire en entendant la voix qui parle dans votre tête, comme vous souririez devant les pitreries d'un enfant. Ceci veut dire que vous ne prenez plus autant au sérieux le contenu de votre mental et que le sens que vous avez de votre moi n'en dépend pas.

L'illumination, c'est s'élever au-delà de la pensée

La pensée n'est-elle pas indispensable pour survivre en ce monde?

Votre mental est un outil, un instrument qui est là pour servir à l'accomplissement d'une tâche précise. Une fois cette tâche effectuée, vous déposez votre outil. Je dirais ceci: telles que sont les choses, environ quatre-vingt à quatre-vingt-dix pour cent de la pensée chez l'humain est non seulement répétitive et inutile, mais aussi en grande partie nuisible en raison de sa nature souvent négative et dysfonctionnelle. Il vous suffit d'observer votre mental pour constater à quel point cela est vrai. La pensée involontaire et compulsive occasionne une sérieuse perte d'énergie vitale. Elle est en fait une accoutumance. Et qu'est-ce qui caractérise une habitude? Tout simplement le fait que vous sentiez ne plus avoir la liberté d'arrêter. Elle semble plus forte que vous. Elle vous procure également une fausse sensation de plaisir qui se transforme invariablement en souffrance.

Pourquoi serions-nous des drogués de la pensée?

Parce que vous êtes identifié à elle et que cela veut dire que vous tirez votre sens du moi à partir du contenu et de l'activité du mental. Parce que vous croyez que si vous vous arrêtez de penser, vous cesserez d'être. Quand vous grandissez, vous vous faites une image mentale de qui vous êtes en fonction de votre conditionnement familial et culturel. On pourrait appeler ce «moi fantôme», l'ego. Il se résume à l'activité mentale et ne peut se perpétuer que par l'incessante pensée. Le terme «ego» signifie diverses choses pour différentes gens, mais quand je l'utilise ici, il désigne le faux moi créé par l'identification inconsciente au mental.

Aux yeux de l'ego, le moment présent n'existe quasiment pas, car seuls le passé et le futur lui importent. Ce renversement total de la vérité reflète bien à quel point le mental est dénaturé quand il fonctionne sur le mode «ego». Sa préoccupation est de toujours maintenir le passé en vie, car sans lui qui seriez-vous? Il se projette constamment dans le futur pour assurer sa survie et pour y trouver une forme quelconque de relâchement et de satisfaction. Il se dit: «Un jour, quand ceci ou cela se produira, je serai bien, heureux, en paix.» Même quand l'ego semble se préoccuper du présent, ce n'est pas le présent qu'il voit. Il le perçoit de façon totalement déformée, car il le regarde avec les yeux du passé. Ou bien il le réduit à un moyen pour arriver à une fin, une fin qui n'existe jamais que dans le futur projeté par lui. Observez votre mental et vous verrez qu'il fonctionne comme ça.

Le secret de la libération réside dans l'instant présent. Mais vous ne pourrez pas vous y retrouver tant et aussi longtemps que vous serez votre mental.

Je ne veux pas perdre ma capacité d'analyse et de discernement. Je ne suis pas contre le fait d'apprendre à penser plus clairement, de façon plus pénétrante, mais je ne veux pas perdre ma tête. Le don de la pensée est la chose la plus précieuse que nous ayons. Sans elle, nous ne serions qu'une autre espèce animale.

La prédominance de la pensée n'est rien d'autre qu'une étape dans l'évolution de la conscience. Il nous faut passer à l'étape suivante de toute urgence. Sinon, le mental nous anéantira, car il est devenu un véritable monstre. Je reparlerai de ceci plus en détail un peu plus loin. Pensée et conscience ne sont pas synonymes. La pensée n'est qu'un petit aspect de la conscience et elle ne peut exister sans elle. Par contre, la conscience n'a pas besoin de la pensée.

Atteindre l'illumination signifie s'élever au-delà de la pensée, ne pas retomber à un niveau situé en dessous de la pensée, soit celui du règne végétal ou animal. Quand vous avez atteint ce degré d'éveil, vous continuez à vous servir de votre pensée au besoin. La seule différence, c'est que vous le faites de façon beaucoup plus efficace et pénétrante qu'avant. Vous vous servez de votre mental principalement pour des questions d'ordre pratique. Vous n'êtes plus sous l'emprise du dialogue intérieur involontaire, et une paix profonde s'est installée. Lorsque vous employez le mental, en particulier quand vous devez trouver une solution créative à quelque chose, vous oscillez toutes les quelques minutes entre la pensée et le calme, entre le vide mental et le mental. Le vide mental, c'est la conscience sans la pensée. C'est uniquement de cette façon qu'il est possible de penser de manière créative parce que c'est seulement ainsi que la pensée acquiert vraiment un pouvoir. Lorsqu'elle n'est plus reliée au très grand royaume de la conscience, la pensée seule devient stérile, insensée, destructrice.

Essentiellement, le mental est une machine à survie. Attaque et défense face à ses «congénères», collecte, entreposage et analyse de l'information, voilà ce à quoi le mental excelle, mais il n'est pas du tout créatif. Tous les véritables artistes, qu'ils le sachent ou non, créent à partir d'un état de vide mental, d'une immobilité intérieure. Puis, c'est le mental qui donne forme à l'impulsion ou à l'intuition créative. Même les plus grands savants ont rapporté que leurs percées créatives s'étaient produites dans des moments de quiétude mentale. Une enquête effectuée à l'échelle nationale auprès des plus éminents mathématiciens américains, Einstein y compris, a donné des résultats surprenants. Interrogés au sujet de leurs méthodes de travail, ils ont répondu que la pensée ne «jouait qu'un rôle secondaire à l'étape brève et déterminante de l'acte créatif lui-même[1]». Je dirais donc que la simple raison pour laquelle la majorité des scientifiques ne sont pas des gens créatifs, c'est qu'ils ne savent pas s'arrêter de penser et non pas qu'ils ne savent pas comment penser!

Ce n'est pas la pensée, le mental, qui est à l'origine du miracle de la vie sur terre ou de votre corps. Et ce n'est pas cela non plus qui le sustente. De toute évidence, il y a à l'œuvre une intelligence qui est bien plus grande que le mental. Comment une seule cellule humaine mesurant 1/2500 de centimètre de diamètre peut-elle contenir dans son ADN des informations qui rempliraient un millier de livres de six cents pages chacun? Plus nous en apprenons au sujet du fonctionnement du corps, plus nous réalisons le caractère grandiose de l'intelligence qui est à l'œuvre en lui et la petitesse de notre savoir. Lorsque le mental se remet en contact avec cette réalité, il devient le plus merveilleux des outils et sert alors une cause bien plus grande que lui.

Les émotions, une réaction du corps au mental

Qu'en est-il des émotions? Je me laisse plus souvent prendre par mes émotions que par mon mental.

Dans le sens selon lequel j'emploie le terme, le mental ne fait pas seulement référence à la pensée. Il comprend également vos émotions ainsi que tous les schèmes réactifs inconscients mettant en rapport pensées et émotions. Les émotions naissent au point de rencontre du corps et du mental. Une émotion est la réaction de votre corps à votre mental, ou encore le reflet de votre mental dans le corps. Par exemple, une pensée agressive ou hostile crée dans le corps une accumulation d'énergie que nous appelons colère. Le corps s'apprête à se battre. La pensée d'être menacé physiquement ou psychologiquement occasionne une contraction dans le corps. C'est l'aspect physique de ce que nous appelons la peur. Les recherches ont prouvé que les émotions fortes peuvent même modifier la biochimie du corps. Ces modifications biochimiques constituent l'aspect physique ou matériel de l'émotion. Bien sûr, vous n'êtes généralement pas conscient de tous vos schèmes de pensée et ce n'est souvent qu'en observant vos émotions que vous pouvez les amener à la conscience.

Plus vous vous identifiez à vos pensées, à vos goûts, à vos jugements et à vos interprétations, c'est-à-dire moins vous êtes présent en tant que conscience qui observe, plus grande sera la charge émotionnelle. Et ceci, que vous en soyez conscient ou non. Si vous ne réussissez pas à ressentir vos émotions, si vous en êtes coupé, vous en ferez l'expérience sur un plan purement physique, sous la forme d'un problème ou d'un symptôme physique. Étant donné qu'on a écrit énormément sur ce sujet au cours des dernières années, nous n'avons pas besoin de nous y attarder. Un profond schème émotionnel inconscient peut même se manifester sous la forme d'un événement qui semble simplement vous arriver. Par exemple, j'ai observé que les gens qui portent inconsciemment en eux une grande colère et qui ne l'expriment pas sont plus susceptibles de se faire attaquer verbalement ou physiquement par d'autres gens pleins de colère, souvent sans raison évidente. Il émane de ces premiers une forte vibration de colère qui entre en résonance avec la colère d'autres personnes et qui la déclenche.

Si vous avez de la difficulté à ressentir vos émotions, commencez par centrer votre attention sur le champ énergétique de votre corps. Sentez votre corps de l'intérieur. Ceci vous mettra aussi en contact avec vos émotions. Nous explorerons cela plus en détail plus tard.

Vous dites que l'émotion est la réaction corporelle du mental. Mais il existe parfois un conflit entre les deux : le mental dit « non » alors que l'émotion dit « oui ». Ou vice-versa.

Si vous voulez vraiment apprendre à connaître votre mental, observez l'émotion, ou mieux encore, ressentez-la dans votre corps, car celui-ci vous donnera toujours l'heure juste. Si, apparemment, il y a un conflit entre les deux, la pensée mentira alors que l'émotion dira la vérité. Non pas la vérité ultime de votre essence, mais la vérité relative de votre état d'esprit à ce moment-là.

Les conflits entre pensées superficielles et processus mentaux inconscients sont certes chose commune. Mais si vous n'êtes pas encore capable de conscientiser l'activité mentale inconsciente sous la forme de pensées, celle-ci sera toujours reflétée dans le corps sous la forme d'une émotion. Et de cela vous pouvez prendre conscience. Fondamentalement, on observe une émotion de la même façon qu'une pensée, comme je l'ai expliqué plus haut. La seule différence, c'est qu'une émotion est fortement reliée au physique et que vous la ressentirez principalement dans le corps, alors qu'une pensée se loge dans la tête. Vous pouvez alors permettre à l'émotion d'être là sans être contrôlé par elle. Vous n'êtes plus l'émotion: vous êtes le témoin, la présence qui observe. Si vous vous exercez à cela, tout ce qui est inconscient en vous sera amené à la lumière de la conscience.

Cela revient-il à dire qu'il est aussi important d'examiner les émotions que les pensées?

Oui. Prenez l'habitude de vous poser la question suivante: «Qu'est-ce qui se passe en moi en ce moment?» Elle vous indiquera la bonne direction. Mais n'analysez pas. Contentez-vous d'observer. Tournez votre attention vers l'intérieur. Sentez l'énergie de l'émotion. S'il n'y a aucune émotion, soyez encore plus profondément attentif à votre champ énergétique, à l'intérieur du corps. C'est la porte d'accès à l'Être.

Habituellement, une émotion est la manifestation amplifiée et ravivée d'une forme-pensée. Du fait que la charge énergétique en est souvent fulgurante, il n'est pas facile au début de rester suffisamment présent pour la remarquer. Elle veut prendre possession de vous et y parvient en général, à moins qu'il n'y ait suffisamment de présence en vous. Si vous êtes ramené à l'identification inconsciente à l'émotion par manque de présence, ce qui est normal, l'émotion devient temporairement «vous». Souvent, un cercle vicieux s'installe entre la pensée et l'émotion: elles s'attisent l'une l'autre. Le schème de pensée crée une réflexion amplifiée de lui-même sous la forme d'une émotion et la fréquence vibratoire de l'émotion continue d'alimenter la pensée d'origine. En ressassant mentalement des idées sur la situation, l'événement ou la personne ayant causé l'émotion, la pensée alimente l'émotion, qui à son tour déclenche la forme-pensée, et ainsi de suite.

Fondamentalement, toutes les émotions ne sont que des variantes d'une seule émotion primordiale et non particularisée dont l'origine remonte à la perte de conscience de ce que nous sommes, au-delà du nom et de la forme. En raison de sa nature non particularisée, il est difficile de trouver un terme pouvant la décrire précisément. Le mot «peur» est celui qui s'en rapprocherait le plus. Mais à une perpétuelle sensation de menace, s'ajoute aussi une profonde sensation d'abandon et d'incomplétude. Il vaut donc mieux employer un terme aussi peu distinctif que l'émotion elle-même, un terme tel que «souffrance». Une des principales tâches du mental est de se défendre contre cette souffrance émotionnelle et d'essayer de l'éliminer. C'est une des raisons pour lesquelles il est sans cesse en activité. Cependant, tout ce qu'il réussit à faire, c'est l'éclipser temporairement. En fait, plus le mental s'efforce de se débarrasser de la souffrance, plus elle est grande. Le mental ne peut jamais trouver la solution ni se permettre de vous laisser la trouver, car il fait lui-même intrinsèquement partie du «problème». Imaginez un commissaire de police essayant de mettre la main sur un pyromane alors qu'il est lui-même ce pyromane. Vous réussirez à vous libérer de cette souffrance seulement à partir du moment où vous cesserez d'assimiler le sens de votre moi à l'identification au mental, c'est-à-dire à l'ego. À partir de ce moment-là, le mental est destitué de sa position de pouvoir et votre vraie nature fleurit par l'Être qui apparaît.

Oui, je sais ce que vous allez me demander.

J'allais demander ce qu'il en est des émotions positives comme l'amour et la joie.

Elles sont inséparables de votre état naturel à être en rapport intime avec l'Être. Des aperçus fugitifs d'amour et de joie ou de brefs moments de profonde paix ne peuvent arriver que lorsqu'une interruption survient dans le flot des pensées. Chez la plupart des gens, de telles parenthèses se produisent rarement et seulement accidentellement, à des moments où le mental réagit par le mutisme. Celui-ci peut être parfois déclenché par une vision d'une grande beauté, un épuisement physique extrême ou même un grand danger. Soudain, une immobilité intérieure s'installe. Et au cœur de cette immobilité, il y a une joie subtile mais intense, il y a l'amour, il y a la paix. Habituellement, ces moments ne durent pas, car le mental reprend l'activité bruyante que nous nommons la pensée. L'amour, la joie et la paix ne peuvent fleurir à moins que vous ne vous soyez débarrassé de la prédominance du mental. Mais ce ne sont pas ce que j'appellerais des émotions. L'amour, la joie et la paix se situent au-delà des émotions, à un niveau beaucoup plus profond. Vous devez donc prendre pleinement conscience de vos émotions et les ressentir avant de pouvoir sentir ce qui se situe au-delà de celles-ci. Étymologiquement, «émotion» veut dire «dérangement». Le terme vient du verbe latin *emovere*, qui signifie «déranger».

L'amour, la joie et la paix sont les états profonds de l'Être, ou plutôt trois aspects de cet état de rapport intime avec l'Être. En tant que tels, ils n'ont aucun opposé. Pourquoi? Parce que leur origine se situe au-delà du mental. Par contre, comme les émotions appartiennent au monde de la dualité, elles sont soumises à la loi des opposés. Ceci sous-entend simplement que vous ne pouvez avoir ce qui est bon sans ce qui est mauvais. Donc, dans l'état de non éveil et d'identification au mental, ce que l'on qualifie parfois à tort de joie n'est en fait habituellement que l'aspect plaisir, éphémère du perpétuel cycle d'alternance souffrance-plaisir. Le plaisir est toujours provoqué par quelque chose d'extérieur à vous, alors que la joie émane de l'intérieur. Autrement dit, la chose qui vous procure du plaisir aujourd'hui vous fera souffrir demain. Ou bien le plaisir disparaîtra et son absence vous fera souffrir. Et ce que l'on qualifie souvent d'amour peut certes être agréable et plaisant pendant un certain temps, mais il s'agit d'une attitude de dépendance qui nous fait nous accrocher, d'un état d'extrême besoin pouvant se métamorphoser en son opposé en un clin d'œil. Une fois l'euphorie initiale dissipée, de nombreuses relations oscillent en fait entre «l'amour» et la haine, entre l'attirance et l'hostilité.

L'amour véritable ne vous fait pas souffrir. Comment le pourrait-il? Il ne se transforme pas soudainement en haine, pas plus que la véritable joie ne devient souffrance. Comme je l'ai mentionné auparavant, même avant de connaître l'illumination – avant de vous être libéré du mental –, il se peut que vous ayez quelques aperçus de ce que sont la joie et l'amour véritables, ou d'une profonde paix intérieure empreinte d'immobilité, mais vibrante et vivante. Ce sont là des aspects de votre vraie nature, qui est en général masquée par le mental. Même dans le cadre d'une relation «normale» de dépendance, il peut y avoir des moments où la présence de quelque chose de plus authentique et d'inaltérable se fait sentir. Mais ces moments seront fugitifs, car ils seront vite évincés par l'activité interférente du mental. Vous aurez peut-être à ce moment-là l'impression d'avoir eu en votre possession quelque chose de très précieux et de l'avoir perdu. Ou bien votre mental essaiera de vous convaincre que, de toute manière, tout cela n'était qu'illusion. Mais la vérité, c'est que ce n'était pas une illusion et que cette expérience ne peut s'effacer. Elle appartient à votre état original qui peut certes être masqué par le mental, mais jamais être détruit par lui. Même lorsque le ciel est complètement couvert, le soleil ne disparaît pas. Il est encore là derrière les nuages.

Selon Gautama le Bouddha, la douleur et la souffrance naissent du désir ou des compulsions et pour s'en libérer, il faut éliminer la subordination au désir.

Pour trouver un substitut à la joie, qui est le propre de l'Être, le mental cherche le salut ou la satisfaction en désirant des choses extérieures ou dans l'avenir. Aussi longtemps que je suis mon mental, je suis aussi ces envies, ces besoins, ces manques, ces attachements et ces aversions. À part ceux-ci, il n'y a pas de «je», sauf sous la forme d'une infime possibilité, d'un potentiel non réalisé, d'une graine qui n'a pas encore germé. Dans cet état-là, même mon désir de me libérer ou d'atteindre l'éveil n'est encore qu'une autre envie axée sur une satisfaction et un accomplissement futurs. Ne cherchez donc pas à vous libérer du désir ni à «atteindre» l'illumination. Apprenez à être présent. Soyez celui qui observe le mental. Au lieu de citer Bouddha, soyez Bouddha. Soyez «celui qui est éveillé». C'est ce que le mot bouddha veut dire: éveillé.

Les humains sont en proie à la souffrance depuis toujours, depuis qu'ils sont sortis de l'état de grâce, qu'ils sont entrés dans le règne du temporel et du mental, et qu'ils ont perdu la conscience de l'Être. Dès ce moment-là, ils ont commencé à se percevoir comme d'insignifiants fragments évoluant dans un monde étranger, coupés de la Source et des autres.

La douleur et la souffrance sont inévitables tant et aussi longtemps que vous êtes identifié à votre mental, c'est-à-dire inconscient spirituellement parlant. Je fais ici surtout référence à la souffrance émotionnelle, également la principale cause de la souffrance et des maladies corporelles. Le ressentiment, la haine, l'apitoiement sur soi, la culpabilité, la colère, la dépression, la jalousie, ou même la plus petite irritation sont sans exception des formes de souffrance. Et tout plaisir ou toute exaltation émotionnelle comportent en eux le germe de la souffrance, leur inséparable opposé, qui se manifestera à un moment donné. N'importe qui ayant déjà pris de la drogue pour «décoller» sait très bien que le «planage» se traduit forcément par un «atterrissage», que le plaisir se transforme d'une manière ou d'une autre en souffrance. Beaucoup de gens savent aussi d'expérience avec quelles facilité et rapidité une relation intime peut devenir une source de souffrance après avoir été une source de plaisir. Si on considère ces polarités négative et positive en fonction d'une perspective supérieure, on constate qu'elles sont les deux faces d'une seule et même pièce, qu'elles appartiennent toutes deux à la souffrance sous-jacente à l'état de conscience dit de l'ego, à l'identification au mental, et que cette souffrance est indissociable de cet état.

Il existe deux types de souffrance: celle que vous créez maintenant et la souffrance passée qui continue de vivre en vous, dans votre corps et dans votre esprit. Maintenant, j'aimerais vous expliquer comment cesser d'en créer dans le présent et comment dissoudre celle issue du passé.

CHAPITRE DEUX

Se sortir de la souffrance par la conscience

Ne créez plus de souffrance dans le présent

Personne n'est tout à fait libéré de la souffrance et du chagrin. Ne s'agit-il pas de vivre avec cela plutôt que d'essayer de l'éviter?

La plus grande partie de la souffrance humaine est inutile. On se l'inflige à soi-même aussi longtemps que, à son insu, on laisse le mental prendre le contrôle de sa vie.

La souffrance que vous créez dans le présent est toujours une forme de non-acceptation, de résistance inconsciente à ce qui est. Sur le plan de la pensée, la résistance est une forme de jugement. Sur le plan émotionnel, c'est une forme de négativité. L'intensité de la souffrance dépend du degré de résistance au moment présent, et celle-ci, en retour, dépend du degré d'identification au mental. Le mental cherche toujours à nier le moment présent et à s'en échapper. Autrement dit, plus on est identifié à son mental, plus on souffre. On peut également l'énoncer ainsi: plus on est à même de respecter et d'accepter le moment présent, plus on est libéré de la douleur, de la souffrance et du mental.

Pourquoi le mental a-t-il tendance à nier l'instant présent ou à y résister? Parce qu'il ne peut fonctionner et garder le contrôle sans le temps, c'est-à-dire sans le passé et le futur. Il perçoit donc l'intemporel instant présent comme une menace. En fait, le temps et le mental sont indissociables.

Imaginez la Terre dépourvue de toute vie humaine et n'abritant que plantes et animaux. Y aurait-il encore un passé et un futur? Parler du temps aurait-il encore un sens? La question «Quelle heure est-il?» ou «Quelle date sommes-nous?» – s'il y avait quelqu'un pour la poser – serait vraiment insignifiante. Le chêne ou l'aigle resteraient perplexes devant une telle question. «Quelle heure?» demanderaient-ils. «Euh, bien entendu, il est... maintenant. Nous sommes maintenant. Existe-t-il autre chose?»

Bien sûr, pour fonctionner en ce monde, nous avons besoin du mental ainsi que du temps. Mais vient un moment où ils prennent le contrôle de notre vie, et c'est alors que s'installent le dysfonctionnement, la souffrance et le chagrin.

Pour assurer sa position dominante, le mental cherche continuellement à dissimuler l'instant présent derrière le passé et le futur. Par conséquent, lorsque la vitalité et le potentiel créatif infini de l'Être, indissociables du moment présent, sont jugulés par le temps, votre nature véritable est éclipsée par le mental. Une charge de temps de plus en plus lourde s'accumule sans cesse dans l'esprit humain. Tous les individus pâtissent sous ce fardeau, mais ils continuent aussi de l'étoffer chaque fois qu'ils ignorent ou nient ce précieux instant, ou le réduisent à un moyen d'arriver à quelque instant futur qui n'existe que dans le mental, jamais dans la réalité. L'accumulation de temps dans le mental humain, collectif et individuel comporte également, en quantité immense, des résidus de souffrance passée.

Si vous ne voulez plus créer de souffrance pour vous-même et pour d'autres, si vous ne voulez plus rien ajouter aux résidus de cette souffrance passée qui vit encore en vous, ne créez plus de temps, ou du moins, n'en créez pas plus qu'il ne vous en faut pour faire face à la vie de tous les jours. Comment cesser de créer du temps? Prenez profondément conscience que le moment présent est toujours uniquement ce que vous avez. Faites de l'instant présent le point de mire principal de votre vie. Tandis qu'auparavant vous habitiez le temps et accordiez de petites visites à l'instant présent, faites du «maintenant» votre lieu de résidence principal et accordez de brèves visites au passé et au futur lorsque vous devez affronter les aspects pratiques de votre vie. Dites toujours «oui» au moment présent. Qu'y aurait-il de plus futile, de plus insensé, que de résister intérieurement à ce qui est déjà? Qu'y a-t-il de plus fou que de s'opposer à la vie même, qui est maintenant, toujours maintenant? Abandonnez-vous à ce qui est. Dites «oui» à la vie et vous la verrez soudainement se mettre à fonctionner pour vous plutôt que contre vous.

L'instant présent est parfois inacceptable, désagréable ou affreux.

Il est comme il est. Observez de quelle façon le mental l'étiquette et à quel point ce processus d'étiquetage, cette continuelle attitude de jugement, crée chagrin et tourment. En regardant attentivement les rouages du mental, vous sortez de ces schèmes de résistance et pouvez ensuite laisser le moment présent être. Cela vous fera goûter l'état de liberté intérieure face aux conditions extérieures, l'état de véritable paix intérieure. Puis, voyez ce qui arrive et passez à l'action si c'est nécessaire ou possible. Acceptez, puis agissez. Quoi que vous réserve le présent, acceptez-le comme si vous l'aviez choisi. Allez toujours dans le même sens que lui, et non à contresens. Faites-vous-en un ami et un allié, et non un ennemi. Cela transformera miraculeusement toute votre vie.

La douleur du passé : comment dissiper le corps de souffrance

Tant que vous êtes incapable d'accéder au pouvoir de l'instant présent, chaque souffrance émotionnelle que vous éprouvez laisse derrière elle un résidu. Celui-ci fusionne avec la douleur du passé, qui était déjà là, et se loge dans votre mental et votre corps. Bien sûr, cette souffrance comprend celle que vous avez éprouvée enfant, causée par l'inconscience du monde dans lequel vous êtes né.

Cette souffrance accumulée est un champ d'énergie négative qui habite votre corps et votre mental. Si vous la considérez comme une entité invisible à part entière, vous n'êtes pas loin de la vérité. Il s'agit du corps de souffrance émotionnel. Il a deux modes d'être: latent et actif. Un corps de souffrance peut être latent quatre-vingt-dix pour cent du temps. Chez une personne profondément malheureuse, cependant, il peut être actif tout le temps. Certaines personnes vivent presque entièrement dans leur corps de souffrance, tandis que d'autres ne le ressentent que dans certaines situations, par exemple dans les relations intimes ou les situations rappelant une perte ou un abandon survenus dans leur passé, au moment d'une blessure physique ou émotionnelle. N'importe quoi peut servir de déclencheur, surtout ce qui fait écho à un scénario douloureux de votre passé. Lorsque le corps de souffrance est prêt à sortir de son état latent, une simple pensée ou une remarque innocente d'un proche peuvent l'activer.

Plusieurs corps de souffrance sont exécrables mais relativement inoffensifs, comme c'est le cas chez un enfant qui ne cesse de se plaindre. D'autres sont des monstres vicieux et destructeurs, de véritables démons. Certains sont physiquement violents, alors que beaucoup d'autres le sont sur le plan émotionnel. Ils peuvent attaquer les membres de leur entourage ou leurs proches, tandis que d'autres préfèrent assaillir leur hôte, c'est-à-dire vous-même. Les pensées et les sentiments que vous entretenez à l'égard de votre vie deviennent alors profondément négatifs et autodestructeurs. C'est ainsi que les maladies et les accidents sont souvent générés. Certains corps de souffrance mènent leur hôte au suicide.

Si vous pensiez connaître une personne, ce sera tout un choc pour vous que d'être soudainement confronté pour la première fois à cette créature étrangère et méchante. Il est cependant plus important de surveiller le corps de souffrance chez vous que chez quelqu'un d'autre. Remarquez donc tout signe de morosité, peu importe la forme qu'elle peut prendre. Ceci peut annoncer le réveil du corps de souffrance, celui-ci pouvant se manifester sous forme d'irritation, d'impatience, d'humeur sombre, d'un désir de blesser, de colère, de fureur, de dépression, d'un besoin de mélodrame dans vos relations, et ainsi de suite. Saisissez-le au vol dès qu'il sort de son état latent. Le corps de souffrance veut survivre, tout comme n'importe quelle autre entité qui existe, et ne peut y arriver que s'il vous amène à vous identifier inconsciemment à lui. Il peut alors s'imposer, s'emparer de vous, «devenir vous» et vivre par vous. Il a besoin de vous pour se «nourrir». En fait, il puisera à même toute expérience entrant en résonance avec sa propre énergie, dans tout ce qui crée davantage de douleur sous quelque forme que ce soit: la colère, un penchant destructeur, la haine, la peine, un climat de crise émotionnelle, la violence et même la maladie. Ainsi, lorsqu'il vous aura envahi, le corps de souffrance créera dans votre vie une situation qui reflétera sa propre fréquence énergétique, afin de s'en abreuver. La souffrance ne peut soutenir qu'elle-même. Elle ne peut se nourrir de la joie qu'elle trouve vraiment indigeste.

Lorsque le corps de souffrance s'empare de vous, vous en redemandez. Soit vous êtes la victime, soit le bourreau. Vous voulez infliger de la souffrance ou vous voulez en subir, ou bien les deux. Il n'y a pas une grande différence. Vous n'en êtes pas conscient, bien entendu, et vous soutenez avec véhémence que vous ne voulez pas de cette souffrance. Mais si vous regardez attentivement, vous découvrez que votre façon de penser et votre comportement font en sorte d'entretenir la souffrance, la vôtre et celle des autres. Si vous en étiez vraiment conscient, le scénario disparaîtrait de lui-même, car c'est folie pure que de vouloir souffrir davantage et personne ne peut être conscient et fou en même temps.

En fait, le corps de souffrance, qui est l'ombre de l'ego, craint la lumière de votre conscience. Il a peur d'être dévoilé. Sa survie dépend de votre identification inconsciente à celui-ci et de votre peur inconsciente d'affronter la douleur qui vit en vous. Mais si vous ne vous mesurez pas à elle, si vous ne lui accordez pas la lumière de votre conscience, vous serez obligé de la revivre sans arrêt. Le corps de souffrance peut vous sembler un dangereux monstre que vous ne pouvez supporter de regarder, mais je vous assure que c'est un fantôme minable qui ne fait pas le poids devant le pouvoir de votre présence.

D'après certains enseignements spirituels, toute souffrance est en définitive une illusion, et c'est juste. Mais est-ce vrai pour vous? Le simple fait d'y croire n'en fait pas une vérité. Voulez-vous éprouver de la souffrance pour le reste de votre vie en continuant de prétendre qu'elle est illusoire? Cela vous libère-t-il de la souffrance? Ce qui nous préoccupe ici, c'est comment actualiser cette vérité, c'est-à-dire comment en faire une réalité dans sa vie.

En somme, le corps de souffrance ne désire pas que vous l'observiez directement parce qu'ainsi vous le voyez tel qu'il est. En fait, dès que vous ressentez son champ énergétique et que vous lui accordez votre attention, l'identification est rompue. Et une dimension supérieure de la conscience entre en jeu. Je l'appelle la présence. Vous êtes dorénavant le témoin du corps de souffrance. Cela signifie qu'il ne peut plus vous utiliser en se faisant passer pour vous et qu'il ne peut plus se régénérer grâce à vous. Vous avez découvert votre propre force intérieure. Vous avez accédé au pouvoir de l'instant présent.

Qu'advient-il du corps de souffrance lorsque nous devenons suffisamment conscient pour rompre notre identification à celui-ci ?

L'inconscience le crée, la conscience le métamorphose. Saint Paul a exprimé ce principe universel de façon magnifique: «On peut tout dévoiler en l'exposant à la lumière, et tout ce qui est ainsi exposé devient lui-même lumière.» Tout comme vous ne pouvez vous battre contre l'obscurité, vous ne pouvez pas non plus vous battre contre le corps de souffrance. Essayer de le faire créerait un conflit intérieur et, par conséquent, davantage de souffrance. Il suffit de l'observer et cela suppose l'accepter comme une partie de ce qui est en ce moment.

Le corps de souffrance est composé d'énergie vitale prise au piège qui s'est séparée de votre champ énergétique global et qui est temporairement devenue autonome par le processus artificiel de l'identification au mental. Elle s'est retournée contre elle-même pour s'opposer à la vie, comme un animal qui essaie de dévorer sa propre queue. Pourquoi, selon vous, notre civilisation est-elle devenue si destructrice envers la vie? Malgré tout, les forces destructrices restent de l'énergie vitale.

Lorsque vous commencerez à vous désidentifier et à devenir l'observateur, le corps de souffrance continuera de fonctionner un certain temps et tentera de vous amener, par la ruse, à vous identifier de nouveau à lui. Même si la non-identification ne l'énergise plus, il gardera un certain élan, comme la roue de la bicyclette continue de tourner même si vous ne pédalez plus. À ce stade, il peut également créer des maux et des douleurs physiques dans diverses parties du corps, mais ceux-ci ne dureront pas. Restez présent, restez conscient. Soyez en permanence le gardien vigilant de votre espace intérieur. Il vous faut être suffisamment présent pour pouvoir observer directement le corps de souffrance et sentir son énergie. Ainsi, il ne peut plus contrôler votre pensée. Dès que votre pensée se met au diapason du champ énergétique de votre corps de souffrance, vous y êtes identifié et vous le nourrissez à nouveau de vos pensées.

Par exemple, si la colère en est la vibration énergétique prédominante et que vous avez des pensées de colère, que vous ruminez ce que quelqu'un vous a fait ou ce que vous allez lui faire, vous voilà devenu inconscient et le corps de souffrance est dorénavant « vous-même ». La colère cache toujours de la souffrance. Lorsqu'une humeur sombre vous vient et que vous amorcez un scénario mental négatif en vous disant combien votre vie est affreuse, votre pensée s'est mise au diapason de ce corps et vous êtes alors inconscient et ouvert à ses attaques. Le mot « inconscient », tel que je l'entends ici, veut dire être identifié à un scénario mental ou émotionnel. Il implique une absence complète de l'observateur.

L'attention consciente soutenue rompt le lien entre le corps de souffrance et les processus de la pensée. C'est ce qui amène la métamorphose. Comme si la souffrance alimentait la flamme de votre conscience qui, ensuite, brille par conséquent d'une lueur plus vive. Voilà la signification ésotérique de l'art ancien de l'alchimie : la transmutation du vil métal en or, de la souffrance en conscience. La division intérieure est résorbée et vous redevenez entier. Il vous incombe alors de ne plus créer de souffrance.

Permettez-moi de résumer le processus. Concentrez votre attention sur le sentiment qui vous habite. Sachez qu'il s'agit du corps de souffrance. Acceptez le fait qu'il soit là. N'y pensez pas. Ne transformez pas le sentiment en pensée. Ne le jugez pas. Ne l'analysez pas. Ne vous identifiez pas à lui. Restez présent et continuez d'être le témoin de ce qui se passe en vous. Devenez conscient non seulement de la souffrance émotionnelle, mais aussi de « celui qui observe», de l'observateur silencieux. Voici ce qu'est le pouvoir de l'instant présent, le pouvoir de votre propre présence consciente. Ensuite, voyez ce qui se passe.

Chez de nombreuses femmes, le corps de souffrance se réveille particulièrement au moment qui précède le cycle menstruel. Je reviendrai de façon plus détaillée sur ce phénomène et sur sa raison d'être. À présent, permettez-moi seulement de dire ceci: si vous êtes capable de rester vigilant et présent dans l'instant et d'observer tout ce que vous ressentez, plutôt que d'être envahi par la chose, cet instant vous donnera alors l'occasion de faire l'expérience de la pratique spirituelle la plus puissante. Et toute la souffrance passée pourra se transmuter rapidement.

Identification de l'ego au corps de souffrance

Le processus que je viens de décrire est profondément puissant mais simple. On pourrait l'enseigner à un enfant, et espérons qu'un jour ce sera l'une des premières choses que les enfants apprendront à l'école. Lorsque vous aurez compris le principe fondamental de la présence, en tant qu'observateur, de ce qui se passe en vous – et que vous le «comprendrez» par l'expérience –, vous aurez à votre disposition le plus puissant des outils de transformation.

Ne nions pas le fait que vous rencontrerez peut-être une très grande résistance intérieure intense à vous désidentifier de votre souffrance. Ce sera particulièrement le cas si vous avez vécu étroitement identifié à votre corps de souffrance la plus grande partie de votre vie et que le sens de votre identité personnelle y est totalement ou partiellement investi. Cela signifie que vous avez fait de votre corps de souffrance un moi malheureux et que vous croyez être cette fiction créée par votre mental. Dans ce cas, la peur inconsciente de perdre votre identité entraînera une forte résistance à toute désidentification. Autrement dit, vous préféreriez souffrir, c'est-à-dire être dans le corps de souffrance, plutôt que de faire un saut dans l'inconnu et de risquer de perdre ce moi malheureux mais familier.

Si tel est votre cas, examinez cette résistance. Regardez de près l'attachement à votre souffrance. Soyez très vigilant. Observez le plaisir curieux que vous tirez de votre tourment, la compulsion que vous avez d'en parler ou d'y penser. La résistance cessera si vous la rendez consciente. Vous pourrez alors accorder votre attention au corps de souffrance, rester présent en tant que témoin et ainsi amorcer la transmutation.

Vous seul pouvez le faire. Personne ne peut y arriver à votre place. Mais si vous avez la chance de trouver quelqu'un d'intensément conscient, si vous pouvez vous joindre à cette personne dans l'état de présence, cela pourra accélérer les choses. Ainsi, votre propre lumière s'intensifiera rapidement. Lorsqu'une bûche qui commence à peine à brûler est placée juste à côté d'une autre qui flambe ardemment et qu'au bout d'un certain temps elles sont séparées, la première chauffera avec beaucoup plus d'ardeur qu'au début. Après tout, il s'agit du même feu. Jouer le rôle du feu, c'est l'une des fonctions d'un maître spirituel. Certains thérapeutes peuvent également remplir cette fonction, pourvu qu'ils aient dépassé le plan mental et qu'ils soient à même de créer et de soutenir un état intense de présence pendant qu'ils s'occupent de vous.

Origine de la peur

Vous avez dit que la peur faisait partie de notre souffrance émotionnelle sous-jacente fondamentale. Comment survient-elle et pourquoi y en a-t-il tant dans la vie des gens? Est-ce qu'un certain degré de peur n'est pas une forme de saine autoprotection? Si je ne craignais pas le feu, peut-être que j'y mettrais la main et que je m'y brûlerais.

La raison pour laquelle vous ne mettez pas la main sur le feu, c'est que vous savez que vous vous brûleriez et non pas que vous en avez peur. Vous n'avez pas besoin de la peur pour éviter le danger inutile; seul un minimum d'intelligence et de bon sens est nécessaire. Pour ce genre de questions pratiques, il est utile d'appliquer les leçons apprises dans le passé. Par contre, si quelqu'un vous menaçait de vous brûler ou d'être violent à votre égard, vous pourriez éprouver quelque chose ressemblant à de la peur. Il s'agit en fait d'un recul instinctif devant le danger et non pas de l'état psychologique de peur dont nous parlons ici. La peur psychologique n'a rien à voir avec la peur ressentie face à un danger concret, réel et immédiat. La peur psychologique se présente sous une multitude de formes: un malaise, une inquiétude, de l'anxiété, de la nervosité, une tension, de l'appréhension, une phobie, etc. Ce type de peur concerne toujours quelque chose qui pourrait survenir et non pas ce qui est en train d'arriver. Vous êtes dans l'ici-maintenant, tandis que votre mental est dans le futur. Cela crée un hiatus chargé d'anxiété. Et si vous êtes identifié à votre mental et que vous avez perdu contact avec la puissance et la simplicité de l'instant présent, ce hiatus sera votre fidèle compagnon. Vous pouvez toujours composer avec l'instant présent, mais vous ne pouvez pas le faire avec ce qui n'est qu'une protection du mental. Bref, vous ne pouvez pas composer avec le futur.

En outre, comme je l'ai déjà souligné, tant que vous êtes identifié à votre mental, l'ego mène votre vie. À cause de sa nature fantomatique et en dépit de mécanismes de défense élaborés, l'ego est très vulnérable et inquiet. Il se sent constamment menacé. Ce qui est d'ailleurs le cas, même si, vu de l'extérieur, il donne l'impression d'être sûr de lui. Alors, rappelez-vous qu'une émotion est une réaction du corps à votre mental. Quel message le corps reçoit-il continuellement de l'ego, ce moi faux et artificiel? Danger, je suis menacé. Et quelle est l'émotion générée par ce message continuel? La peur, bien entendu.

La peur semble avoir bien des causes: une perte, un échec, une blessure, etc. Mais en définitive, toute peur revient à la peur qu'a l'ego de la mort, de l'anéantissement. Pour l'ego, la mort est toujours au détour du chemin. Dans cet état d'identification au mental, la peur de la mort se répercute sur chaque aspect de votre vie. Par exemple, même une chose apparemment aussi insignifiante et «normale» que le besoin compulsif d'avoir raison et de vouloir donner tort à l'autre – en défendant la position mentale à laquelle vous vous êtes identifié – est due à la peur de la mort. Si vous vous identifiez à cette position mentale et que vous ayez tort, le sens de votre moi, qui est fondé sur le mental, est sérieusement menacé d'anéantissement. En tant qu'ego, vous ne pouvez alors vous permettre d'avoir tort, puisque cela signifie mourir. Cet enjeu a engendré des guerres et d'innombrables ruptures.

Lorsque vous vous serez désidentifié de votre mental, avoir tort ou raison n'aura aucun impact sur le sens que vous avez de votre identité. Et le besoin si fortement compulsif et si profondément inconscient d'avoir raison, qui est une forme de violence, ne sera plus là. Vous pourrez énoncer clairement et fermement la façon dont vous vous sentez ou ce que vous pensez, mais sans agressivité ni en étant sur la défensive. Le sens de votre identité proviendra alors d'un espace intérieur plus profond et plus vrai que le mental. Prenez garde à toute manifestation de défensive chez vous. Que défendez-vous alors? Une identite illusoire, une représentation mentale, une entité fictive? En conscientisant ce scénario, en en étant le témoin, vous vous désidentifierez de lui. À la lumière de votre conscience, le scénario inconscient disparaîtra alors rapidement. Ce sera la fin des querelles et des jeux de pouvoir, si corrosifs pour les relations. Le pouvoir sur les autres, c'est de la faiblesse déguisée en force. Le véritable pouvoir est à l'intérieur et il est déjà vôtre.

Ainsi, quiconque est identifié à son mental et, par conséquent, coupé de son pouvoir véritable, de son moi profond enraciné dans l'Être, sera affligé d'une peur constante. Comme le nombre de gens ayant dépassé le mental est encore extrêmement restreint, on peut tenir pour acquis que presque tous ceux que l'on rencontre ou que l'on connaît vivent dans la peur. Seule l'intensité varie. Elle fluctue entre l'anxiété et la terreur à un bout de l'échelle, et entre un vague malaise et un lointain sentiment de menace à l'autre bout. La plupart des gens n'en prennent conscience que lorsqu'elle prend l'une de ses formes les plus aiguës.

La recherche d'intégralité de l'ego

Un autre aspect de la douleur émotionnelle inhérent au mental et à l'ego, c'est le sentiment profondément ancré d'être incomplet, de ne pas être entier. Chez certaines personnes il est conscient, chez d'autres pas. S'il est conscient, il se manifeste sous la forme du sentiment dérangeant et permanent d'être insignifiant ou pas assez bien. S'il est inconscient, il ne sera ressenti qu'indirectement, comme une soif, un désir et un besoin intenses. Dans un cas comme dans l'autre, les gens entament souvent une démarche boulimique de gratification de l'ego et aspirent à acquérir des choses auxquelles ils s'identifient pour pouvoir combler ce trou qu'ils sentent en eux. Alors ils courent après les biens, l'argent, le succès, le pouvoir, la reconnaissance ou une relation spéciale pour mieux se sentir, pour être plus complets. Mais même lorsqu'ils ont obtenu tout cela, ils découvrent sans tarder que le trou est encore là, qu'il est sans fond. Alors, ils sont vraiment en difficulté, car ils ne peuvent plus s'illusionner. En fait, ils le peuvent et le font, mais cela devient plus difficile.

Aussi longtemps que le mental ou l'ego, mènera votre vie, vous ne pourrez vous sentir vraiment à l'aise, être en paix ou comblé, sauf pendant de brefs intervalles, quand vous aurez obtenu ce que vous vouliez ou qu'un besoin maladif aura été satisfait. Puisque l'ego est en soi une identité secondaire, il cherche à s'identifier à des objets extérieurs. II a un constant besoin d'être défendu et nourri. Les choses auxquelles il s'identifie le plus communément sont les biens matériels, le statut social, la reconnaissance sociale, les connaissances et l'éducation, l'apparence physique, les aptitudes particulières, les relations, l'histoire personnelle et familiale, les systèmes de croyances et souvent, aussi, les formes d'identification collective, qu'elles soient d'ordre politique, nationaliste, racial, religieux ou autre. Vous n'êtes rien de cela. Cela vous effraie-t-il? Ou vous sentez-vous soulagé de l'entendre? Tout cela, vous devrez y renoncer tôt ou tard. Il vous sera peut-être difficile de le croire et je ne vous demande certainement pas de penser que vous ne pourrez trouver votre identité dans l'une ou l'autre de ces choses. Vous connaîtrez vous-même la vérité par l'expérience. Au plus tard, vous la connaîtrez lorsque vous sentirez la mort approcher. La mort vous dépouille de tout ce qui n'est pas vous. Le secret de la vie, c'est de «mourir avant de mourir» et de découvrir que la mort n'existe pas.

CHAPITRE TROIS

Plonger dans le moment présent

Ne cherchez pas votre moi dans le mental

J'ai l'impression que j'en ai encore beaucoup à apprendre sur les rouages du mental avant de pouvoir me rapprocher de la conscience totale ou de l'éveil spirituel.

En fait, non. Les problèmes du mental ne peuvent pas se résoudre sur le plan du mental. Lorsque vous avez saisi la base de ce dysfonctionnement, il n'y a pas vraiment grand-chose d'autre que vous ayez besoin d'apprendre ou de comprendre. L'étude des complexités du mental fera peut-être de vous un bon psychologue, mais cela ne vous amènera sûrement pas au-delà du mental. Tout comme l'étude de la folie ne suffit pas à instaurer la santé mentale. Vous avez déjà compris le mécanisme de base de l'état d'inconscience, c'est-à-dire l'identification au mental, qui crée un faux moi, l'ego, et le substitue à votre véritable moi qui irradie de l'Être. Et comme Jésus l'a dit, vous devenez « un rameau coupé de la vigne ».

Les besoins de l'ego sont infinis. Comme celui-ci se sent vulnérable et menacé, il vit dans un état de peur et de besoin. Du moment que vous en connaissez le dysfonctionnement fondamental, vous n'avez pas besoin d'en explorer les innombrables aspects. Pas besoin d'en faire une problématique personnelle complexe. Il va sans dire que l'ego adore ça. II cherche constamment à s'accrocher à quelque chose pour maintenir et renforcer son sens illusoire de soi. Il s'accrochera donc facilement et volontiers à vos problèmes. Voilà pourquoi, chez un grand nombre de gens, le sens du moi est en grande partie intimement lié à leurs problèmes. Une fois le sens du moi établi, la dernière chose qu'ils veulent, c'est se débarrasser des problèmes. Car les perdre reviendrait à perdre leur moi. L'ego peut inconsciemment investir beaucoup dans la douleur et la souffrance.

Ainsi, une fois que vous avez reconnu que le fondement de l'inconscience repose sur l'identification au mental, qui inclut bien sûr les émotions, vous en sortez. Vous devenez présent. Et quand vous êtes présent, vous pouvez permettre au mental d'être tel qu'il est sans vous laisser empêtrer dans ses rouages. Le mental n'est pas dysfonctionnel en lui-même, c'est un outil merveilleux. Le dysfonctionnement s'installe quand vous y cherchez votre moi et que vous le prenez pour vous. II devient alors l'ego et prend totalement le contrôle de votre vie.

Mettez fin à l'illusion qu'est le temps

Il semble presque impossible de se dissocier du mental. Nous y sommes tous plongés. Comment apprendre à un poisson à voler?

La clé, c'est de mettre fin à l'illusion du temps, parce que le temps et le mental sont indissociables. Si vous éliminez le temps du mental, celui-ci s'arrête. Sauf si vous choisissez de vous en servir.

Quand vous êtes identifié au mental, vous êtes prisonnier du temps et une compulsion vous incite à vivre presque exclusivement en fonction de la mémoire et de l'anticipation. Ceci génère une préoccupation permanente du passé et du futur, une indisponibilité à honorer et à accueillir l'instant présent, ainsi qu'une incapacité à lui permettre d'être. La compulsion naît du fait que le passé vous confère une identité et que le futur comporte une promesse de salut et de satisfaction, sous une forme ou une autre. Passé et futur sont tous deux des illusions.

Mais sans le sens du temps, comment pourrions-nous fonctionner dans ce monde? Il n y aurait plus d'objectifs à atteindre. Je ne saurais même plus qui je suis, puisque c'est mon passé qui fait ce que je suis aujourd'hui. Je pense que le temps est quelque chose de très précieux et que nous devons apprendre à nous en servir avec sagesse plutôt que de le gaspiller.

Le temps n'est pas précieux du tout puisqu'il est une illusion. Ce que vous percevez comme tel n'est pas le temps lui-même, mais ce point qui est en dehors du temps, soit le présent. Et l'instant présent est certainement précieux. Plus vous êtes axé sur le temps, c'est-à-dire le passé et le futur, plus vous ratez le présent, la chose la plus précieuse qui soit. Et pourquoi l'est-elle? Parce qu'elle est l'unique chose qui soit. Parce que c'est tout ce qui existe. L'éternel présent est le creuset au sein duquel toute votre vie se déroule, le seul facteur constant. La vie, c'est maintenant. Il n'y a jamais eu un moment où votre vie ne se déroulait pas «maintenant» et il n'y en aura d'ailleurs jamais. Par ailleurs, l'instant présent est l'unique point de référence qui puisse vous transporter au-delà des frontières limitées du mental. II est votre seul point d'accès au royaume intemporel et sans forme de l'Être.

Rien n'existe à part l'instant présent

Le passé et le futur ne sont-ils pas aussi réels, parfois même plus réels que le présent? Après tout, le passé définit notre identité ainsi que notre perception et notre comportement dans le présent. Et nos objectifs dans le futur déterminent les actions que nous entreprenons dans le présent.

Vous n'avez pas encore saisi l'essence de ce que je dis puisque vous essayez de le comprendre mentalement. Le mental ne peut pas comprendre cela. Vous seul le pouvez. Écoutez simplement ce que je vais dire, s'il vous plaît.

Avez-vous jamais eu une expérience, fait, pensé ou senti quelque chose qui ne se situe pas dans le moment présent? Pensez-vous que cela puisse vous arriver un jour? Est-il possible que quelque chose soit en dehors de l'instant présent? La réponse est évidente, n'est-ce pas?

Rien ne s'est jamais produit dans le passé: cela s'est produit dans le présent.

Rien ne se produira jamais dans le futur: cela se produira dans le présent.

Ce que vous considérez comme le passé est le souvenir d'un ancien moment présent mis en mémoire dans l'esprit. Lorsque vous vous souvenez du passé, vous ravivez une mémoire. C'est ce que vous faites maintenant. Le futur est un présent imaginé, une projection du mental. Quand le futur arrive, c'est sous la forme du présent. Lorsque vous pensez au futur, vous le faites dans le présent. De toute évidence, le passé et le futur ne constituent pas des réalités en soi. À l'instar de la lune qui n'émet pas sa propre lumière mais peut seulement refléter la lumière du soleil, le passé et le futur ne sont que de pâles reflets de la lumière, du pouvoir et de la réalité qu'est l'éternel présent. Leur réalité est empruntée au présent.

Le mental ne peut pas comprendre l'essence de ce que je suis en train de dire. Toutefois, dès que vous la saisissez, il se produit un basculement de la conscience, du mental à l'Être, du temps à la présence. Tout d'un coup, tout semble vivant, irradie d'énergie, s'anime de l'Être.

La clé pour entrer dans la dimension spirituelle

Dans des situations où la vie est mise en jeu, ce basculement de la conscience du temporel à la présence se produit naturellement. La personnalité, qui a un passé et un futur, s'efface temporairement pour être remplacée par une intense et consciente présence, à la fois très calme et très alerte. Les gestes posés pour répondre à ces situations naissent de cet état de conscience.

La raison pour laquelle certaines personnes aiment prendre part à des activités dangereuses, comme l'alpinisme, la course automobile et autres, c'est que cela les oblige à être dans l'instant présent, même si elles ne sont pas conscientes de ce fait. Ces activités les amènent dans cet état intensément vivant qui est libéré du temps, des problèmes, de la pensée et du fardeau de la personnalité. Oublier ne serait-ce qu'une seconde le moment présent peut se traduire par la mort.

Malheureusement, ces gens viennent à dépendre d'une activité particulière pour retrouver cet état. Mais vous n'avez pas besoin d'escalader la face nord de l'Eiger pour ça. Vous pouvez y accéder dès maintenant.

Les maîtres spirituels de toutes les traditions font de l'instant présent la clé d'accès à la dimension spirituelle, et ce, depuis toujours. Malgré cela, il semble que leur message soit resté lettre morte. On ne l'enseigne certainement pas dans les églises et les temples. Si vous entrez dans une église, vous entendrez peut-être de telles phrases lues dans l'Évangile: «N'ayez aucune pensée pour le lendemain, il prendra soin de lui-même» ou «Quiconque met la main à la charrue et regarde en arrière ne mérite pas le royaume de Dieu». Ou bien encore entendrez-vous le passage sur les magnifiques fleurs qui ne se préoccupent pas du lendemain, mais qui vivent avec grâce dans l'éternel présent et reçoivent en abondance de Dieu ce dont elles ont besoin. Néanmoins la profondeur et la nature radicale de ces enseignements ne sont pas reconnues. Personne ne semble réaliser que ceux-ci sont censés être vécus pour engendrer une profonde transformation intérieure.

L'essence même de la philosophie zen consiste à avancer sur la lame de rasoir qu'est le présent, à être si totalement et complètement présent qu'aucune souffrance, rien qui ne soit pas vous en essence, ne puisse survivre en vous. Le temps étant ainsi absent, tous vos problèmes se dissolvent. La souffrance a besoin du temps: elle ne peut survivre dans le présent.

Le grand maître zen Rinzai avait souvent l'habitude de lever le doigt et de poser lentement la question suivante à ses élèves pour les obliger à se détourner de l'attention qu'ils accordaient au temps: «En ce moment, que manque-t-il?» C'est une question puissante, qui exige une réponse ne provenant pas du mental. Elle est conçue pour ramener votre attention profondément dans le présent. Il existe une autre question dans la tradition zen: «Si ce n'est pas maintenant, quand alors?»

Le présent figure également au cœur de l'enseignement soufi, cette branche mystique de l'islam. Les soufis ont un dicton: «Le soufi est le fils du temps présent.» Et Rumi, le grand poète et enseignant soufi, déclare: «Le passé et l'avenir soustraient Dieu de notre vue. Brûlons-les tous deux au bûcher.»

Eckhart, le grand enseignant spirituel du XIIIe siècle, a résumé tout cela de façon magnifique: «Le temps est ce qui empêche la lumière de nous atteindre. Il n'existe pas de plus grand obstacle à trouver Dieu que le temps.»

Comment accéder au pouvoir du moment présent ?

Il y a un instant, pendant que vous parliez de l'éternel présent et de l'irréalité du passé et de l'avenir, je me suis surpris à regarder cet arbre devant la fenêtre. Je l'avais déjà regardé à quelques reprises, mais cette fois-ci, il était différent. La perception extérieure n'avait pas beaucoup changé, sauf que ses couleurs semblaient plus éclatantes et plus vivantes. Une autre dimension s'était ajoutée. Ce n'est pas facile à expliquer. Je ne sais pas comment, mais j'étais conscient de quelque chose d'invisible que j'ai ressenti comme étant l'essence de cet arbre, son esprit, si vous voulez. Et j'en faisais partie d'une certaine façon. Je réalise maintenant que je n'avais jamais vraiment vu cet arbre avant, sinon une image morte et vide de lui. Quand je le regarde maintenant, il y a encore un peu de cette conscience, mais je peux la sentir s'estomper. Vous voyez, l'expérience est déjà en train de devenir du passé. Une telle expérience peut-elle devenir plus qu'une impression fugitive ?

Pendant un instant, vous avez été libéré du temps. Vous êtes entré dans le moment présent et avez donc perçu l'arbre sans l'écran du mental. La conscience de l'être s'est intégrée à votre expérience de perception. La dimension de l'intemporel introduit une autre sorte de forme d'appréhension de la réalité qui ne «tue» pas l'esprit vivant en chaque créature et en chaque chose. Une appréhension de la réalité qui ne détruit pas le sacré et le mystère de la vie, mais qui exprime plutôt un profond amour et une immense révérence pour tout ce qui est. Une appréhension de la réalité dont le mental ne sait rien.

Le mental ne peut pas appréhender la réalité de l'arbre. Il peut seulement connaître des faits et des informations au sujet de l'arbre. Le mental ne peut pas appréhender la réalité de ce que vous êtes: il connaît seulement des étiquettes, des jugements, des faits et des opinions à votre sujet. Seul l'Être appréhende la réalité directement.

Mais le mental ainsi que les connaissances ont leur place, et c'est dans le domaine de la vie pratique de tous les jours. Cependant, quand le mental se met à régir tous les aspects de votre vie, y compris vos relations avec d'autres êtres humains et avec la nature, il devient un monstrueux parasite qui, si on ne le surveille pas, peut bien finir par éliminer toute vie sur cette planète et lui-même par la même occasion en tuant son hôte.

Vous avez eu un aperçu de la façon dont l'intemporel peut transformer vos perceptions. Mais une expérience ne suffit pas, peu importe sa beauté ou son intensité. Ce qu'il faut et ce qui nous intéresse, c'est un basculement permanent de la conscience.

Alors, brisez la vieille habitude qui vous fait nier le moment présent et y résister. Exercez-vous à soustraire votre attention du passé et du futur quand la nécessité ne se présente pas. Sortez de la dimension temporelle autant que vous le pouvez dans le quotidien. Si vous éprouvez de la difficulté à accéder directement à l'instant présent, exercez-vous d'abord en observant la tendance habituelle de votre mental à vouloir fuir le moment présent. Vous constaterez qu'il imagine en général l'avenir comme étant meilleur ou pire que le présent. Dans le premier cas, il vous donne de l'espoir et du plaisir par anticipation. Dans le deuxième cas, il crée de l'anxiété. Chaque fois, il s'agit pourtant d'une illusion. En vous observant vous-même, vous pouvez automatiquement devenir plus présent dans votre vie. Dès l'instant où vous prenez conscience que vous n'êtes plus présent, vous l'êtes. Chaque fois que vous pouvez observer votre mental, vous n'êtes plus pris à son piège. Un autre facteur est entré en jeu, quelque chose qui n'appartient pas au mental, la présence en tant que témoin.

Soyez présent en tant qu'observateur de votre mental, c'est-à-dire de vos pensées, de vos émotions et de vos réactions dans diverses situations. Accordez au moins autant d'attention à vos réactions qu'à la situation ou à la personne qui vous fait réagir. Remarquez aussi la répétitivité avec laquelle votre attention se fixe sur le passé ou l'avenir. Ne jugez pas et n'analysez pas ce que vous observez. Regardez la pensée, sentez l'émotion, surveillez la réaction. N'en faites pas une problématique. Vous sentirez alors quelque chose de plus puissant que n'importe lequel de vos sujets d'observation: la présence calme qui observe de derrière le contenu du mental, le témoin silencieux.

Lorsque certaines situations déclenchent des réactions empreintes d'une forte charge émotionnelle, comme lorsque l'image de soi est menacée, qu'un défi se présente dans votre vie et suscite de la peur, que les choses vont mal ou qu'un nœud émotionnel du passé refait surface, la présence doit se faire intense. Dans de telles situations, vous avez tendance à devenir «inconscient». La réaction ou l'émotion prend totalement possession de vous, vous devenez elle et agissez en fonction d'elle. Vous vous justifiez, vous accusez, vous attaquez, vous vous défendez... Sauf qu'il ne s'agit pas de vous, mais du scénario réactif, du mental dans son habituel mode de survie.

S'identifier au mental, c'est lui donner de l'énergie. Observer le mental, c'est lui enlever de l'énergie. S'identifier au mental accentue la dimension temporelle. Observer le mental donne accès à la dimension intemporelle. L'énergie économisée se transforme en présence. Une fois que vous savez d'expérience ce qu'être présent signifie, il est beaucoup plus aisé de simplement choisir de sortir de la dimension temporelle chaque fois que vous n'avez pas besoin du temps pour des raisons pratiques et de plonger davantage dans le présent. Ceci n'amoindrit pas votre aptitude à vous servir de la dimension temporelle – le passé ou le futur – quand vous avez besoin d'y faire référence pour des questions d'ordre pratique. Cela n'amoindrit pas non plus votre capacité à employer votre mental. En fait, cela l'améliore. Quand vous utiliserez votre mental, celui-ci sera plus vif, plus pointu.

Comment se défaire du temps psychologique

Apprenez à utiliser le temps dans les aspects pratiques de votre vie – on pourrait appeler cela le «temps-horloge» –, mais revenez immédiatement à la conscience du moment présent quand les choses pratiques ont été réglées. De cette façon, il n'y aura aucune accumulation de «temps psychologique», qui est l'identification au passé et la perpétuelle projection compulsive dans l'avenir.

Le «temps-horloge» ne concerne pas uniquement la prise de rendez-vous ou la planification d'un voyage. Cela veut aussi dire tirer des leçons du passé afin de ne pas répéter sans arrêt les mêmes erreurs. Se donner des objectifs et les poursuivre. Anticiper l'avenir grâce aux modèles et aux lois physiques, mathématiques ou autres appris dans le passé et adopter les démarches justes en fonction de nos prévisions.

Mais même là, dans le cadre des choses pratiques, où nous sommes obligés de nous référer au passé et au futur, le moment présent reste le facteur essentiel. Toute leçon tirée du passé devient pertinente et est appliquée dans le «maintenant». Toute planification ou tout effort pour atteindre un objectif particulier s'effectue dans le «maintenant». Même si la personne illuminée maintient toujours son attention dans le présent, celle-ci est tout de même consciente du temps à la périphérie. Autrement dit, elle continue à se servir du «temps-horloge» mais est libérée du «temps psychologique».

Quand vous vous exercez à cela, soyez attentif de ne pas transformer involontairement le «temps-horloge» en «temps psychologique». Par exemple, si vous avez commis une erreur dans le passé et en tirez une leçon maintenant, c'est que vous utilisez le «temps-horloge». Par contre, si vous revenez mentalement dessus sans arrêt, si vous vous critiquez et éprouvez des remords ou de la culpabilité, c'est que vous êtes tombé dans le piège du «moi» et du «mon». Vous assimilez cette erreur au sens que vous avez de votre identité et elle appartient alors au «temps psychologique». Ce dernier est toujours lié à un sens de l'identité faussé. L'incapacité à pardonner se traduit automatiquement par un lourd fardeau de «temps psychologique».

Si vous vous donnez un objectif et travaillez pour l'atteindre, vous vous servez du «temps-horloge». Vous êtes conscient de la direction que vous voulez prendre, mais vous honorez le pas que vous faites dans le moment et lui accordez votre attention la plus totale. Si vous devenez trop axé sur l'objectif parce que, par lui, vous recherchez peut-être le bonheur, la satisfaction et une certaine complétude, vous n'honorez plus le présent. Celui-ci se réduit à un tremplin pour l'avenir, sans aucune valeur intrinsèque. Le «temps-horloge» se transforme alors en «temps psychologique». Votre périple n'est plus une aventure, mais seulement un besoin obsessionnel d'arriver quelque part, d'atteindre quelque chose, de réussir. Vous ne voyez ni ne sentez plus les fleurs sur le bord du chemin et vous n'êtes plus conscient de la beauté et du miracle de la vie qui sont révélés partout autour de vous quand vous êtes dans l'instant présent.

Je peux saisir l'extrême importance du présent, mais je ne suis pas tout à fait d'accord avec vous quand vous affirmez que le temps est une illusion totale.

Quand je dis cela, mon intention n'est pas d'énoncer un principe philosophique. Je vous remémore un simple fait, un fait si évident que vous avez peut-être de la difficulté à le saisir ou que vous le considérez peut-être comme vide de sens. Mais une fois que vous avez pleinement compris la portée de cette affirmation, celle-ci peut traverser, comme la lame d'un sabre, toutes les couches de complexité et de problématiques créées par le mental. Laissez-moi vous répéter ceci: le moment présent est tout ce que vous aurez jamais. Il n'y a jamais un instant dans votre vie qui n'est pas «ce moment». N'est-ce pas un fait?

La folie du temps psychologique

Si vous observez les manifestations collectives du temps psychologique, vous n'aurez aucun doute que celui-ci est une maladie mentale. Ces manifestations prennent la forme d'idéologies comme le communisme, le socialisme, le nationalisme, ou encore celle de systèmes de croyances religieuses rigides. Celles-ci sont érigées en fonction de la prémisse selon laquelle notre bien se trouve dans l'avenir et que, par conséquent, la fin justifie les moyens. La fin n'est qu'une idée, qu'un point dans l'avenir projeté par le mental où le salut sera atteint sous quelque forme que ce soit: le bonheur, la satisfaction, l'égalité, la libération, etc. Il n'est pas rare que, dans le présent, les moyens employés pour y arriver soient l'esclavage, la torture et l'assassinat de gens.

On estime par exemple à cinquante millions le nombre de gens assassinés pour faire avancer la cause du communisme et créer un «monde meilleur» en Russie, en Chine et dans d'autres pays[2]. C'est un exemple saisissant de la façon dont la croyance en un paradis futur peut créer un enfer dans le présent. Y a-t-il un doute quelconque quant au fait que le temps psychologique soit une grave et dangereuse maladie mentale?

De quelle façon ce mécanisme fonctionne-t-il dans votre vie à vous? Désirez-vous toujours être ailleurs que là ou vous êtes? Le «faire» est-il pour vous seulement un moyen d'arriver à une fin? La satisfaction doit-elle toujours être imminente ou se réduit-elle à des plaisirs de courte durée comme le sexe, la nourriture, la boisson, les drogues, à des sensations fortes et à une certaine surexcitation? Votre objectif est-il constamment d'atteindre, de devenir et d'accomplir? Ou bien êtes-vous à la poursuite de nouvelles sensations, d'autres plaisirs? Croyez-vous qu'en ayant davantage de possessions vous serez meilleur, plus satisfait ou psychologiquement plus complet? Attendez-vous qu'un homme ou une femme donne un sens à votre vie?

Dans l'état de conscience normal non éveillé, c'est-à-dire quand on s'identifie au mental, le pouvoir et l'infini potentiel créatif qui sont dissimulés dans le présent sont complètement éclipsés par le temps psychologique. Votre vie perd alors sa vitalité, sa fraîcheur et son sens de l'émerveillement. Les vieux scénarios de pensées, d'émotions, de comportements, de réactions et de désirs sont rejoués à l'infini. C'est là un script mental qui vous procure une sorte d'identité mais qui, en fait, déforme ou dissimule la réalité qu'est le présent. Et le mental fait alors de l'avenir une obsession pour échapper à un présent insatisfaisant.

Le temps est l'instrument de la négativité et de la souffrance

Mais la croyance que l'avenir sera meilleur que le présent n'est pas toujours une illusion. II arrive que le présent soit horrible et que les choses puissent s'améliorer dans le futur. Et c'est souvent ce qui se produit.

De façon générale, le futur est une réplique du passé. Des changements superficiels peuvent se produire, mais la véritable transformation est rare et dépend de votre capacité à devenir suffisamment présent pour que, en ayant accès au pouvoir du présent, le passé puisse se dissoudre. Ce que vous percevez comme le futur fait intrinsèquement partie de votre état de conscience dans le moment présent. Si votre mental traîne un lourd fardeau de passé, vous répéterez les mêmes expériences, car sans présence, le passé se perpétue de lui-même. La qualité de votre conscience dans cet instant-ci façonne votre avenir, qui bien sûr ne pourra être vécu que comme le présent.

Il se peut que vous gagniez dix millions de dollars. Cela entraînera toutefois un changement très superficiel, car vous répéterez tout bonnement les mêmes réflexes conditionnés, sauf que vous le ferez dans un milieu plus luxueux. Les humains ont découvert la fission de l'atome. Au lieu de tuer dix ou vingt personnes avec une massue de bois, une seule personne peut dorénavant tuer un million de personnes en appuyant simplement sur un bouton. Est-ce là un véritable changement?

Si la qualité de votre conscience à ce moment-ci détermine le futur, qu'est-ce qui détermine la qualité de votre conscience? Votre degré de présence. Par conséquent, le seul domaine à partir duquel le véritable changement peut s'opérer et où le passé peut se dissoudre, c'est le présent.

Toute négativité résulte de l'accumulation de temps psychologique et de la dénégation du présent. Malaise, anxiété, tension, stress, inquiétude, tous des formes de peur, sont occasionnés par trop de futur et pas assez de présence. La culpabilité, le regret, le ressentiment, les doléances, la tristesse, l'amertume et toute autre forme d'absence de pardon sont causés par trop de passé et pas assez de présence.

Pour beaucoup de gens, il est difficile de croire qu'il est possible de vivre dans un état libéré de toute négativité. Et pourtant, cet état de libération est celui dont tous les enseignements spirituels parlent. C'est la promesse du salut, non pas dans un avenir illusoire, mais bien ici et maintenant.

Il se peut qu'il vous soit difficile de reconnaître que le temps est à l'origine de votre souffrance ou de vos problèmes. Vous pensez en effet qu'ils sont occasionnés par des situations particulières dans votre vie, ce qui est vrai, si on considère la chose d'un point de vue conventionnel. Mais à moins que vous ne vous attardiez au dysfonctionnement du mental qui cause tous les problèmes, c'est-à-dire son attachement au passé et au futur ainsi que sa dénégation du présent, vos problèmes sont en fait interchangeables. Si, par miracle, tous vos problèmes ou tout ce que vous percevez comme étant la cause de vos souffrances ou de vos malheurs étaient miraculeusement effacés aujourd'hui, sans que vous soyez devenu plus présent et plus conscient, vous vous retrouveriez tôt ou tard avec un ensemble semblable de problèmes ou de souffrances, comme si une ombre vous suivait où que vous alliez. En fin de compte, il n'y a qu'un problème: le mental prisonnier des mailles du temps.

Je ne réussis pas à croire que j'atteindrai un jour un point où je serai complètement libéré de mes problèmes.

Vous avez raison. Vous ne pouvez jamais atteindre ce point parce que vous y êtes déjà. Le salut n'existe pas dans le temps. Vous ne pouvez être libre dans le futur. Puisque la clé de la liberté, c'est la présence, vous ne pouvez être libre que dans l'instant présent.

Comment découvrir votre vie derrière vos conditions de vie actuelles

Je ne vois pas comment je peux être libre maintenant. En réalité, je suis extrêmement malheureux dans ma vie en ce moment. En fait, je me raconterais des histoires si j'essayais de me convaincre que tout va bien alors que ce n'est absolument pas le cas. Le moment présent me rend malheureux. II n'est pas du tout libérateur. C'est l'espoir ou la possibilité d'une amélioration dans l'avenir qui me fait tenir le coup.

Vous pensez que votre attention est dans le moment présent alors qu'elle est en réalité totalement sous l'emprise du temps. Vous ne pouvez pas être en même temps malheureux et totalement dans le présent.

Ce que vous appelez «votre vie» devrait plutôt s'appeler plus justement «vos conditions de vie». Il s'agit de temps psychologique, du passé et du futur. Dans le passé, certaines choses ne se sont pas déroulées comme vous le vouliez. Vous résistez encore à ce qui s'est produit alors et à ce qui est maintenant. L'espoir vous fait vivre, mais il maintient votre attention sur l'avenir. Et c'est ce regard fixé sur l'avenir qui perpétue votre refus du présent et qui vous rend ainsi malheureux.

Il est vrai que mes conditions de vie actuelles sont le résultat de choses survenues dans le passé. Mais toujours est-il que c'est encore ma situation actuelle et que je suis malheureux d'y rester pris.

Oubliez un peu vos conditions de vie pendant un instant et prêtez attention à votre vie.

Quelle est la différence?

Vos conditions de vie existent dans un cadre temporel.
Votre vie, c'est l'instant présent.
Vos conditions de vie sont le produit du mental.

Votre vie est réelle.

Trouvez le « passage étroit qui vous conduit à la vie ». On l'appelle l'instant présent. Ramenez votre vie au moment présent. Vos conditions de vie sont peut-être très problématiques, ce qui est le cas de la plupart des gens, mais essayez de voir si vous avez un problème en ce moment même. Pas demain ni dans dix minutes, mais maintenant. Avez-vous un problème maintenant?

Lorsque vous êtes envahi par les problèmes, il ne reste aucune place pour la nouveauté ou les solutions. Alors, chaque fois que vous le pouvez, faites un peu de place à tout cela et vous trouverez votre vie qui se cache derrière vos conditions de vie.

Utilisez pleinement vos sens. Soyez véritablement là où vous êtes. Regardez autour de vous. Simplement, sans interpréter. Voyez la lumière, les formes, les couleurs, les textures. Soyez conscient de la présence silencieuse de chaque objet, de l'espace qui permet à chaque chose d'être. Écoutez les bruits sans les juger. Entendez le silence qui les anime. Touchez quelque chose, n'importe quoi, et sentez et reconnaissez son essence. Observez le rythme de votre respiration. Sentez l'air qui entre et qui sort de vos poumons, sentez l'énergie de vie qui circule dans votre corps. Laissez chaque chose être, au-dedans comme au-dehors. Reconnaissez en chaque chose son « être-là ». Plongez totalement dans le présent.

De la sorte, vous laissez derrière vous le monde assourdissant de l'abstraction mentale, du temps. Vous sortez de la folie de ce mental qui vous dépouille de votre énergie vitale et qui empoisonne et détruit la Terre. Vous sortez du rêve qu'est le temps pour arriver dans le présent.

Tous les problèmes sont des illusions du mental

J'ai l'impression qu'un lourd fardeau vient de m'être retiré des épaules. J'ai une sensation de légèreté. Je me sens l'esprit clair... mais mes problèmes m'attendent toujours, n'est-ce pas? Ils n'ont pas été résolus. Est-ce que je ne suis pas temporairement en train de les fuir?

Même si vous vous retrouviez au paradis, cela ne prendrait pas de temps avant que votre mental dise «oui, mais…». En fin de compte, ceci n'a rien à voir avec la résolution de vos problèmes. Cela concerne la prise de conscience qu'il n'y a aucun problème. Il y a seulement des situations dont il faut soit s'occuper dans le moment présent, soit laisser telles quelles et accepter comme faisant partie de l'être-là du moment jusqu'à ce qu'elles changent ou qu'on puisse s'en occuper. Les problèmes sont une fiction du mental et ils ont besoin du temps pour se perpétuer. Ils ne peuvent survivre dans la réalité de l'instant présent.

Fixez votre attention sur le présent et dites-moi quel est votre problème maintenant.

Je n'obtiens aucune réponse de votre part parce qu'il est impossible d'avoir un problème lorsque votre attention est totalement dans le présent. Une situation a besoin d'être acceptée telle quelle ou d'être solutionnée. Bon. Pourquoi en faire un problème? Pourquoi faire de quoi que ce soit un problème? La vie ne vous met-elle pas suffisamment au défi comme ça? À quoi vous servent les difficultés? Inconsciemment, le mental les adore parce qu'ils vous confèrent, disons, une sorte d'identité. Ceci est la norme mais c'est de la folie. Avoir un problème veut dire que vous vous appesantissez mentalement sur une situation sans qu'il y ait une véritable intention ou possibilité de passer immédiatement à l'action et que vous l'assimilez au sens que vous avez de votre identité personnelle. Vous êtes tellement pris par vos conditions de vie que vous perdez le sens même de votre vie, de votre Être. Ou bien vous entretenez mentalement le fardeau malsain de la centaine de choses que vous ferez peut-être ou pas dans le futur au lieu de fixer votre attention sur «la» chose que vous pouvez faire maintenant.

Quand vous créez un problème, vous créez de la souffrance. Tout ce qu'il faut, c'est simplement faire un choix, prendre une décision. C'est se dire, quoi qu'il arrive: je ne me créerai plus de souffrance. Je ne me créerai plus de difficultés. Même s'il s'agit d'un choix simple, celui-ci est aussi très radical. Vous ne pourrez faire ce choix à moins d'en avoir vraiment ras le bol, d'en avoir vraiment assez. Et vous ne pourrez pas passer à travers si vous ne réussissez pas à accéder au pouvoir du moment présent. Si vous arrêtez de vous faire souffrir, vous arrêtez également de faire souffrir les autres. De polluer notre belle planète Terre, votre espace intérieur et la psyché humaine collective avec la négativité inhérente à la création de tout problème.

Si vous vous êtes déjà trouvé dans une situation de vie ou de mort, vous savez que celle-ci n'était pas un problème. En fait, le mental n'a pas eu le temps de tergiverser et d'en faire un problème. En cas de véritable urgence, le mental fige et vous devenez totalement disponible au moment présent. Alors, quelque chose d'infiniment plus puissant prend la relève. C'est pour cette raison que l'on entend souvent parler de gens ordinaires soudainement devenus capables d'incroyables actes de courage. En situation d'urgence, vous survivez ou pas. D'une façon comme d'une autre, ce n'est pas un problème.

Certaines personnes se mettent en colère lorsqu'elles m'entendent dire que les problèmes sont des illusions. Je représente une menace, car je pourrais leur subtiliser le sens de leur identité. Elles ont investi beaucoup de temps à créer cette fausse identité. Pendant des années, elles l'ont inconsciemment définie en fonction de leurs problèmes ou de leur souffrance. Qui seraient-elles sans cela?

En réalité, ce que les gens disent, pensent ou font est en grande partie motivé par la peur. Et cette peur provient du fait que leur attention est fixée sur l'avenir et qu'ils ne sont pas en contact avec le moment présent. Comme il n'y a pas de problèmes dans le présent, il n'y a pas non plus de peur.

Si une situation se présentait et que vous deviez composer avec elle dans l'immédiat, le geste que vous poseriez serait net et percutant s'il naissait de la conscience du moment présent. Il risquerait aussi d'être plus efficace. Ce ne serait pas un geste réactif résultant du conditionnement de votre mental, mais plutôt un geste répondant intuitivement à la situation. À d'autres occasions, lorsque le mental et le temps psychologique voudront réagir, vous remarquerez qu'il vaut mieux ne rien faire et rester seulement centré dans le présent.

Un saut quantique dans l'évolution de la conscience

J'ai eu quelques aperçus de cet état de libération du mental et du temps que vous décrivez. Mais le passé et le futur ont une poigne tellement forte que je ne réussis à les tenir éloignés de moi que pendant très peu de temps.

Le mode de conscience lié au temporel est profondément ancré dans la psyché humaine. Par contre, ce que nous faisons ici fait partie d'une profonde transformation qui est en train d'advenir dans le conscient collectif de la planète et au-delà. La conscience s'éveille et sort du rêve de la matière, de la forme et de la division. C'est la fin du temps. Nous sommes en train de détruire les schèmes mentaux qui dominent la vie humaine depuis une éternité. Des schèmes de pensée qui ont créé une souffrance inimaginable à grande échelle. Je n'emploierais pas le terme d'enfer, mais plutôt celui d'inconscience ou de folie, car cela nous est plus utile.

Cet éclatement du vieux mode de conscience, ou plutôt d'inconscience, est-ce quelque chose que nous devons faire ou quelque chose qui arrivera de toute façon? Ce que je me demande en somme, c'est si ce changement est inévitable.

C'est une question de perspective. Il s'agit en réalité du même et unique processus. Étant donné que vous ne faites qu'un avec la totalité de la conscience, il vous est impossible de dissocier les deux. Mais il n'existe aucune garantie absolue que les humains y arriveront. Ce processus n'est pas automatique ni inévitable. Votre collaboration en fait intégralement et essentiellement partie. Peu importe l'angle sous lequel vous considérez la chose, il s'agit d'un saut quantique dans l'évolution de la conscience et de notre seule chance de survie en tant que race.

La joie de l'être

Pour vous faire réaliser que vous avez permis au temps psychologique de prendre possession de vous, il vous suffit de faire référence à un critère simple. Demandez-vous s'il y a de la joie, de l'aisance et de la légèreté dans ce que vous entreprenez. S'il n'y en a pas, c'est que le temps a pris le dessus, que le moment présent est passé à l'arrière-plan et que la vie est perçue comme un fardeau ou un combat.

S'il n'y a ni joie, ni facilité, ni légèreté dans ce que vous entreprenez, cela ne veut pas nécessairement dire que vous devrez modifier ce que vous faites. Il suffit probablement d'en changer les modalités, le comment. Les modalités sont toujours plus importantes que l'action elle-même. Voyez si vous pouvez accorder plus d'attention au «faire» qu'au résultat que vous cherchez à atteindre. Accordez l'attention la plus totale à tout ce que l'instant présent peut offrir. Ceci sous-entend que vous acceptiez totalement ce qui est, parce que vous ne pouvez accorder votre totale attention à quelque chose et y résister.

Dès que vous honorez le moment présent, tout malheur et tout combat disparaissent, et la vie se met à couler dans la joie et la facilité. Quand vous agissez en fonction de la conscience que vous avez dans le moment présent, tout ce que vous faites est imprégné d'une certaine qualité, d'un certain soin et d'un certain amour, même le plus simple des gestes.

Alors ne vous préoccupez pas des résultats de vos actions, accordez simplement votre attention à l'action elle-même. Le résultat arrivera de lui-même. Ceci est un exercice spirituel puissant. Dans la *Bhagavad-Gita*, un des plus vieux et plus beaux recueils d'enseignements spirituels qui puissent exister, le détachement quant au résultat de l'action est appelé *karma-yoga* et est considéré comme la voie de «l'action consacrée».

Lorsque la compulsion à fuir le présent cesse, la joie de l'Être afflue dans tout ce que vous entreprenez. Dès l'instant où votre attention se tourne vers le présent, vous sentez une présence, un calme, une paix en vous. Vous ne dépendez plus de l'avenir pour vous sentir satisfait ou comblé, vous n'attendez plus de lui le salut. Par conséquent, vous n'êtes plus attaché aux résultats. Ni l'échec ni le succès n'ont le pouvoir de modifier votre état intérieur, votre Être. Vous avez alors découvert la vie qui se cachait derrière vos conditions de vie.

Une fois le temps psychologique disparu, le sens de votre moi provient de l'Être et non pas du passé de votre personnalité. Par conséquent, le besoin psychologique de devenir quelqu'un d'autre que ce que vous êtes déjà n'existe plus. Dans le monde extérieur, sur le plan de vos conditions de vie, vous pouvez bien sûr devenir quelqu'un de riche et d'érudit qui a réussi et qui s'est libéré de ceci ou de cela. Mais sur le plan profond de l'Être, vous êtes complet et entier maintenant.

Dans cet état de complétude, pourrions-nous poursuivre des objectifs matériels ou même encore le voudrions-nous?

Bien sûr, mais vous n'auriez pas l'attente illusoire que quelque chose ou quelqu'un dans l'avenir vous sauvera ou vous rendra heureux. En ce qui a trait à vos conditions de vie, vous aurez peut-être à atteindre ou à acquérir certaines choses. C'est le monde de la forme, du gain et de la perte. Cependant, à un niveau plus profond, vous êtes déjà complet et une fois que vous réalisez cela, il émane de la joie et de la lucidité dans tout ce que vous entreprenez. Quand vous êtes libéré du temps psychologique, vous ne poursuivez plus vos objectifs avec l'inflexible acharnement sous-tendu par la peur, la colère, le mécontentement ou le besoin de devenir quelqu'un. Vous ne restez pas non plus figé devant la peur de l'échec qui, pour l'ego, représente la perte du moi. Lorsque le sens profond du moi émane de l'Être, lorsque vous êtes libéré du besoin psychologique de «devenir», ni le bonheur ni le sens profond de votre moi ne dépendent du résultat et vous êtes libéré de la peur. Vous ne cherchez plus la permanence là où elle n'existe pas, c'est-à-dire dans le monde de la forme, du gain et de la perte, de la naissance et de la mort. Vous n'exigez pas que les situations, les circonstances, les lieux ou les gens vous rendent heureux pour ensuite souffrir s'ils ne répondent pas à vos attentes.

Tout est honoré mais rien n'a d'importance. Les formes naissent et meurent, et pourtant vous êtes conscient de l'éternel qui les habite. Vous savez que « rien ne peut menacer ce qui est véritable[3] ».

Lorsque tel est votre mode d'être, comment pouvez-vous ne pas réussir? Vous avez déjà réussi.

CHAPITRE QUATRE

Les stratégies du mental pour éviter le moment présent

Perdre le moment présent, c'est l'illusion fondamentale

Même si j'accepte tout à fait que, en définitive, le temps est une illusion, qu'est-ce que ça change dans ma vie? Je dois tout de même vivre dans un monde complètement dominé par le temps.

Accepter intellectuellement, c'est croire, ni plus ni moins, et cela ne change pas grand-chose à votre vie. Pour actualiser cette vérité, vous devez la vivre. Lorsque chaque cellule de votre corps est tellement présente que vous y sentez vibrer la vie et que, chaque instant, vous la ressentez comme la joie d'Être, on peut dire, alors, que vous êtes libéré du temps.

Mais je dois tout de même payer les prochaines factures, continuer de vieillir et mourir comme tout le monde. Comment pourrais-je jamais prétendre être libéré du temps?

Les prochaines factures ne sont pas un problème. La disparition du corps physique ne l'est pas non plus. Perdre l'instant présent, voilà le problème, ou plutôt l'illusion fondamentale qui transforme une simple situation, une circonstance ou une émotion en problème personnel et en souffrance. Perdre le moment présent, c'est perdre l'Être.

Être libéré du temps, c'est psychologiquement ne plus avoir besoin du passé pour assumer votre identité ni de l'avenir pour vivre votre plénitude. Vous ne pouvez imaginer transformation plus profonde de la conscience. Dans certains cas rares, ce basculement de la conscience se produit d'une façon spectaculaire, radicale et définitive. Il survient habituellement par un lâcher-prise total et s'accompagne d'une souffrance intense. Mais pour la plupart des gens, c'est là un processus qui exige de la persévérance.

Une fois que vous avez goûté fugitivement à l'état de conscience intemporel, vous commencez un aller-retour entre les dimensions du temps et de la présence. Vous prenez d'abord conscience du fait que votre attention est rarement dans l'instant présent. Et de savoir que vous n'êtes pas présent constitue déjà une grande réussite: cette reconnaissance est, en soi, une forme de présence, même si, initialement, elle ne dure que quelques secondes de temps-horloge avant d'être reperdue. Puis, vous choisissez de plus en plus souvent de focaliser votre conscience sur l'instant présent plutôt que sur le passé ou l'avenir, et chaque fois que vous réaliserez que vous avez perdu de vue le présent, vous saurez y rester, non seulement quelques secondes, mais plus longtemps du point de vue du temps-horloge. Alors, avant d'être fermement ancré dans l'état de présence, c'est-à-dire avant d'être totalement conscient, vous faites des allers-retours répétitifs pendant un certain temps, entre la conscience et l'inconscience, entre la présence et l'identification au mental. Vous perdez de vue le présent et vous y retournez. Puis, la présence finit par devenir votre état prédominant.

La plupart des gens ne connaissent jamais l'état de présence, sinon de façon accidentelle et brève, en de rares occasions, sans le reconnaître pour ce qu'il est. La plupart des humains n'oscillent pas entre la conscience et l'inconscience, mais plutôt entre divers niveaux d'inconscience.

L'inconscience ordinaire et l'inconscience profonde

Qu'entendez-vous par divers niveaux d'inconscience?

Comme vous le savez sans doute, votre sommeil alterne constamment, par phases, entre le rêve et l'absence de rêve. De même, à l'état de veille, la plupart des gens naviguent entre l'inconscience ordinaire et l'inconscience profonde. Ce que j'appelle l'inconscience ordinaire, c'est l'identification à vos mécanismes de pensée, à vos émotions, à vos réactions, à vos désirs et à vos aversions. C'est l'état normal de la plupart des gens. Dans cet état, vous êtes sous l'emprise du mental, qui est le propre de l'ego, inconscient de l'Être. Ce n'est pas un état de douleur ou de malheur aigu, mais plutôt un état sourd et presque continuel de malaise, d'insatisfaction, d'ennui ou de nervosité. Une sorte de «parasitage» de fond. Vous ne le remarquez peut-être pas tellement il fait partie de la vie «normale», tout comme vous ne distinguez pas un bruit de fond sourd et continu – entre autres celui d'un climatiseur – à moins qu'il ne s'arrête. Lorsque le bruit cesse soudainement, on ressent un soulagement. Beaucoup de gens se servent de l'alcool, des drogues, du sexe, de la nourriture, du travail, de la télévision ou même du *shopping* comme anesthésiants, essayant ainsi inconsciemment d'éliminer ce malaise de fond. Par cette compensation, une activité qui peut être très agréable si on l'utilise modérément devient une activité compulsive ou de dépendance qui ne soulage que très brièvement des symptômes.

Ce malaise se transforme en souffrance lorsqu'on passe de l'inconscience ordinaire à l'inconscience profonde. En d'autres termes, c'est un état de souffrance et de tourment plus aigu et plus évident. Cela arrive lorsque les choses «tournent mal» dans votre vie, lorsque l'ego est en danger ou confronté à un défi majeur, à une menace ou à une perte, réelle ou imaginaire, ou lorsque vous vivez un conflit relationnel. C'est une version intensifiée de l'inconscience ordinaire qui diffère non par sa nature mais par son degré d'intensité.

Dans l'inconscience ordinaire, résister habituellement à ce qui est, ou le nier, crée le malaise et l'insatisfaction que la plupart des gens acceptent comme faisant partie de la vie normale. Lorsque l'ego se trouve confronté à un défi ou à une menace, cette résistance s'intensifie et finit par occasionner une intense négativité qui se manifeste entre autres par la colère, la peur aiguë, l'hostilité, la dépression, etc. L'inconscience profonde se traduit souvent par une activation du corps de souffrance et une identification à celui-ci. La violence physique n'existerait pas s'il n'y avait pas d'inconscience profonde. Cette violence explose aussi sans retenue chaque fois qu'une foule de gens, ou même un pays entier, engendre un champ d'énergie collective négatif.

Le meilleur indice de votre niveau de conscience, c'est votre façon d'affronter les défis de la vie lorsqu'ils surviennent. Les défis incitent une personne déjà inconsciente à le devenir encore plus et une personne consciente à l'être plus intensément. Un défi peut soit vous aider à vous réveiller, soit vous amener dans un sommeil encore plus profond. Le rêve de l'inconscience ordinaire se transforme alors en cauchemar.

Si vous ne pouvez être présent même dans des circonstances normales, comme lorsque vous êtes assis seul dans une pièce, ou en train de marcher dans la forêt ou, encore, d'écouter quelqu'un, alors vous ne serez certainement pas capable de rester conscient lorsque quelque chose «ira mal», que vous affronterez des gens ou des situations difficiles, que vous perdrez quelque chose ou en serez menacé. Une réaction s'emparera de vous; en définitive, ce sera toujours une forme de peur qui vous plongera dans une profonde inconscience. Ces défis servent à vous tester. Seule votre manière d'y faire face vous indique, ainsi qu'aux autres, où en est votre niveau de conscience; c'est un meilleur indicateur que le temps que vous pouvez rester assis à méditer les yeux fermés ou la nature des visions que vous avez.

Il est donc essentiel d'introduire dans votre vie plus de conscience dans des situations ordinaires où tout se passe relativement en douceur. Ainsi, vous intensifierez votre capacité à être présent. Cette présence génère en vous et autour de vous un champ énergétique d'une fréquence vibratoire élevée. Aucune inconscience, négativité, discorde ou violence entrant dans ce champ ne peut y survivre, pas plus que l'obscurité ne peut résister à la lumière.

En apprenant à être le témoin de vos pensées et de vos émotions, ce qui fait essentiellement partie de la capacité à être présent, vous serez peut-être surpris de constater pour la première fois le «parasitage de fond» propre à la conscience ordinaire. Vous serez étonné aussi de noter la rareté des moments – sinon leur totale absence – où vous vous sentez véritablement bien. Dans vos pensées, vous verrez beaucoup de résistance sous forme de jugement, d'insatisfaction et de projections mentales. Celles-ci vous éloigneront toutes du présent. Sur le plan émotionnel, il y aura un courant sous-jacent de malaise, de tension, d'ennui ou de nervosité. Ce sont deux des aspects du mental dans son mode de résistance habituel.

Que cherchent-ils ?

Dans l'un de ses livres, Carl Jung rapporte une conversation qu'il avait eue avec un chef amérindien lui soulignant que, de son point de vue, la plupart des Blancs ont le visage tendu, le regard fixe et un comportement cruel. Ce chef indien disait ceci: « Ils sont toujours en train de chercher quelque chose. Mais quoi? Les Blancs désirent constamment quelque chose. Ils sont sans cesse troublés et agités. Nous ne savons pas ce qu'ils veulent. Pour nous, ce sont des fous. »

Bien entendu, ce courant sous-jacent de constant malaise a débuté longtemps avant l'avènement de la civilisation industrielle occidentale. Mais dans la civilisation occidentale, qui s'étend à présent sur presque la totalité du globe, y compris la majeure partie de l'Orient, ce malaise se manifeste avec une acuité sans précédent. Il existait déjà à l'époque de Jésus et six cents ans plus tôt, du temps de Bouddha, et bien avant encore. « Pourquoi êtes-vous toujours anxieux? » demandait Jésus à ses disciples. « Une pensée anxieuse peut-elle ajouter un seul jour à votre vie? » Et Bouddha enseignait que toute souffrance provient de nos constants besoins maladifs et de nos désirs.

En tant que dysfonctionnement collectif, la résistance au présent est intrinsèquement reliée à notre perte de conscience de l'Être, et c'est elle qui constitue le fondement de notre civilisation industrielle déshumanisée. À propos, Freud a lui aussi reconnu l'existence de ce malaise sous-jacent et en a parlé dans son livre *Malaise dans la civilisation*, sans toutefois en reconnaître la racine véritable ni réaliser qu'il était possible de s'en libérer. Ce dysfonctionnement collectif a engendré une civilisation très tourmentée et extraordinairement violente qui est devenue une menace non seulement pour elle-même, mais aussi pour toute vie sur la planète.

Comment éliminer l'inconscience ordinaire

Alors, comment pouvons-nous nous libérer de ce tourment ?

Prenez-en conscience. Observez les nombreuses façons dont le malaise, l'insatisfaction et la tension se traduisent chez vous par le jugement inutile, la résistance à ce qui est et la dénégation du présent.

Tout ce qui est inconscient se résorbe lorsque vous envoyez la lumière de la conscience sur tout cela. Quand vous saurez comment faire disparaître l'inconscience ordinaire, la lumière de votre présence brillera plus vivement et il vous sera beaucoup plus facile de faire face à l'inconscience profonde lorsque vous sentirez qu'elle vous happe. Toutefois, l'inconscience ordinaire peut ne pas être facile à détecter au départ, tant elle est normale.

Prenez l'habitude de suivre de près votre état mental et émotionnel en vous observant. Il est bon de vous demander: «Suis-je à l'aise, en ce moment?» Ou bien: «Qu'est-ce qui se passe en moi en ce moment?» Soyez au moins aussi intéressé par ce qui se passe en vous que par ce qui se passe à l'extérieur. Si vous saisissez bien l'intérieur, tout ira bien à l'extérieur. La réalité première est à l'intérieur et la réalité secondaire, à l'extérieur. Mais ne vous précipitez pas pour répondre à ces questions. Dirigez votre attention vers l'intérieur. Jetez un coup d'œil en vous. Quel genre de pensées votre mental est-il en train de produire? Que ressentez-vous? Tournez votre attention vers le corps. Y a-t-il des tensions? Une fois que vous avez déterminé qu'il y a effectivement en vous un certain degré de malaise, ce «parasitage de fond», essayez de trouver de quelle manière vous évitez ou niez la vie, ou y résistez. C'est-à-dire comment vous reniez le présent. Les gens utilisent bien des façons de résister au moment présent. Je vais vous en donner quelques exemples. La pratique vous permettra d'aiguiser votre capacité à vous observer, à surveiller votre état intérieur.

Comment se libérer du tourment

Éprouvez-vous de l'aversion à faire ce que vous êtes en train de faire? Votre travail, peut-être. Ou bien une activité à laquelle vous avez accepté de vous livrer, mais qu'une part de vous n'aime pas et que vous repoussez. Entretenez-vous en silence du ressentiment envers un proche? Réalisez-vous que l'énergie que vous dégagez ainsi est si nuisible, dans ses effets, que vous êtes en réalité en train de vous polluer vous-même ainsi que ceux qui vous entourent? Regardez bien en vous. Y a-t-il la moindre trace de ressentiment, de réticence? Le cas échéant, examinez tout cela aussi bien sur le plan mental qu'émotionnel. Quelles pensées votre esprit est-il en train de créer au sujet de cette situation? Puis, remarquez l'émotion, qui est la réaction du corps à ces pensées. Sentez-la bien. Est-elle agréable ou désagréable? Est-ce une énergie que vous choisiriez vraiment d'abriter en vous? Avez-vous véritablement le choix?

Peut-être profite-t-on de vous. L'activité à laquelle vous vous livrez est peut-être vraiment ennuyeuse. Une personne qui vous est proche est peut-être à coup sûr malhonnête, irritante ou inconsciente. Mais tout cela est sans importance. Que vos pensées et vos émotions concernant cette situation soient justifiées ou non, cela ne fait aucune différence. Une chose est certaine: vous êtes en train de résister à ce qui est et de faire du moment présent un ennemi. Vous êtes en voie de créer votre tourment, un conflit entre l'intérieur et l'extérieur. Vous souillez non seulement votre propre être intérieur et celui de vos proches, mais aussi la psyché humaine collective dont vous êtes indissociable. La pollution de la planète n'est qu'un reflet extérieur d'une pollution psychique intérieure, celle de millions d'individus inconscients qui ne prennent pas la responsabilité de leur vie intérieure.

Ou bien vous mettez un terme à tout cela et parlez à la personne concernée en lui faisant ouvertement part de ce que vous ressentez, ou bien vous laissez tomber la négativité que votre mental a créée par rapport à la situation. Cette dernière ne sert à rien d'autre qu'à renforcer un faux sentiment de moi. Il est important d'en reconnaître la futilité. La négativité n'est jamais la meilleure façon de composer avec une situation. En fait, dans la plupart des cas, elle vous emprisonne davantage et empêche tout changement réel. Tout ce qui est fait avec une énergie négative se pare à son tour de cette négativité et se traduit par plus de souffrance et de tourments. En outre, tout état intérieur négatif est contagieux: le malheur se répand plus facilement qu'une maladie physique. Par la loi de la résonance, il déclenche et alimente la négativité qui est latente chez les autres. sauf s'ils en sont à l'abri, c'est-à-dire s'ils ont atteint un niveau de conscience élevé.

Êtes-vous en train de polluer le monde ou de ramasser les pots cassés? Vous êtes le seul et unique responsable de votre vie intérieure et vous êtes aussi responsable de la planète. Il en va de l'extérieur comme de l'intérieur. Si les humains se débarrassent de leur pollution intérieure, ils cesseront également de polluer le monde.

Comment pouvons-nous laisser tomber la négativité, comme vous le suggérez ?

En la laissant tomber, tout simplement. Comment laissez-vous tomber un morceau de charbon ardent que vous tenez à la main? Comment laissez-vous tomber un bagage lourd et inutile que vous portez? En reconnaissant que vous ne voulez plus souffrir ni continuer à porter ce fardeau, puis en l'abandonnant.

L'inconscience profonde, qui est synonyme de corps de souffrance, ou tout autre grand chagrin, comme la perte d'un être cher, doit habituellement être métamorphosée par l'acceptation, grâce à la lumière de votre présence, à votre attention soutenue. Par ailleurs, on peut simplement se débarrasser de nombreux schèmes inconscients ordinaires lorsqu'on sait qu'on n'en veut plus et qu'on n'en a plus besoin, lorsqu'on réalise qu'on a le choix, qu'on est autre chose qu'un paquet de réflexes conditionnés. Tout cela sous-entend qu'on sache accéder au pouvoir de l'instant présent. Sans lui, on n'a aucun choix.

Si vous qualifiez certaines émotions de négatives, ne créez-vous pas une polarité mentale bon-mauvais, comme vous l'avez déjà expliqué?

Non. La polarité a été créée à un stade antérieur, au moment où votre esprit a jugé que l'instant présent était mauvais. C'est ce jugement qui a alors créé l'émotion négative.

Mais si vous qualifiez certaines émotions de négatives, ne dites-vous pas, en réalité, qu'elles ne devraient pas être là, qu'il n'est pas bien de ressentir ces émotions ? Selon moi, nous devrions nous donner la permission d'avoir tous les sentiments qui montent. plutôt que de les juger comme étant mauvais ou d'affirmer que nous ne devrions pas les avoir. Il n'y a pas de mal à éprouver du ressentiment. À être en colère, irrité, d'humeur sombre, peu importe. Autrement, nous entrons dans la répression, le conflit intérieur ou la dénégation. Tout est bien, tel quel.

Bien entendu. Lorsqu'une forme de pensée, une émotion ou une réaction se présente, acceptez-la. Vous n'étiez pas alors suffisamment conscient pour effectuer un choix délibéré. Ceci n'est pas un jugement, mais un fait. Si vous aviez le choix ou réalisiez que vous l'avez effectivement, quelle option serait la vôtre? La souffrance ou la joie? Le bien-être ou le malaise? La paix ou le conflit? Retiendriez-vous une pensée ou un sentiment qui vous coupe de votre état naturel de bien-être, de votre joie de vivre intérieure? Tout sentiment semblable, je le qualifie de négatif, c'est-à-dire de mauvais. Non pas au sens de «Vous n'auriez pas dû faire ça», mais au sens purement factuel, comme un mal d'estomac.

Comment est-il possible que les humains aient tué plus de cent millions de leurs semblables au XXe siècle seulement?[4] Le fait que des humains se soient infligé mutuellement une souffrance d'une telle ampleur dépasse tout ce qu'on peut imaginer. Et c'est sans tenir compte de la violence mentale, émotionnelle et physique, de la torture, de la douleur et de la cruauté qu'ils continuent chaque jour de faire subir à leurs pairs et à d'autres êtres vivants.

Agissent-ils ainsi parce qu'ils sont en contact avec leur état naturel de bien-être ou leur joie de vivre? Bien sûr que non. Seuls des gens qui se trouvent dans un profond état négatif, qui se sentent vraiment très mal, peuvent créer une telle réalité et ainsi refléter leur état intérieur. Ils sont maintenant affairés à détruire la nature et la planète qui les sustentent. Incroyable mais vrai. Les humains constituent une espèce dangereusement désaxée et très malade. Ceci n'est pas un jugement mais un fait. Autre fait: l'équilibre mental se trouve vraiment là, derrière la folie. La guérison et la rédemption sont à notre disposition à tout instant.

Pour revenir à vos propos, il est certainement vrai que lorsque vous acceptez votre ressentiment, votre humeur sombre, votre colère, etc., vous n'êtes plus obligé de les extérioriser aveuglément. Par conséquent, vous êtes moins susceptible de les projeter sur d'autres. Mais je me demande si vous ne vous faites pas des illusions. Lorsque vous pratiquez l'acceptation depuis un certain temps, vient le moment où vous avez besoin de passer à l'étape suivante, celle où ces émotions négatives ne sont plus générées. Si vous ne le faites pas, votre «acceptation» n'est ni plus ni moins qu'une étiquette mentale permettant à votre ego de continuer à se vautrer dans le tourment et de renforcer ainsi son sentiment de division vis-à-vis des autres, de son milieu de vie, de son ici-maintenant. Comme vous le savez, la division est ce sur quoi repose le sentiment d'identité de l'ego. L'acceptation véritable métamorphoserait ces émotions sur-le-champ. Et si vous saviez vraiment. profondément, que tout est «bien», comme vous le dites – ce qui est vrai bien entendu –, connaîtriez-vous alors au départ de telles émotions négatives? Car s'il n'y avait ni jugement ni résistance envers ce qui est, ces émotions ne verraient pas le jour. Vous avez en tête «tout est bien», mais au fond, vous n'y croyez pas vraiment. Donc, les vieux schèmes de résistance mentale et émotionnelle sont encore là. Voilà pourquoi vous vous sentez mal.

C'est bien, ça aussi.

Êtes-vous en train de défendre votre droit à l'inconscience, à la souffrance? Ne vous inquiétez pas: personne ne vous l'enlèvera. Si vous réalisez qu'un aliment vous rend malade, allez-vous continuer à en manger en affirmant qu'il est bien d'être malade?

Où que vous soyez, soyez-y totalement

Pouvez-vous donner d'autres exemples d'inconscience ordinaire?

Essayez de vous surprendre en train de vous plaindre, par des paroles ou en pensée, d'une situation dans laquelle vous vous trouvez, de ce que les autres font ou disent, de votre cadre de vie, de vos conditions de vie et même du temps qu'il fait. Se lamenter, c'est toujours et encore ne pas accepter ce qui est. Cette attitude comporte invariablement une charge négative inconsciente. Lorsque vous vous plaignez, vous adoptez une attitude de victime. Lorsque vous vous exprimez, vous reprenez votre pouvoir. Alors, changez la situation en passant à l'action ou en vous exprimant, si c'est nécessaire ou possible. Ou encore éliminez la situation de votre vie ou acceptez-la. Tout le reste n'est que folie.

L'inconscience ordinaire est toujours reliée d'une certaine façon au déni du présent. Le présent, bien sûr, implique aussi l'ici. Êtes-vous en train de résister à l'ici-maintenant? Certaines personnes voudraient toujours être ailleurs. Leur «ici» ne leur suffit jamais. En vous observant, tentez de voir si tel est le cas pour vous. Où que vous soyez,

soyez-y totalement. Si vous trouvez votre ici-maintenant intolérable et qu'il vous rend malheureux, trois possibilités s'offrent à vous: vous retirer de la situation, la changer ou l'accepter totalement. Si vous voulez assumer la responsabilité de votre vie, vous devez choisir l'une de ces trois options, et tout de suite. Puis, acceptez-en les conséquences. Sans excuses. Sans négativité. Sans pollution psychique. Gardez votre espace intérieur dégagé.

Si vous passez à l'action, c'est-à-dire que vous vous retirez de la situation ou que vous la changez, commencez si possible par laisser tomber la négativité. L'action qui résulte de la compréhension des besoins est plus efficace que celle qui découle de la négativité.

Souvent, il vaut mieux passer à n'importe quelle action que de ne rien faire, surtout si on est piégé depuis longtemps dans une situation malheureuse. S'il s'agit d'une erreur, vous apprendrez au moins quelque chose et, dans ce cas, ce n'en sera plus une. Si vous restez dans le piège, vous n'apprendrez rien. La peur vous empêche-t-elle de passer à l'action? Reconnaissez-la, observez-la, accordez-lui votre attention, soyez-lui pleinement présent. Ceci aura pour effet de rompre le lien entre la peur et la pensée. Ne laissez pas la peur vous venir à l'esprit. Utilisez le pouvoir du présent. La peur ne peut l'emporter sur lui.

Si vous ne pouvez vraiment rien faire pour rectifier votre ici-maintenant ou pour vous retirer de la situation, alors acceptez totalement ce qui se passe actuellement en laissant tomber toute résistance intérieure. Le moi faux et tourmenté qui adore se sentir malheureux ou rancunier, ou s'apitoyer sur son sort, ne peut plus survivre. Cela s'appelle lâcher prise, ce qui n'est pas synonyme de faiblesse et recèle au contraire une grande force. Seule une personne qui lâche prise a du pouvoir spirituel. En agissant ainsi, vous serez intérieurement libéré de la situation et la verrez peut-être changer sans aucun effort de votre part. Chose certaine, vous serez libre.

Ou bien y a-t-il quelque chose que vous «devriez» faire mais que vous ne faites pas? Dans l'affirmative, levez-vous et faites-le tout de suite. Sinon, acceptez complètement votre inactivité, votre paresse ou votre passivité actuelle, si tel est votre choix. Allez-y à fond. Amusez-vous. Soyez aussi paresseux ou inactif que possible. Si vous y allez à fond et consciemment, vous en sortirez bientôt. Ou peut-être pas.

D'une façon ou d'une autre, il n'y aura ni conflit intérieur, ni résistance, ni négativité.

Êtes-vous stressé? Êtes-vous si pressé d'arriver au futur que le présent n'est plus qu'une étape? Le stress est provoqué par le fait que l'on soit «ici» tout en voulant être «là», ou que l'on soit dans le présent tout en voulant être dans le futur. C'est une division qui vous déchire intérieurement. Il est malsain de la créer et de vivre avec. Le fait que tout le monde le fasse ne rend pas les choses moins malsaines. Au besoin, vous pouvez vous déplacer rapidement, travailler avec célérité ou même courir, sans vous projeter dans l'avenir ni résister au présent. Lorsque vous vous déplacez, travaillez, courez, faites-le totalement. Appréciez le mouvement et l'intensité de l'énergie à cet instant-là. À présent, vous n'êtes plus stressé, vous n'êtes plus en dichotomie. Vous ne faites que vous déplacer, courir, travailler et apprécier. Ou vous pouvez tout laisser tomber et vous asseoir sur un banc de parc. Mais si vous le faites, observez votre mental. Il vous dira peut-être: «Tu devrais être en train de travailler. Tu perds ton temps.» Observez-le. Souriez-lui.

Le passé retient-il une grande partie de votre attention? Vous arrive-t-il souvent d'en parler et d'y penser, en bien ou en mal? S'agit-il des grandes choses que vous avez accomplies, de vos aventures ou de vos expériences? Ressassez-vous votre passé de victime et les affreuses choses que l'on vous a faites ou que vous avez faites à quelqu'un? Vos mécanismes mentaux sont-ils en train d'engendrer de la culpabilité, de l'orgueil, du ressentiment, de la colère, du regret ou de l'apitoiement sur vous-même? Alors, non seulement vous renforcez un faux sentiment de moi, mais vous accélérez également le processus de vieillissement de votre corps en provoquant une accumulation de passé dans votre psyché. Vérifiez cela vous-même en observant autour de vous ceux qui ont une forte tendance à s'accrocher au passé.

Laissez mourir le passé à chaque instant. Vous n'en avez pas besoin. N'y faites référence que lorsque c'est absolument de mise pour le présent. Ressentez le pouvoir de cet instant et la plénitude de l'Être. Sentez votre présence.

Êtes-vous inquiet? Avez-vous souvent des pensées anticipatoires? Dans ce cas, vous vous identifiez à votre mental, qui se projette dans une situation future imaginaire et crée de la peur. Il n'y a aucun moyen de faire face à une telle situation, car celle-ci n'existe pas. C'est un ectoplasme mental. Vous pouvez mettre fin à cette folie corrosive qui sape votre santé et votre vie: il vous suffit d'appréhender l'instant présent. Prenez conscience de votre respiration. Sentez le mouvement de l'air qui entre et sort de vos poumons. Ressentez le champ énergétique en vous. Tout ce que vous aurez jamais à affronter et à envisager dans la vie réelle, c'est cet instant. Alors que vous ne pouvez le faire dans le cas de projections mentales imaginaires. Demandez-vous quel «problème» vous avez à l'instant, et non celui que vous aurez l'an prochain, demain ou dans cinq minutes. Qu'est-ce qui ne va pas en ce moment? Vous pouvez toujours composer avec le présent, mais vous ne pourrez jamais composer avec le futur. Et vous n'avez pas à le faire. La réponse, la force, l'action ou la ressource justes se présenteront lorsque vous en aurez besoin. Ni avant, ni après.

«Un jour, j'y arriverai.» Votre but monopolise-t-il une si grande part de votre attention que vous réduisez l'instant présent à un moyen vous permettant d'atteindre ce but? Dénue-t-il votre action de toute joie? Attendez-vous avant de commencer à vivre? Si vous adoptez un tel scénario mental, peu importe vos réalisations et vos accomplissements, le présent ne sera jamais assez bien. L'avenir semblera toujours meilleur. C'est là la recette parfaite pour concocter une insatisfaction ou un inassouvissement permanent, ne pensez-vous pas?

Êtes-vous quelqu'un qui attend généralement? Quel pourcentage de votre vie passez-vous à attendre? Ce que j'appelle «l'attente à petite échelle», c'est faire la queue au bureau de poste, être pris dans un bouchon de circulation, ou à l'aéroport. Ou encore anticiper l'arrivée de quelqu'un, la fin d'une journée de travail, etc. «L'attente à grande échelle», c'est espérer les prochaines vacances, un meilleur emploi, le succès, l'argent, le prestige, l'illumination. C'est attendre que les enfants grandissent et qu'une personne vraiment importante arrive dans votre vie. Il n'est pas rare que des gens passent leur vie à attendre pour commencer à vivre.

Attendre est un état d'esprit. En résumé, vous voulez l'avenir, mais non le présent. Vous ne voulez pas de ce que vous avez et désirez ce que vous n'avez pas. Avec l'attente, peu importe sa forme, vous suscitez inconsciemment un conflit intérieur entre votre ici-maintenant, où vous ne voulez pas être, et l'avenir projeté que vous convoitez. Cela réduit grandement la qualité de votre vie en vous faisant perdre le présent. Il n'y a rien de mal à essayer d'améliorer vos conditions de vie, et vous pouvez le faire. Par contre, vous ne pouvez améliorer votre vie. La vie passe avant tout. La vie est votre Être intérieur le plus profond. Elle est déjà entière, complète, parfaite. Ce sont les circonstances et vos expériences qui constituent vos conditions de vie. Il n'y a rien de mal à aspirer à certains buts et à vous efforcer de les atteindre. L'erreur, c'est de substituer cette aspiration au sentiment de vivre, à l'Être. Le seul point d'accès à l'Être, c'est le présent. Vous êtes donc comme l'architecte qui ne prête aucune attention aux fondations d'un édifice, mais passe beaucoup de temps sur la superstructure.

Par exemple, bien des gens attendent que la prospérité vienne. Mais celle-ci ne peut arriver dans le futur. Lorsque vous honorez, reconnaissez et acceptez pleinement votre réalité présente et ce que vous avez – c'est-à-dire le lieu où vous êtes, ce que vous êtes et ce que vous faites dans le moment –, vous éprouvez de la reconnaissance pour ce que vous avez, pour ce qui est, pour le fait d'Être. La gratitude envers le moment présent et la plénitude de la vie présente, voilà ce qu'est la vraie prospérité. Celle-ci ne peut survenir dans le futur. Alors, avec le temps, cette prospérité se manifeste pour vous de diverses façons. Si vous êtes insatisfait de ce que vous avez, ou même frustré ou en colère devant un manque actuel, cela peut vous motiver à devenir riche. Mais même avec des millions, vous continuerez à éprouver intérieurement un manque et, en profondeur, l'insatisfaction sera toujours là. Vous avez peut-être vécu de nombreuses expériences passionnantes qui peuvent s'acheter, mais elles sont éphémères et vous laissent toujours un sentiment de vide et le besoin d'une plus grande gratification physique ou psychologique. Vous ne vivez donc pas dans l'Être et, par conséquent, ne sentez pas la plénitude de la vie maintenant, qui est la seule véritable prospérité.

Alors, cessez d'attendre, n'en faites plus un état d'esprit. Lorsque vous vous surprenez à glisser vers cet état d'esprit, secouez-vous. Revenez au moment présent. Contentez-vous d'être et dégustez ce fait d'être. Si vous êtes présent, vous n'avez jamais besoin d'attendre quoi que ce soit. Ainsi donc, la prochaine fois que quelqu'un vous dira:

« Désolé de vous faire attendre », vous pourrez répondre : « Ça va. Je n'attendais pas. J'étais tout simplement là, à m'amuser ! »

Voilà seulement quelques-unes des stratégies habituelles qui font partie de l'inconscience ordinaire et que le mental utilise pour nier le moment présent. Elles font tellement partie de la vie normale, du « parasitage de fond » et de l'insatisfaction perpétuelle qu'il est facile de les ignorer. Mais plus on surveille son état mental et émotionnel intérieur, plus il est facile de savoir quand on s'est fait prendre au piège du passé ou du futur. Plus il est facile de se rendre compte qu'on a été inconscient et de sortir du rêve du temps pour revenir au présent. Mais attention : le moi faux, tourmenté et fondé sur l'identification au mental vit du temps. Il sait que le moment présent signe son arrêt de mort et se sent de ce fait très menacé par lui. Il fera tout ce qu'il pourra pour vous en éloigner. Il essaiera de vous maintenir à tout prix dans le temps.

Le but spirituel du périple qu'est votre vie

Je perçois le vrai dans ce que vous dites, mais je crois tout de même que nous devons avoir un but dans le périple qu'est notre vie. Autrement, nous nous contentons de dériver, et un but, c'est l'avenir, n'est-ce pas ? Comment réconcilier cela avec le fait de vivre dans le présent ?

En voyage, il est sûrement utile de savoir où on va ou de connaître de façon générale la direction que l'on emprunte. Mais n'oubliez pas que la seule chose qui soit réelle dans votre périple en somme, c'est le pas que vous faites en ce moment. C'est la seule chose qui existe vraiment.

Votre périple personnel a un but extérieur et un but intérieur. Le premier consiste à arriver à destination, à accomplir ce que vous avez entrepris de faire, à réaliser ceci ou cela. Et bien entendu, ceci implique l'avenir. Mais si votre destination ou les pas que vous ferez à l'avenir monopolisent tellement votre attention qu'ils deviennent plus importants pour vous que le pas que vous faites maintenant, alors vous passez complètement à côté de la raison d'être de votre périple, qui n'a rien à voir avec l'endroit où vous allez ni avec le geste que vous posez, mais tout à voir avec le comment des choses. Ce périple de vie n'a rien à voir avec l'avenir mais tout à voir avec la qualité de votre conscience à cet instant même. Le but extérieur appartient à la dimension horizontale de l'espace et du temps. Le but intérieur concerne l'approfondissement de votre Être dans la dimension verticale de l'éternel maintenant. Dans le monde extérieur, votre périple est peut-être fait d'un million de pas. Dans le monde intérieur, il n'en comprend qu'un: celui que vous faites maintenant. À mesure que la conscience que vous avez de ce pas s'approfondit, vous réalisez que celui-ci contient déjà en lui tous les autres pas, de même que la destination. Ce seul pas se transforme alors en l'expression de la perfection, en un acte d'une grande beauté et d'une grande qualité. Il vous aura conduit à l'Être, et la lumière de l'Être brillera en lui. Voilà quels sont à la fois la raison d'être et l'objectif du périple intérieur qui vous conduit vers vous-même.

Est-ce important d'atteindre ou non notre but extérieur, de réussir ou d'échouer dans le monde?

Cela aura de l'importance pour vous aussi longtemps que vous n'aurez pas réalisé votre raison d'être. Par la suite, le but extérieur n'est qu'un jeu que vous pouvez continuer de jouer tout simplement parce que cela vous amuse. Il est également possible d'échouer complètement en ce qui concerne votre but extérieur et, en même temps, de réussir totalement en ce qui a trait à votre raison d'être. L'inverse est encore plus courant: richesse extérieure et pauvreté intérieure, ou «gagner le monde et perdre son âme», comme dit Jésus. En définitive, tout but extérieur est tôt ou tard voué à l'échec parce qu'il est tout simplement soumis à la loi de l'impermanence des choses. Plus tôt vous réaliserez que votre but extérieur ne peut vous procurer de satisfaction durable, mieux ce sera. Lorsque vous aurez constaté les limites de votre but extérieur, vous mettrez de côté l'attente irréaliste qu'il vous rende heureux et le subordonnerez à votre raison d'être intérieure.

Le passé ne peut survivre en votre présence

Vous avez dit que le fait de parler du passé ou d'y penser est une façon d'éviter le présent. Mais à part le passé que nous nous rappelons et auquel nous nous identifions peut-être, n'y a-t-il pas en nous un autre niveau de passé, beaucoup plus enraciné ? J'entends par là le passé inconscient qui conditionne nos vies à partir d'expériences vécues dans la prime enfance et peut-être même au cours de vies antérieures. Il y a également notre conditionnement culturel qui se rapporte à notre lieu de résidence et à l'époque à laquelle nous vivons. Toutes ces choses déterminent notre façon de voir le monde, de réagir, de penser, le genre de relations que nous entretenons, la manière dont nous vivons notre vie. Comment pourrions-nous jamais devenir conscients de tout cela ou nous en débarrasser? Combien de temps faudrait-il ? Et même si nous y arrivions, que resterait-il ?

Que reste-t-il lorsque l'illusion disparaît?

Il n'est pas nécessaire de fouiller votre passé inconscient, sauf lorsqu'il se manifeste dans l'instant sous la forme d'une pensée, d'une émotion, d'un désir, d'une réaction ou d'un événement qui vous arrive. Tout ce que vous avez besoin de savoir au sujet de votre passé inconscient, les défis du présent vous l'apporteront. Si vous commencez à fouiller votre passé, ce sera un trou sans fond, car vous trouverez toujours autre chose. Vous croyez peut-être qu'il vous faut plus de temps pour comprendre le passé ou vous en libérer, donc que le futur finira par vous en délivrer. C'est là une illusion. Seul le présent peut vous amener à cela. Vous ne pouvez vous défaire du temps en y mettant du temps. Sachez accéder au pouvoir de l'instant présent. C'est la clé.

Qu'est-ce que le pouvoir de l'instant présent ?

Ce n'est rien d'autre que le pouvoir de votre présence, de votre conscience libérée des formes-pensées.

Alors, faites face au passé à partir du présent. Plus vous accordez d'attention au passé, plus vous lui donnez d'énergie et plus vous êtes susceptible d'en faire un « moi ». Ne vous méprenez pas: il est essentiel d'être attentif, mais pas au passé en tant que tel. Accordez de l'attention au présent: à votre comportement, à vos réactions, à vos humeurs, à vos pensées, à vos émotions, à vos peurs et à vos désirs à mesure qu'ils se présentent dans l'instant présent. C'est cela votre passé. Si vous pouvez être suffisamment présent pour observer toutes ces choses, non pas avec un regard critique ou analytique, mais sans les juger, alors vous faites face au passé et le dissipez par le pouvoir de votre présence. Vous ne pouvez vous trouver en retournant dans le passé, mais c'est possible en revenant dans le présent.

N'est-il pas utile de comprendre le passé pour pouvoir saisir la raison pour laquelle nous faisons certaines choses, réagissons de certaines manières ou créons inconsciemment notre propre mélodrame, nos scénarios relationnels, etc. ?

À mesure que vous prenez davantage conscience de votre réalité présente, certaines intuitions vous viennent quant au fonctionnement particulier de votre conditionnement – par exemple, pourquoi vos relations obéissent à des scénarios précis –, et des événements passés peuvent remonter à votre mémoire ou devenir plus clairs. C'est bien, et cela peut même être utile, mais ce n'est pas essentiel. Ce qui l'est, c'est votre présence consciente. C'est elle qui dissipe le passé et sert d'agent de transformation. Alors, ne cherchez pas à comprendre le passé et soyez aussi présent que possible. Le passé ne peut survivre en votre présence. Il ne peut être qu'en votre absence.

CHAPITRE CINQ

La présence en tant qu'état

Ce n'est pas ce que vous pensez

Vous parlez souvent de l'état de présence comme étant la clé. Je pense comprendre intellectuellement, mais je ne suis pas sûr d'en avoir jamais véritablement fait l'expérience. Je me demande si cela est ce que je pense ou s'il s'agit de quelque chose d'entièrement différent.

Ce n'est pas ce que vous pensez! Vous ne pouvez «réfléchir» la présence, et le mental ne peut la comprendre. Saisir ce qu'est la présence, c'est être présent.

Tentez une petite expérience. Fermez les yeux et dites-vous: «Je me demande ce que sera ma prochaine pensée.» Puis restez sur le qui-vive et attendez la pensée suivante. Soyez comme le chat qui attend la souris devant son trou. Quelle est la prochaine pensée qui sortira du trou de souris? Essayez maintenant.

Eh bien?

Il a fallu que j'attende un certain temps avant qu'une pensée n'arrive.

Exactement. Aussi longtemps que vous vous trouvez dans un état de présence intense, vous êtes libre de toute pensée. Vous êtes paisible, mais cependant très alerte. Dès l'instant où votre attention consciente descend en dessous d'un certain niveau, les pensées reviennent au galop. Le bruit du mental repart, le calme se dissipe et vous revenez dans la dimension temporelle.

Certains maîtres zen sont réputés avoir eu l'habitude d'arriver en catimini dans le dos de leurs élèves et de leur assener soudainement un coup de baguette afin de vérifier leur degré de présence. Tout un choc! Si l'étudiant avait été totalement présent et vigilant, s'il avait «ceint ses reins et gardé sa lampe allumée», une des métaphores employées par Jésus pour décrire ce qu'est la présence, il aurait remarqué que le maître arrivait derrière lui et l'aurait soit arrêté ou se serait déplacé sur le côté. Mais si le coup atteignait sa cible, cela voulait dire que la personne était plongée dans ses pensées et qu'elle était par conséquent absente et inconsciente.

Pour rester présent dans la vie quotidienne, il faut être bien ancré en soi, bien enraciné. Sinon, le mental vous entraînera dans son flot comme une rivière en furie, car son mouvement d'entraînement est incroyable.

Que voulez-vous dire par «être bien ancré en soi»?

Je veux dire habiter votre corps totalement. Avoir constamment votre attention en partie fixée sur le champ énergétique de votre corps. Sentir votre corps de l'intérieur, pour ainsi dire. La conscience du corps vous fait rester présent et vous ancre dans le présent (voir chapitre 6).

Le sens ésotérique de l'attente

Dans un certain sens, l'état de présence peut se comparer à l'attente. Jésus a eu recours à cette métaphore de l'attente dans quelques-unes de ses paraboles. Il ne s'agit pas de la sorte d'attente ennuyeuse ou agitée dont j'ai parlé plus tôt et qui est une négation du présent. Il ne s'agit pas non plus de l'attente où l'attention est fixée sur un point dans le futur et où le présent est perçu comme un obstacle indésirable qui vous empêche d'obtenir ce que vous voulez. Il existe une autre sorte d'attente dont la qualité est très différente et qui exige de votre part une vigilance totale. Quelque chose pourrait se manifester à n'importe quel moment, et si vous n'êtes pas totalement éveillé, totalement immobile, vous passerez à côté. C'est de cette sorte d'attente dont Jésus parle. Dans cet état, toute votre attention se trouve dans le présent. Il n'en reste rien pour rêvasser, penser, se souvenir et anticiper l'avenir. II n'y a là aucune tension ni aucune peur: seulement une présence vigilante. Vous êtes présent à tout votre être, à chaque cellule de votre corps. Dans cet état, le «vous» qui a un passé et un futur, la personnalité si vous voulez, n'est quasiment plus là. Et pourtant, rien de significatif n'est perdu. Vous êtes encore essentiellement vous-même. En fait, vous êtes plus totalement vous-même que vous ne l'avez jamais été, ou plutôt ce n'est que dans le «maintenant» que vous êtes véritablement vous-même.

«Soyez comme le serviteur qui attend le retour de son maître», dit Jésus. Le serviteur n'a aucune idée de l'heure à laquelle son maître reviendra. C'est pour cela qu'il reste éveillé, vigilant, prêt, tranquille, sinon il ratera l'arrivée de son maître. Dans une autre parabole, Jésus parle des cinq femmes étourdies (inconscientes) qui n'ont pas assez d'huile (conscience) pour faire brûler leur lampe (rester présentes) et qui manquent ainsi le marié (le présent) et ne réussissent pas à se rendre au banquet de noces (l'illumination). Ces cinq femmes étourdies font pendant aux cinq femmes sages qui ont assez d'huile (qui restent conscientes).

Même les hommes qui ont rédigé les Évangiles ne comprenaient pas le sens de ces paraboles. C'est ainsi que les premières fausses interprétations et des distorsions se sont insinuées dans les Écritures. Avec, ultérieurement, d'autres fausses interprétations, le véritable sens des paraboles s'est complètement perdu. Ces paraboles ne traitent pas de la fin du monde mais de la fin du temps psychologique. Elles font référence à la transcendance de l'ego et à l'idée qu'il est possible de vivre dans un état de conscience entièrement nouveau.

La beauté naît dans le calme de la présence

Pendant de brefs instants, j'ai déjà vécu ce que vous venez de décrire, surtout quand j'étais seul et en pleine nature.

Oui. Les maîtres zen utilisent le terme *satori* pour décrire une telle soudaine lucidité, un tel moment de vide mental et de présence totale. Bien que le *satori* ne soit pas une transformation permanente, soyez reconnaissant quand cela vous arrive, car cela vous donne un avant-goût de ce qu'est l'éveil spirituel. Il se peut que vous en ayez fait l'expérience à de nombreuses reprises sans savoir ce que c'était ni même en réaliser l'importance. Il faut une certaine présence pour avoir conscience de la beauté, de la majestuosité et du sacré de la nature. Vous est-il jamais arrivé, par une belle nuit, de vous perdre du regard dans l'infini de l'espace et d'être ému par son immobilité absolue et son inconcevable immensité? Avez-vous déjà vraiment écouté le murmure d'un torrent alpin dans la forêt? Ou encore, le chant d'un merle en plein été, au crépuscule? Pour prendre conscience de telles choses, il faut que le mental se soit tu. Vous devez mettre momentanément de côté votre fardeau de problèmes, votre charge de passé et de futur, ainsi que toutes vos connaissances. Sinon, vous verrez mais sans vraiment voir, vous entendrez mais sans vraiment entendre. Vous devez être totalement présent.

Au-delà de la beauté des formes extérieures, il y a plus. Il y a quelque chose d'indéfinissable qui n'a pas de nom. II y a une essence intérieure, profonde et sacrée. Là où il y a de la beauté, cette essence transparaît d'une façon ou d'une autre. Elle ne vous est révélée que si vous êtes présent. Serait-il possible que cette essence indicible et votre présence soient une seule et même chose? Cette essence indescriptible serait-elle là sans votre présence? Sondez-la en profondeur et découvrez la réponse.

Quand vous avez connu de tels moments de présence, il est fort probable que vous n'avez pas réalisé vous être retrouvé pendant un court instant dans un état de vide mental, et c'est parce que l'intervalle entre cet état-là et le flot des pensées était trop menu. Cet état de *satori* n'a peut-être duré que quelques secondes avant que le mental ne rentre en scène, mais il s'est produit. Sinon, vous n'auriez pu connaître la beauté. Le mental, lui, ne peut ni reconnaître ni créer la beauté. C'est seulement pendant quelques secondes, alors que vous étiez totalement présent, que cette beauté et ce sacré se sont manifestés. En raison de la courte durée du hiatus et de votre manque d'attention et de vigilance, vous avez probablement été incapable de constater la différence fondamentale qui existe entre la perception, la conscience de la beauté libre du processus de la pensée, et le fait de nommer et d'interpréter la chose en pensée. Le hiatus était si réduit que tout cela semblait faire partie d'un seul et même processus. La vérité, par contre, est la suivante: dès l'instant où la pensée est revenue, tout ce qui vous en restait, c'était un souvenir.

Plus le décalage est grand entre la perception et la pensée, plus il y a de profondeur en vous en tant qu'être humain. Autrement dit, plus vous êtes conscient.

Beaucoup de gens sont prisonniers de leur mental à un point tel que la beauté de la nature n'existe pas réellement pour eux. Même quand ils disent: «Quelle belle fleur!», il s'agit seulement d'un étiquetage mental automatique. Étant donné qu'ils ne connaissent pas le silence intérieur et ne sont pas présents, ils ne voient pas véritablement la fleur, n'en sentent pas l'essence, l'aspect sacré, de la même façon qu'ils ne se connaissent pas eux-mêmes, ne sentent pas leur propre essence ou leur propre aspect sacré.

À part quelques exceptions et parce que nous vivons dans une culture où le mental prédomine, une grande part de l'art, de l'architecture, de la musique et de la littérature modernes est dénuée de beauté et d'essence. Pourquoi? Parce que les gens qui créent ces choses ne peuvent se libérer de leur mental, ne serait-ce que pour un instant. Ils n'entrent donc jamais en contact avec cet espace intérieur d'où proviennent la véritable créativité et l'authentique beauté. Livré à lui-même, le mental crée des monstruosités, et ce, pas uniquement dans les musées d'art. Il suffit de regarder nos aménagements urbains et la désolation de nos parcs industriels. Aucune civilisation n'a jamais généré autant de laideur.

Comment atteindre la conscience pure

« Présence » est-il synonyme « d'Être » ?

Ce qui se passe en réalité quand vous devenez conscient de l'Être, c'est que celui-ci devient conscient de lui-même. C'est cela la présence. Étant donné que l'Être, la conscience et la vie sont synonymes, nous pourrions affirmer que la présence, c'est la conscience qui devient consciente d'elle-même ou la vie qui parvient à la conscience d'elle-même. Mais ne vous accrochez pas aux mots et ne faites pas d'effort pour bien saisir ce que je vous explique. Vous n'avez pas besoin de comprendre quoi que ce soit pour être présent.

D'accord, mais cela semble sous-entendre que l'Être, cette ultime réalité transcendantale, n'est pas encore achevé, qu'il est soumis à un processus de croissance. Le divin a-t-il besoin de temps pour sa croissance personnelle ?

Oui, mais seulement si on considère les choses sous l'angle de l'univers manifesté. Dans la Bible, Dieu déclare : « Je suis l'Alpha et l'Oméga, le Premier et le Dernier, le Principe et la Fin. » Dans le royaume intemporel où règne Dieu, royaume qui est également votre prérogative, le début et la fin, l'alpha et l'oméga ne font qu'un et l'essence de tout ce qui a été et sera est éternellement présente sous une forme non manifestée d'unicité et de perfection. Cette essence est absolument hors de portée de l'imagination ou de la compréhension mentale chez l'humain. Dans notre monde de formes apparemment distinctes, par contre, la perfection temporelle est un concept inconcevable. Ici, même la conscience, qui est la lumière émanant de la Source éternelle, semble être assujettie à un processus de croissance. Mais ceci est dû aux limites de notre perception. En termes absolus, cela ne se passe pas ainsi. Laissez-moi néanmoins continuer de vous entretenir quelques instants de l'évolution de la conscience dans le monde.

Tout ce qui existe a un Être en soi, une essence divine, un certain degré de conscience. Même une pierre a une conscience rudimentaire, sinon elle n'existerait pas et ses atomes et ses molécules se disperseraient. Tout est vivant. Le soleil, la Terre, les plantes, les animaux, les humains sont tous des expressions de la conscience à divers degrés, de la conscience qui se manifeste sous une forme.

Le monde se met à exister quand la conscience adopte certaines formes et certains contours, des formes-pensées et des formes matérielles. Il n'y a qu'à voir les millions de formes de vie qui existent ne serait-ce que sur cette planète. Dans la mer, sur terre, dans l'air. Et chaque forme de vie est reproduite à des millions d'exemplaires. Dans quel but? Y a-t-il quelqu'un ou quelque chose qui s'amuse à créer des formes? C'est ce que les anciens prophètes des Indes se demandaient. Selon eux, le monde était un jeu, *lila*, une sorte de jeu divin joué par Dieu. Et dans ce jeu, les diverses formes de vie ne sont de toute évidence pas très importantes. Dans la mer, la plupart des formes de vie ne survivent pas plus que quelques minutes après leur naissance. Les formes humaines ne prennent pas trop de temps non plus à redevenir poussière, et quand elles ont disparu, c'est comme si elles n'avaient jamais existé. Est-ce tragique, cruel? Cela l'est seulement si vous attribuez une identité distincte à chaque forme, si vous oubliez que sa conscience est l'expression de l'essence divine par la forme. Mais vous ne saurez appréhender ceci qu'une fois que vous réaliserez être vous-même essence divine en tant que pure conscience.

Si un poisson voit le jour dans votre aquarium, que vous l'appelez John, lui rédigez un certificat de naissance, lui racontez l'histoire de sa famille et qu'il finit deux minutes plus tard dans l'estomac d'un autre poisson, la chose est tragique. Mais cela l'est uniquement parce que vous avez projeté sur lui un «moi» distinct là où il n'y en avait pas. Vous avez pris possession d'une fraction d'un processus dynamique ou d'une danse moléculaire et en avez fait une entité à part.

La conscience se dissimule derrière des formes jusqu'à ce que celles-ci atteignent une telle complexité qu'elle se perd totalement en elles. Pour la plupart des humains présentement, la conscience est totalement identifiée à cette mascarade. Elle ne se connaît qu'en tant que forme et vit par conséquent dans la peur de voir sa forme physique ou psychologique être détruite. Il s'agit de l'ego, et avec lui s'installe un dysfonctionnement de taille. Cela semble indiquer qu'une erreur majeure s'est produite au cours de l'évolution. Mais même cela fait partie du jeu divin, de *lila*. Finalement, la souffrance pressante que cet apparent dysfonctionnement a l'air d'occasionner oblige la conscience à se désidentifier de la forme et à sortir de ce rêve-là. Elle reprend conscience d'elle-même, mais à un niveau bien plus profond qu'avant qu'elle ne la perde.

Jésus explique ce phénomène par la parabole du fils égaré qui abandonne la maison paternelle, dilapide ses richesses, se retrouve totalement démuni et est ainsi obligé de rentrer chez lui en raison de sa souffrance. Quand il revient, son père l'aime plus qu'avant. Pourtant, le fils est pareil à ce qu'il était tout en étant différent. En fait, une nouvelle dimension plus profonde semble l'habiter maintenant. Cette parabole décrit le périple qui part de la perfection inconsciente et passe par l'enfer et l'apparente imperfection pour arriver à la perfection consciente.

Comprenez-vous maintenant la portée, profonde et vaste, du fait que vous soyez l'observateur de votre mental? Chaque fois que vous l'êtes, vous dégagez votre conscience des formes du mental et celle-ci devient alors ce qu'on appelle l'observateur ou encore le témoin. Par conséquent, le témoin – conscience pure au-delà de toute forme – se renforce et les élaborations du mental faiblissent. En agissant de la sorte, vous personnalisez un événement qui a vraiment une portée cosmique: à travers vous, la conscience sort de son rêve d'identification à la forme et se dissocie d'elle. Ceci laisse présager un événement, déjà commencé en partie, mais encore dans un lointain futur du temps-horloge: la fin du monde tel qu'on le connaît.

Quand la conscience se libère de son identification aux formes physique et mentale, elle devient ce que l'on pourrait qualifier de conscience pure ou illuminée, ou encore de présence. Ceci est déjà arrivé à quelques personnes et apparaît voué à se produire à une plus grande échelle, bien qu'il n'y ait aucune garantie absolue que ce sera le cas. La grande majorité des humains est encore prise dans le piège qu'est le mode de conscience fondé sur l'ego, c'est-à-dire que les individus s'identifient à leur mental et sont contrôlés par lui. S'ils ne réussissent pas à s'en libérer à temps, le mental les détruira. Ils connaîtront de plus en plus de confusion, de conflits, de violence, de maladies, de désespoir, de folie. Le mental ressemble à un navire qui coule. Si vous ne le quittez pas, vous sombrerez avec lui. Le mental collectif est l'entité la plus dangereusement démente et destructrice que la planète ait jamais connue. Que pensez-vous qu'il arrivera à cette planète si la conscience humaine reste telle qu'elle est?

Déjà, pour la plupart des gens, le seul répit en ce qui a trait à leur mental, c'est d'avoir occasionnellement recours à un niveau de conscience situé en dessous de celui de la pensée. C'est ce que tout le monde fait chaque nuit en dormant. Mais cela se produit également dans une certaine mesure au cours des relations sexuelles, ou en prenant de l'alcool et d'autres drogues qui réduisent l'activité excessive du mental. Si l'alcool, les tranquillisants, les antidépresseurs et les drogues illégales n'existaient pas, – et ils sont tous consommés en quantités énormes – la démence du mental humain serait encore plus flagrante qu'elle ne l'est déjà. À mon avis, si on privait les gens de leurs drogues, une grande partie de la population deviendrait un danger pour elle-même et pour les autres. Bien entendu, ces drogues vous maintiennent dans un état de dysfonctionnement. Leur emploi généralisé ne fait que retarder la déstructuration du vieux mental et l'avènement d'une conscience supérieure. Les consommateurs de drogues peuvent certes trouver grâce à elles un soulagement aux tortures quotidiennes que le mental leur inflige. Par contre, ces drogues les empêchent d'avoir assez de présence consciente pour pouvoir s'élever au-dessus du niveau de la pensée et ainsi trouver la véritable libération.

Retomber à un niveau de conscience situé en dessous de celui de la pensée, qui est celui de nos lointains ancêtres, des animaux et des plantes, n'est pas une solution pour nous. Nous ne pouvons pas revenir en arrière. Si la race humaine veut survivre, elle doit passer à l'étape suivante. La conscience évolue dans l'univers entier sous des milliards de formes diverses. Alors, même si nous ne réussissions pas à passer à l'étape suivante, cela n'aurait pas grande importance à l'échelle cosmique. Un acquis sur le plan de la conscience n'étant jamais perdu, celle-ci s'exprimerait simplement sous une autre forme. Mais le fait même que je m'adresse à vous ici en ce moment et que vous m'écoutez ou me lisez indique clairement que cette conscience nouvelle est en train d'établir ses positions sur cette planète.

Il n'y a rien de personnel dans la communication qui existe entre vous et moi: je ne fais pas de l'enseignement. Vous êtes conscient et à l'écoute de vous-même. Selon un dicton oriental, «ensemble, l'enseignant et l'élève créent l'enseignement». Chose certaine, les mots en soi ne sont pas importants. Ils ne sont pas la vérité, ils en sont seulement le signe indicateur. Je m'adresse à vous à partir d'un état de présence, et à mesure que je parle, il est possible que vous puissiez vous joindre à moi dans ce même état. Bien que chacun des mots que j'utilise ait une histoire et trouve évidemment son origine dans le passé, comme c'est le cas pour toute langue, les paroles que j'emploie avec vous transmettent la fréquence énergétique élevée de la présence, qui n'a rien à voir avec le sens que ces mots communiquent.

Quant à la présence, le silence est un transmetteur encore plus puissant. Aussi, quand vous lisez ceci ou m'écoutez parler, soyez attentifs au silence entre les mots et derrière eux. Soyez conscient des hiatus. Où que vous soyez, vous pouvez facilement devenir présent en écoutant le silence. Même s'il y a du bruit, il existe toujours un certain silence en dessous de lui et entre les sons. Le fait d'écouter le silence amène immédiatement le calme en vous. Seule cette paix en vous peut percevoir le silence extérieur. Et qu'est donc ce calme, si ce n'est la présence, la conscience libérée des formes-pensées? Là se trouve la preuve vivante de ce dont nous venons de parler.

Le Christ, réalité de votre présence divine

Ne restez pas accroché au mot. Vous pouvez remplacer «Christ» par «présence» si cela a plus de sens pour vous. Ce Christ est votre essence divine ou votre moi, ainsi qu'on l'appelle parfois en Orient. La seule différence entre le Christ et la présence, c'est que celui-ci fait référence à la divinité qui vous habite indépendamment du fait que vous en soyez conscient ou pas, alors que la présence renvoie à la divinité conscientisée, éveillée.

De nombreux malentendus et plusieurs fausses croyances au sujet du Christ se dissiperont si vous réalisez qu'il n'y a ni passé ni futur de rattachés au Christ. Aussi, affirmer que le Christ a existé ou existera est une contradiction en soi. Jésus a existé. C'est un homme qui a vécu il y a deux mille ans et qui a réalisé sa vraie nature et la présence divine en lui. C'est la raison pour laquelle il a déclaré: «Avant qu'Abraham soit, je fus.» Il n'a pas dit: «J'existais déjà avant qu'Abraham naisse.» Cela aurait signifié qu'il se trouvait encore dans la dimension du temps et de l'identification à la forme. Les mots *je suis*, employés dans une phrase qui commence par une référence au passé, indiquent un basculement radical, une discontinuité dans la dimension temporelle. Il s'agit d'une formulation de style zen d'une grande profondeur. Jésus essayait de transmettre la signification de la présence, de la réalisation de soi, de façon directe et non par la pensée discursive. Il avait dépassé la dimension de la conscience gouvernée par le temps et était entré dans le royaume de l'intemporel. La dimension de «l'éternité» était advenue dans ce monde. Bien entendu, éternité ne veut pas dire temps infini, mais absence de temps. C'est ainsi que l'homme Jésus est devenu le Christ, un support pour la conscience à l'état pur. Et quelle est la définition que Dieu donne de lui-même dans la Bible? A-t-il prononcé ces paroles: «J'ai toujours existé et j'existerai toujours»? Bien sûr que non! Cela aurait donné une réalité au passé et au futur. Il s'est plutôt exprimé ainsi: «Je suis ce que je suis.» Il n'y a rien de temporel ici, seulement une présence.

La «seconde venue» du Christ dont on parle est la transformation de la conscience humaine, le basculement du temporel à la présence, de la pensée à la conscience pure. Il ne s'agit pas de la venue d'un homme ou d'une femme en chair et en os. Si le Christ revenait demain sous une forme matérielle, que pourrait-il ou pourrait-elle vous dire d'autre que: «Je suis la vérité. Je suis la présence divine. Je suis la vie éternelle. Je suis en vous. Je suis ici. Je suis maintenant»?

Ne personnalisez jamais le Christ et ne lui attribuez pas une identité quelconque. Les quelques rares avatars, mères divines et maîtres illuminés n'ont rien de spécial en tant que personnes. Comme ils n'ont pas de faux moi à entretenir, à défendre et à sustenter, ils sont plus simples et plus ordinaires que l'homme, ou la femme, dit ordinaire. N'importe qui ayant un grand ego les considérerait comme insignifiants, ou plus probablement, ne les remarquerait même pas.

Si un maître éveillé vous attire, c'est qu'il y a en vous déjà assez de présence pour vous permettre de reconnaître la présence chez quelqu'un d'autre. Beaucoup de gens n'ont reconnu ni Jésus ni Bouddha, de la même manière que d'autres ont toujours été attirés par de faux maîtres. Les ego sont attirés par de plus gros ego, et l'obscurité ne peut pas reconnaître la lumière. Seule la lumière peut se reconnaître elle-même. Alors ne croyez pas qu'elle existe à l'extérieur de vous ou qu'elle ne puisse se présenter que sous une forme particulière. Si seul votre maître est une incarnation de Dieu, qui êtes-vous donc alors? Toute forme d'exclusivité ramène à l'identification à la forme. Et l'identification à la forme, c'est l'ego, peu importe la finesse avec laquelle il s'accoutre.

Servez-vous de la présence du maître pour vous faire refléter votre propre identité, au-delà du nom et de la forme. Ceci vous aidera à devenir vous-même plus intensément présent. Vous réaliserez rapidement qu'il n'y a pas de «mon» ni de «votre» avec la présence, car elle signifie ne faire qu'UN.

Les rencontres de groupe peuvent également aider à intensifier votre présence. Un groupe de personnes dans un état de présence qui se réunit génère un champ énergétique collectif d'une grande intensité. Il favorise non seulement l'intensification du degré de présence de chaque personne qui s'y trouve, mais aide également le conscient collectif humain à se libérer de la dominance actuelle du mental. Grâce à cela, l'état de présence sera de plus en plus accessible aux gens. Cependant, à moins qu'un des membres du groupe au minimum ne soit bien ancré dans cet état et puisse en maintenir la fréquence vibratoire, l'ego peut facilement reprendre les armes et saboter les tentatives du groupe. Bien que les rencontres de groupe soient très précieuses, elles ne suffisent pas et vous ne devez surtout pas en dépendre. Comme vous ne devez pas non plus finir par dépendre d'un maître, sauf durant la période de transition au cours de laquelle vous apprenez la signification de la présence et comment la mettre en pratique.

CHAPITRE SIX

Le corps subtil

L'Être est votre moi le plus profond

Vous avez souligné combien il est important d'être profondément enraciné ou d'habiter son corps. Pouvez-vous élaborer davantage?

Le corps peut devenir un point d'accès au domaine de l'Être. Parlons-en plus en détail.

Je ne suis pas encore tout à fait certain de bien comprendre ce que vous entendez par l'Être.

« De l'eau? Qu'entendez-vous par là? Je ne comprends pas. » Voilà ce que dirait un poisson s'il avait un esprit humain.

S'il vous plaît, cessez de vouloir comprendre l'Être. Vous avez déjà eu des aperçus significatifs de ce qu'il est, mais le mental essaiera toujours de le faire entrer de force dans une petite boîte et de l'étiqueter. C'est impossible. Il ne peut devenir un objet de connaissance. Dans le fait d'Être, sujet et objet fusionnent.

On peut sentir l'Être comme l'éternel *Je suis* qui est au-delà du nom et de la forme. Ressentir, donc savoir que vous *êtes*. Se maintenir dans cet état d'enracinement profond, c'est l'illumination, c'est la vérité par laquelle, selon Jésus, vous serez libéré.

Libéré de quoi?

De l'illusion que vous n'êtes rien de plus que votre corps physique et votre esprit. Cette « illusion du moi », comme l'appelle Bouddha, constitue l'erreur fondamentale. Libéré de la peur sous ses innombrables déguisements, qui n'est, finalement, que l'inévitable conséquence de cette illusion et votre constant tortionnaire tant que votre sentiment d'identité provient uniquement de cette forme éphémère et vulnérable. Et libéré, aussi, du péché, qui est la souffrance que vous vous infligez inconsciemment à vous-même ainsi qu'aux autres, aussi longtemps que ce sentiment illusoire d'identité gouverne ce que vous pensez, dites et faites.

Au-delà des mots

Je n'aime pas le mot péché. Il sous-entend que je suis jugé et trouvé coupable.

Je comprends. Au cours des siècles, par ignorance, à cause d'un malentendu ou d'un besoin de contrôle, on a attribué à des termes tels que celui de péché de nombreux points de vue et interprétations erronés. Par contre, ces mots renferment un noyau de vérité. Si vous ne réussissez pas à voir au-delà de ces interprétations et à reconnaître ce que le terme désigne en réalité, ne l'utilisez pas. Ne vous arrêtez pas aux mots. Un mot n'est qu'un moyen. C'est une abstraction. Comme un panneau de signalisation, il indique quelque chose situé plus loin. Le mot *miel* n'est pas du miel. Vous pouvez étudier le miel et en parler autant que vous le voulez, mais vous ne le connaîtrez pas vraiment avant de l'avoir goûté. Puis, le mot perdra de son importance pour vous. Vous n'y serez plus attaché. De même, vous pouvez parler de Dieu ou y penser continuellement le reste de votre vie, mais cela veut-il dire que vous connaissez ou que vous avez même eu un aperçu de la réalité qui existe derrière ce mot? Ce n'est rien de plus qu'un attachement obsessionnel à un panneau indicateur, qu'une idole mentale.

L'inverse est aussi vrai. Si, pour une raison quelconque, vous détestiez le mot *miel*, cela pourrait vous empêcher d'y goûter. Si vous aviez une forte aversion pour le mot *Dieu*, donc une forme négative d'attachement, vous pourriez nier non seulement le mot, mais aussi la réalité qu'il représente. Vous vous empêcheriez de connaître cette réalité. Tout cela, bien sûr, est intrinsèquement relié au fait que vous êtes identifié à votre mental. Alors, si un mot ne vous convient plus, laissez-le tomber et remplacez-le par un autre qui fonctionne mieux pour vous. Si vous n'aimez pas le mot *péché*, dites inconscience ou folie. Cela peut vous rapprocher davantage de la vérité, de la réalité qui se trouve derrière le mot, qu'un mot longtemps mal employé comme *péché*, et cela élimine toute culpabilité.

Je n'aime pas ces mots-là non plus. Ils sous-entendent qu'il y a quelque chose qui ne va pas chez moi. Que je suis jugé.

Bien sûr qu'il y a quelque chose qui ne va pas chez vous, mais vous n'êtes pas jugé.

Loin de moi l'intention de vous offenser personnellement, mais n'appartenez-vous pas à la race humaine qui a tué plus de cent millions de représentants de sa propre espèce au XXe siècle seulement?

Vous voulez dire culpabilité par association?

Ce n'est pas une question de culpabilité, mais tant que vous êtes contrôlé par le mental, et donc par l'ego, vous prenez part à la folie collective. Vous n'avez peut-être pas examiné d'assez près la condition humaine dans son état de domination par le mental. Ouvrez les yeux. Voyez la peur, le désespoir, l'avidité et la violence qui sont omniprésents. Voyez la cruauté odieuse et la souffrance que, à une échelle inimaginable, des humains se sont infligées et s'infligent encore les uns aux autres ainsi qu'à d'autres formes de vie sur la planète. Faites-le sans condamner. Contentez-vous d'observer. C'est cela le péché. C'est cela la folie. C'est cela l'inconscience. Et par-dessus tout, n'oubliez pas d'observer votre propre mental. Cherchez-y la racine de la folie.

Comment trouver la réalité invisible et indestructible en vous

Vous avez dit que l'identification à notre forme physique faisait partie de l'illusion. Alors comment le corps, la forme physique, peut-il nous amener à la réalisation de l'Être?

Le corps visible et tangible ne peut vous amener à l'Être. Ce n'est qu'une enveloppe, ou plutôt une perception limitée et déformée d'une réalité plus profonde. Dans votre état naturel de rapport intime avec l'Être, cette réalité plus profonde est ressentie à chaque instant: c'est le corps subtil et invisible, la présence qui vous anime. Alors, «habiter son corps», c'est sentir le corps de l'intérieur, sentir la vie en vous et, par conséquent, découvrir que vous êtes autre chose au-delà de la forme extérieure.

Mais ce n'est que le début d'un voyage qui vous amènera encore plus profondément vers un monde de paix et de grand calme, mais aussi de grande force et de vie intense. Tout d'abord, vous n'en aurez peut-être que des aperçus fugaces. Puis, grâce à cela, vous prendrez peu à peu conscience que vous n'êtes pas qu'un fragment insignifiant qui flotte, brièvement suspendu entre la naissance et la mort, dans un univers étrange, et qui a droit à quelques plaisirs éphémères pour ensuite connaître la douleur et l'anéantissement final. Au-delà de votre forme physique, vous êtes relié à quelque chose de tellement vaste, de si incommensurable et sacré, qu'on ne peut ni le concevoir ni en parler. Et pourtant, c'est ce que je suis en train de faire. Mais je n'en parle pas pour vous donner quelque chose en quoi croire, mais pour vous montrer comment arriver vous-même à faire connaissance avec cette réalité.

Tant que votre mental accapare toute votre attention, vous êtes coupé de votre Être. Lorsque c'est le cas – et pour la plupart des gens ça l'est continuellement –, vous n'êtes pas dans votre corps. Le mental absorbe toute votre conscience et la transforme en «balivernes mentales». Vous ne pouvez cesser de penser. La pensée compulsive est devenue une maladie collective. Le sens de votre identité provient entièrement de l'activité mentale. Comme votre identité ne prend plus sa source dans l'Être, elle devient une édification mentale vulnérable et toujours en manque. Elle crée la peur, qui devient l'émotion sous-jacente prédominante. La seule chose qui compte vraiment fait alors défaut dans votre vie: la conscience de votre moi profond, la réalité invisible et indestructible en vous. Pour devenir conscient de l'Être, vous devez vous rapproprier votre conscience, au détriment du mental. C'est l'une des tâches les plus fondamentales de votre voyage spirituel. Ceci démobilisera toute la conscience auparavant mobilisée par la pensée compulsive et inutile. Une façon très efficace de le faire consiste tout simplement à détourner votre attention de la pensée pour la diriger vers le corps, là où vous pouvez d'emblée sentir l'Être sous la forme du champ énergétique invisible qui donne vie à ce que l'on perçoit comme le corps physique.

Comment entrer en contact avec votre corps subtil

Essayez tout de suite, s'il vous plaît. Fermez les yeux: cela pourra peut-être vous aider. Plus tard, quand il vous sera devenu facile et naturel d'être dans le corps, ceci ne sera plus nécessaire. Dirigez votre attention sur le corps. Sentez-le de l'intérieur. Est-il vivant? Sentez-vous la vitalité dans vos mains, vos bras, vos jambes, vos pieds, votre abdomen, votre poitrine? Sentez-vous le subtil champ énergétique qui infuse tout votre corps et vitalise chaque organe et chaque cellule? Le sentez-vous simultanément dans toutes les parties du corps comme un seul et unique champ énergétique? Maintenez votre attention sur votre corps subtil pendant quelques instants. Ne vous mettez pas à y penser. Sentez-le seulement. Plus vous y accordez d'attention, plus la sensation se clarifie et s'intensifie. Vous aurez l'impression que chacune de vos cellules se vivifie et, si vous êtes très visuel, il se peut que vous perceviez votre corps sous la forme d'une image lumineuse. Même si une telle image peut temporairement vous aider, accordez davantage d'attention à la sensation qu'a toute image pouvant se présenter. Peu importe sa beauté ou sa force, une image a déjà une forme définie. Elle empêche donc la sensation de s'approfondir.

La sensation que vous avez de votre corps subtil ne correspond en fait à aucune forme, elle n'a aucune limite et est insondable. Vous pouvez l'approfondir à volonté. Si vous ne sentez pas grand-chose à cette étape-ci, accordez votre attention à tout ce que vous pouvez sentir. Peut-être s'agit-il d'un léger picotement dans vos mains ou dans vos pieds. Cela suffit pour l'instant. Fixez simplement votre attention sur cette sensation. Votre corps s'anime. Nous continuerons l'exercice un peu plus tard. Ouvrez les yeux, tout en maintenant partiellement votre attention sur votre corps énergétique et en regardant autour de vous dans la pièce. Le corps subtil joue le rôle de charnière entre votre «identité-forme» et votre «identité-essence», votre véritable nature. Ne rompez jamais le contact avec lui.

La transformation par le corps

Pourquoi la majorité des religions ont-elles condamné ou nié le corps? On dirait que les chercheurs de la spiritualité ont toujours considéré le corps comme un obstacle ou même comme un péché.

Pourquoi y a-t-il si peu de chercheurs de la spiritualité qui trouvent?

Sur le plan corporel, les humains sont très proches des animaux. Toutes les fonctions de base du corps – le plaisir, la douleur, la respiration, l'alimentation, la désaltération, la défécation, le sommeil, la pulsion à trouver un compagnon ou une compagne pour procréer et enfin, bien sûr, la naissance et la mort –, nous les avons en commun avec les animaux. Longtemps après avoir été déchus de leur état de grâce et de fusion avec l'Un et être tombés dans l'illusion, les humains s'éveillèrent dans ce qui leur semblait être un corps animal, chose qui les dérangea grandement. «Ne te fais pas d'illusion. Tu n'es rien de plus qu'un animal.» Cela semblait être la vérité qui leur éclatait en plein visage. Mais cette vérité était trop dérangeante pour être tolérée. Réalisant qu'ils étaient nus, Adam et Ève se mirent à avoir peur. Inconsciemment et très rapidement, ils commencèrent à nier leur nature animale. La possibilité menaçante que leurs puissantes et instinctives pulsions les submergent et les ramènent à une inconscience totale était sans aucun doute une menace très réelle. La honte et certains tabous concernant certaines parties et fonctions corporelles firent leur apparition, en particulier par rapport à la sexualité. Leur conscience ne brillait pas encore assez fort pour qu'ils puissent accepter leur nature animale, lui permettre d'être telle et même y prendre plaisir. Sans parler du fait qu'ils auraient pu s'y investir profondément et y découvrir le divin qui s'y cache, la réalité derrière l'illusion. Alors ils ont fait ce qu'ils devaient faire. Ils se sont dissociés de leur corps. Et à partir de ce moment-là, ils se voyaient comme ayant un corps plutôt que simplement comme étant un corps.

Quand les religions ont vu le jour, cette dissociation s'est accentuée davantage avec la croyance «vous n'êtes pas votre corps». En Orient comme en Occident, et au cours des siècles, d'innombrables personnes ont essayé de trouver Dieu, le salut ou l'illumination par la négation du corps. Ceci s'est manifesté par la négation du plaisir des sens, de la sexualité en particulier, par le jeûne et d'autres pratiques ascétiques. Les gens s'infligeaient même des châtiments corporels pour essayer de punir ou de faire taire leur corps, qu'ils considéraient comme un péché. Dans le christianisme, on a appelé cela la mortification de la chair. D'autres ont tenté d'échapper à leur corps en se mettant en état de transe ou en essayant d'en sortir. Beaucoup de gens le font encore. Même Bouddha est réputé avoir nié son corps pendant six ans par le jeûne et par d'extrêmes formes d'ascétisme. Mais ce n'est qu'après avoir abandonné ces coutumes qu'il s'est réalisé.

Chose certaine, personne n'a jamais connu l'éveil spirituel en niant le corps, en se battant contre lui ou en sortant de lui. Même si l'expérience de sortie du corps peut s'avérer fascinante et vous donner un aperçu fugitif de ce qu'est la libération de la forme matérielle, vous devrez en fin de compte toujours y revenir, car c'est dans cet «habitacle» que le travail fondamental de la transformation s'effectue, et non pas loin de lui. Voilà pourquoi aucun maître véritable n'a jamais préconisé la sortie ou la négation du corps, bien que ses disciples encore pris dans le mental l'aient souvent fait.

Il ne subsiste que certains fragments des vieux enseignements concernant le corps, dont cette phrase de Jésus: «[…] tout votre corps sera rempli de lumière.» Ou bien ces enseignements se perpétuent sous forme de mythes, comme la croyance selon laquelle Jésus n'aurait jamais renoncé à son corps et aurait continué à ne faire qu'un avec celui-ci pour monter au «ciel» avec lui. Jusqu'à ce jour, presque personne n'a compris ces fragments d'enseignements ou la signification cachée de certains mythes. Par conséquent, la croyance «vous n'êtes pas votre corps» règne universellement et se traduit par la négation du corps et la tentative de s'en échapper. D'innombrables chercheurs dans le domaine de la spiritualité se sont donc empêchés d'atteindre la réalisation spirituelle et de trouver ce qu'ils cherchaient.

Est-ce possible de retrouver les enseignements perdus concernant la signification du corps ou de les reconstituer à partir des fragments épars qui nous restent ?

Il n'y a aucun besoin de le faire, puisque tous les enseignements spirituels proviennent de la même source. Et dans ce sens, il n'y a eu et il n'y a qu'un seul maître qui se manifeste sous différentes formes. Je suis ce maître et vous également, une fois que vous savez trouver la Source en vous. Et le chemin qui y conduit, c'est le corps énergétique. Bien que tous les enseignements spirituels proviennent de la même source, ils ne sont plus, de toute évidence, qu'une enfilade de mots une fois qu'ils sont verbalisés et transcrits. Et un mot n'est rien d'autre qu'un panneau indicateur, comme nous l'avons déjà expliqué. Tous ces enseignements sont uniquement des panneaux indiquant le chemin qui ramène à la Source.

J'ai déjà parlé de la vérité cachée à l'intérieur de votre corps, mais je vais vous résumer à nouveau les enseignements perdus des maîtres. Et ceci constituera un autre panneau indicateur. Efforcez-vous, s'il vous plaît, de sentir votre corps subtil pendant que vous lisez ou écoutez.

Sermon sur le corps

Ce que vous percevez comme une structure physique dense et nommez le corps, qui est sujet aux maladies, à la vieillesse et à la mort, n'est pas réel en fin de compte. Ce n'est pas vous. C'est une fausse perception de ce qu'est votre essence véritable, qui se situe au-delà de la naissance et de la mort. Cette impression erronée est le fruit des limites de votre mental qui, parce qu'il a perdu tout contact avec l'Être, fait du corps la preuve de sa croyance illusoire en la division et justifie ainsi son état de peur. Mais ne vous détournez pas pour autant du corps, car sous ce symbole d'impermanence, de limites et de mort que vous percevez comme la création chimérique de votre mental se dissimule la splendeur de la réalité essentielle et immortelle de ce que vous êtes. Ne fixez pas votre attention ailleurs que sur le corps lorsque vous cherchez la vérité, car vous ne la trouverez nulle part ailleurs.

Ne vous battez pas contre le corps, car si vous le faites, vous vous battrez contre votre propre réalité. Vous êtes tout de même ce corps, que vous pouvez voir et toucher. Toutefois, il n'est qu'un fin voile illusoire qui abrite un corps subtil invisible, lui-même la porte d'accès à l'Être, à la vie non manifestée. Par le corps énergétique, vous êtes inévitablement relié au Grand Tout non manifesté, éternellement présent et qui ne connaît ni naissance ni mort. Grâce au corps énergétique, vous ne faites qu'un avec Dieu à tout jamais.

Créez en vous de profondes racines

La clé, c'est d'être en contact permanent avec votre corps subtil, de le sentir en tout temps. Ceci approfondira et transformera rapidement votre vie. Plus vous dirigez votre conscience sur le corps énergétique, plus la fréquence de ses vibrations s'amplifie, un peu comme augmente l'intensité lumineuse d'une ampoule quand vous tournez le rhéostat. À ce niveau vibratoire plus élevé, la négativité ne peut plus vous perturber et vous tendez naturellement à vous attirer des situations nouvelles qui reflètent cette fréquence vibratoire.

Si vous maintenez le plus possible votre attention sur votre corps énergétique, vous serez ancré dans le présent et ne vous égarerez ni dans le monde extérieur ni dans le mental. Les pensées et les émotions, les peurs et les désirs, seront dans une certaine mesure encore présents, mais, du moins, ils ne prendront pas le dessus.

Veuillez s'il vous plaît observer ce vers quoi est dirigée votre attention en ce moment. Vous êtes en train de m'écouter ou de me lire. C'est le point de mire de votre attention. Vous avez aussi une conscience périphérique du lieu où vous vous trouvez, des personnes qui vous entourent, etc. Il se peut en outre qu'une certaine activité mentale se joue autour de ce que vous entendez ou lisez, que votre mental émette des commentaires. Il n'est cependant pas nécessaire que rien de ceci retienne toute votre attention. Voyez si vous pouvez en même temps être en contact avec votre corps subtil. Maintenez une partie de votre attention vers l'intérieur. Ne la laissez pas se tourner entièrement vers l'extérieur. Sentez votre corps entier de l'intérieur, comme un seul et unique champ énergétique. Comme si vous écoutiez ou lisiez avec tout votre corps. Exercez-vous à cela au cours des jours ou des semaines à venir.

N'accordez pas la totalité de votre attention au mental et au monde extérieur. Concentrez-vous sur ce que vous faites, bien sûr, mais sentez en même temps votre corps énergétique aussi souvent que possible. Restez en contact avec vos racines intérieures. Surveillez ensuite comment ceci modifie l'état de votre conscience et la qualité de ce que vous faites.

Chaque fois que vous devez attendre, peu importe où, utilisez ce temps-là pour sentir votre corps subtil. De cette façon, les embouteillages et les files d'attente deviennent très agréables. Au lieu de vous projeter mentalement loin du présent, enfoncez-vous plus profondément dans le présent en occupant davantage votre corps.

L'observation du corps énergétique deviendra un art, une manière totalement nouvelle de vivre, un état de rapport intime et permanent avec l'Être. Cette observation donnera à votre vie une profondeur que vous n'aurez jamais connue auparavant.

Lorsque vous êtes bien ancré dans votre corps, il est facile de rester présent pour observer votre mental. Peu importe ce qui se passe à l'extérieur, rien ne peut plus vous déranger.

À moins de rester présent – et habiter son corps est toujours un aspect essentiel à la présence –, vous continuerez à vous faire mener par le mental. Le scénario que vous avez appris il y a bien longtemps, c'est-à-dire le conditionnement de votre mental, dictera vos pensées et vos comportements. Vous en serez peut-être libéré pendant de brefs moments, mais rarement pour très longtemps. Et ceci est particulièrement vrai quand quelque chose va de travers, que vous subissez une perte quelconque ou êtes bouleversé. Votre conditionnement active une réaction involontaire, automatique et prévisible alimentée par l'unique émotion fondamentale sous-jacente à l'état de conscience identifié au mental: la peur.

En définitive, quand de tels défis se présentent – et ils ne manquent pas de le faire –, prenez l'habitude de revenir immédiatement à l'intérieur et de vous concentrer autant que vous le pouvez sur votre corps énergétique. Cela n'a pas besoin d'être long, juste quelques secondes. Mais vous devez le faire dès l'instant où le défi se présente. Tout délai fait surgir une réaction mentale et émotionnelle qui prend possession de vous. Lorsque votre attention est dirigée vers l'intérieur, que vous sentez votre corps énergétique et désengagez votre attention du mental, vous retrouvez immédiatement le calme et la présence. Si la situation exige une réaction, celle-ci émanera d'une source plus profonde. Tout comme le soleil brille infiniment plus que la flamme d'une bougie, il y a infiniment plus d'intelligence dans l'Être que dans votre tête.

Aussi longtemps que vous êtes consciemment en contact avec votre corps énergétique, vous êtes comme l'arbre profondément enraciné dans la terre ou tel le bâtiment qui repose sur de solides et profondes fondations. Cette métaphore est employée par Jésus dans la parabole des deux hommes construisant une maison, parabole en général mal comprise. Le premier bâtit sa maison dans le sable, sans fondations, et celle-ci est emportée quand la tempête et l'inondation surviennent. Quant à l'autre, il creuse profondément jusqu'au roc, puis érige sa maison qui, cette fois, ne sera pas emportée par l'inondation.

Il faut pardonner avant d'habiter son corps

Je me suis senti physiquement très mal quand j'ai essayé de diriger mon attention sur mon corps énergétique. J'ai ressenti de l'agitation et une certaine nausée. Je n'ai donc pu poursuivre l'expérience dont vous parlez.

Ce que vous avez senti est une émotion résiduelle dont vous étiez probablement inconscient avant de commencer à accorder une certaine attention à votre corps. À moins de prêter attention à cette émotion en priorité, celle-ci vous empêchera d'avoir accès au corps subtil situé à un niveau plus profond qu'elle. Par attention, je n'entends pas que vous devez vous mettre à y penser. Il suffit simplement d'observer l'émotion, de bien la sentir, de l'accueillir et de l'accepter telle qu'elle est. Certaines sont faciles à identifier: la colère, la peur, le chagrin, etc. D'autres, par contre, sont plus difficiles à cerner. Ce ne sont peut-être que de vagues sensations de malaise, de lourdeur et de pression, soit quelque chose qui se situe à mi-chemin entre une émotion et une sensation physique. De toute manière, ce qui importe ce n'est pas tant d'y accoler une étiquette mentale que d'en conscientiser le plus possible la sensation. L'attention est la clé de la transformation, et une attention totale signifie aussi acceptation. Elle est comme un faisceau de lumière; c'est le pouvoir concentré de votre conscience qui métamorphose toute chose.

Dans un organisme parfaitement fonctionnel, une émotion dure très peu de temps. Elle ressemble à une ondulation ou à une vague qui déferle momentanément à la surface de votre Être. Par contre, quand vous n'êtes pas ancré dans le corps, une émotion peut rester en vous des jours ou des semaines, ou encore se rallier aux autres émotions ayant une fréquence semblable. Avec le temps, ces émotions se sont agglutinées et forment le corps de souffrance, un parasite qui peut vivre à l'intérieur de vous pendant des années, se nourrir de votre énergie, entraîner la maladie physique et rendre votre vie lamentable (voir chapitre 2).

Concentrez-vous donc, cherchez à ressentir l'émotion et voyez si votre mental est accroché à un scénario fondé sur la récrimination, comme les reproches, l'apitoiement sur soi ou le ressentiment et si ce scénario alimente l'émotion. Si tel est le cas, cela veut dire que vous n'avez pas pardonné. C'est souvent à une autre personne ou à soi que l'on ne pardonne pas, mais cela peut aussi bien être une situation passée, présente ou future que votre mental n'accepte pas. Oui, on peut aussi ne pas pardonner quelque chose qui se situe dans le futur. Dans ce cas, le mental refuse d'accepter l'incertitude ou le fait que l'avenir est en fin de compte au-delà de son contrôle. Le pardon, c'est renoncer à la récrimination et par conséquent lâcher prise devant le chagrin qui en découle. Ceci se produit spontanément quand vous réalisez que le blâme ne sert à rien, si ce n'est qu'à renforcer le faux sens du moi. Pardonner, c'est n'offrir aucune résistance à la vie et lui permettre de s'exprimer par vous. Sinon, apparaissent la douleur et la souffrance, un flux d'énergie vitale grandement restreint et, souvent, des maladies physiques.

Dès l'instant ou vous le faites réellement, vous reprenez le pouvoir que vous aviez laissé au mental. Être rancunier, c'est vraiment la nature du mental, tout comme l'antagonisme et les conflits sont le combustible qui fait survivre l'ego, ce faux moi créé par le mental. Le mental ne peut pas lâcher prise. Seul vous-même le pouvez. Vous devenez présent, vous «habitez» votre corps et vous sentez la paix et la tranquillité pénétrante qui émanent de votre Être. Jésus n'a-t-il pas dit: «Avant d'entrer dans le temple, pardonnez»?

Le lien entre vous et le non-manifeste

Quel est le lien entre la présence et le corps subtil?

La présence est pure conscience, celle qui s'est dégagée du mental, du monde des formes. Le corps énergétique est le lien entre vous et le non-manifeste. Il est le non-manifeste dans son aspect le plus fondamental: la source d'où émane la conscience, comme la lumière émane du soleil. La conscience présente au corps énergétique, c'est la conscience qui se rappelle son origine et revient à la Source.

Le non-manifeste et l'Être représentent-ils la même chose?

Oui. Par la négative, le «non-manifeste» essaie d'exprimer ce qui ne peut être dit, pensé ou imaginé. Il désigne ce que c'est en disant ce que ce n'est pas. Être, par contre, est un terme positif. Mais s'il vous plaît, ne vous accrochez ni à l'un ni à l'autre. Ne commencez pas non plus à croire en eux. Ils ne sont rien d'autre que des panneaux indicateurs.

Vous avez affirmé que la présence, c'est la conscience dégagée du mental. Mais qui est-ce qui la dégage?

C'est vous. Mais étant donné que, par essence même, vous êtes conscience, nous pourrions aussi bien dire que c'est un éveil de la conscience qui sort du rêve de la forme. Ceci ne signifie aucunement que votre forme va s'évanouir sur-le-champ et se dissiper en une explosion de lumière. Vous pouvez vous perpétuer sous votre forme actuelle et être cependant conscient de ce qui est immortel et sans forme au plus profond de vous.

Je dois avouer que ceci va bien au-delà de mon entendement, et pourtant, à un niveau plus profond, j'ai l'impression de savoir ce dont vous parlez. Cela ressemble plus à un senti qu'à autre chose. Est-ce que je me trompe?

Pas du tout. Le senti vous rapprochera plus de la vérité de ce que vous êtes que ne peut le faire la pensée. Je ne peux rien vous apprendre que vous ne sachiez déjà profondément en vous. Lorsque vous avez atteint un certain degré de contact avec vous-même, vous reconnaissez la vérité quand vous l'entendez. Si, par contre, ce n'est pas le cas, l'exercice de conscience par le corps amènera l'approfondissement nécessaire.

Comment ralentir le vieillissement

En même temps, le processus de conscientisation du corps énergétique a d'autres avantages sur le plan physique. L'un d'eux est le ralentissement significatif du vieillissement du corps humain. Alors que le corps physique semble vieillir normalement et se flétrir assez rapidement, le corps subtil ne change pas avec le temps, sauf que vous le sentez avec plus de profondeur et que vous l'habitez plus totalement. Supposons que vous ayez vingt ans maintenant. Eh bien, votre champ énergétique vibrera de la même façon et sera aussi vivant quand vous en aurez quatre-vingts. Dès que vous passez de l'état habituel «piégé par le mental et en dehors du corps» à l'état «dans le corps et présent au moment qui est», votre corps physique se sent plus léger, plus dégagé, plus vivant. Étant donné qu'il y a plus de conscience dans le corps, sa structure moléculaire devient en fait moins dense. Un accroissement de la conscience se traduit par un amoindrissement de l'illusion de la matière. Lorsque vous vous identifiez davantage au corps énergétique intemporel qu'au corps physique, quand la présence devient votre mode habituel de conscience et que le passé et l'avenir n'accaparent plus votre attention, vous n'accumulez plus de temps dans votre psyché et dans les cellules de votre corps. L'accumulation du temps, qui constitue le fardeau psychologique du passé et du futur, réduit grandement la capacité des cellules à se renouveler. Donc, si vous «habitez» votre corps énergétique, le corps physique vieillira à un rythme beaucoup plus lent. Et même s'il vieillit, votre essence intemporelle transparaîtra à travers lui et vous ne donnerez pas l'impression d'être une vieille personne.

Existe-t-il des preuves scientifiques de cela?

Essayez, et vous en serez la preuve.

Comment renforcer le système immunitaire

Lorsque vous «habitez» votre corps, vous avez l'avantage additionnel de voir votre système immunitaire grandement renforcé. Plus vous amenez de conscience dans le corps, plus le système immunitaire se renforce. Comme si chacune de vos cellules s'éveillait et se réjouissait. Le corps adore l'attention que vous lui accordez. C'est là une très puissante forme d'autoguérison. La plupart des maladies s'immiscent en vous quand vous n'êtes pas dans votre corps. Si le maître est absent de la maison, toutes sortes de personnages louches viendront y squatter. Si vous habitez votre corps, les invités indésirables auront de la difficulté à y entrer.

Et ce n'est pas seulement votre système immunitaire corporel qui se trouve renforcé: le système immunitaire psychique l'est également beaucoup. Ce dernier vous protège des champs magnétiques négatifs des autres (sur les plans mental et émotionnel) qui sont très contagieux. Quand vous habitez bien votre corps, c'est l'élévation de la fréquence vibratoire de tout votre champ énergétique qui vous protège et non pas l'érection d'un bouclier. Ainsi, tout ce qui vibre à une fréquence inférieure, qu'il s'agisse de la peur, de la colère, de la dépression, etc., existe dorénavant dans ce qui est virtuellement un autre ordre de réalité. Tout cela n'entre plus dans votre champ de conscience ou, si cela y entre, vous n'avez plus besoin d'y résister, car cela passe à travers vous. S'il vous plaît, ne prenez pas ce que je vous dis pour monnaie sonnante. Vérifiez-le.

Il existe une méditation simple mais puissante d'autoguérison que vous pouvez faire à tout moment, quand vous sentez le besoin de renforcer votre système immunitaire. Elle s'avère particulièrement efficace si vous la pratiquez quand vous sentez les premiers symptômes d'une maladie. Mais elle fonctionne également dans le cas de maladies déjà installées si vous vous y adonnez à intervalles réguliers et avec intensité. Elle viendra aussi neutraliser toute perturbation occasionnée à votre champ énergétique par une quelconque forme de négativité. Cela ne remplace cependant pas la pratique, instant après instant, de la présence au corps. Sinon, cette méditation n'aura que des effets temporaires. La voici.

Quand vous avez quelques minutes de libre, particulièrement le soir juste avant de vous endormir et le matin juste après vous être réveillé et avant de vous lever, inondez votre corps de conscience. Fermez les yeux. Étendez-vous à plat dos. Choisissez différentes parties de votre corps pour tout d'abord y centrer brièvement votre attention: les mains, les pieds, les bras, les jambes, l'abdomen, la poitrine, la tête, etc. Aussi intensément que vous le pouvez, sentez d'abord l'énergie vitale dans ces parties du corps, en restant environ quinze secondes sur chacune d'elles. Puis, laissez votre attention parcourir à quelques reprises tout votre corps à la manière d'une vague, des pieds à la tête, et vice-versa. Cela ne prendra qu'une minute environ. Sentez ensuite votre corps énergétique dans sa totalité, comme un champ énergétique unique. Maintenez votre attention sur cette sensation durant quelques minutes. Pendant toute la durée de l'exercice, soyez intensément présent dans chaque cellule de votre corps. Ne vous inquiétez pas si le mental réussit de temps en temps à attirer votre attention sur autre chose que le corps et si vous vous perdez un peu dans vos pensées. Dès que vous le remarquez, dirigez de nouveau votre attention sur le corps énergétique.

Laissez la respiration vous amener dans le corps

Quelquefois, quand mon mental a été très actif, il a acquis un tel mouvement d'entraînement qu'il m'est impossible de lui soustraire mon attention pour la tourner vers le corps énergétique et le sentir. Cela se produit en particulier quand je me laisse prendre par le scénario de l'inquiétude ou de l'anxiété. Avez-vous une suggestion quelconque ?

Si, à n'importe quel moment, vous éprouvez de la difficulté à entrer en contact avec le corps énergétique, il est habituellement plus facile de vous concentrer en premier lieu sur la respiration. La respiration consciente, qui est une méditation puissante en elle-même, vous remettra graduellement en contact avec le corps. Suivez votre respiration en maintenant votre attention sur l'inspiration et l'expiration. Respirez dans le corps et, à chaque inspiration et expiration, sentez comment votre abdomen se détend et se contracte légèrement. Si vous avez de la facilité à visualiser, fermez les yeux et imaginez-vous entouré de lumière ou immergé dans une substance lumineuse, dans une mer de conscience. Puis, respirez cette lumière. Sentez cette substance lumineuse emplir votre corps et le rendre également lumineux. Vous êtes maintenant dans votre corps. Ne restez pas accroché à une image quelconque.

Utilisation créative du mental

Si vous devez recourir à votre mental pour atteindre un objectif précis, faites-le de concert avec votre corps énergétique. C'est seulement quand vous êtes capable d'être conscient sans penser, que vous pouvez employer votre mental de façon créative. Et la manière la plus simple de se retrouver dans cet état-là, c'est de passer par le corps. Chaque fois que vous avez besoin d'une réponse, d'une solution ou d'une idée originale, arrêtez-vous de penser pendant quelques instants en concentrant votre attention sur votre champ énergétique. Prenez conscience de votre calme intérieur. Lorsque vous reviendrez à la pensée, celle-ci sera fraîche et créative. Dans n'importe quelle activité intellectuelle, prenez l'habitude d'aller et de venir toutes les quelques minutes entre la pensée et l'écoute intérieure, le calme intérieur. On pourrait dire aussi: ne pensez pas seulement avec votre tête, pensez avec tout votre corps.

L'art de l'écoute

Lorsque vous écoutez quelqu'un, ne le faites pas uniquement avec votre tête; écoutez avec tout votre corps. Sentez le champ énergétique de votre corps subtil pendant ce temps. Cela éloigne l'attention du mécanisme de la pensée et ménage un espace de calme qui vous permet d'écouter véritablement sans que le mental interfère. Ainsi, vous faites de la place à l'autre, de la place pour être. C'est le plus précieux cadeau que vous puissiez offrir à un interlocuteur. La plupart des gens ne savent pas écouter parce que la plus grande partie de leur attention est monopolisée par la pensée et non sur ce que l'autre personne est en train d'énoncer. Elle n'est pas du tout tournée vers ce qui a vraiment de l'importance, c'est-à-dire l'Être qui existe derrière les mots et le mental. Et bien entendu, vous ne pouvez sentir l'Être d'une autre personne si ce n'est qu'à travers le vôtre. C'est ainsi que commence la réalisation du Tout, de l'Un, qui est amour. Au plus profond de l'Être, vous ne faites qu'Un avec tout ce qui est.

La majorité des relations repose principalement sur l'interaction des «mentaux», non pas sur la communication entre êtres humains, sur la communion. Aucune relation ne peut fleurir ainsi et c'est pour cette raison qu'il y a tant de conflits dans les relations. Quand le mental mène votre vie, les conflits, les antagonismes et les problèmes sont inévitables. Quand vous êtes en contact avec votre corps énergétique, il se crée une dimension de vide mental où la relation peut s'épanouir.

CHAPITRE SEPT

Diverses portes d'accès au non-manifeste

Habiter pleinement son corps

J'arrive à sentir l'énergie dans mon corps, surtout dans mes bras et mes jambes, mais j'ai l'impression de ne pas pouvoir aller plus loin, comme vous l'avez suggéré plus tôt.

Faites-en une méditation. Cela n'a pas besoin d'être long. Dix à quinze minutes suffisent. Assurez-vous tout d'abord qu'aucune distraction extérieure – le téléphone – ou des gens, ne viendra vous déranger. Installez-vous sur une chaise sans vous renverser vers l'arrière. Gardez la colonne vertébrale bien droite. Ceci vous aidera à rester alerte. Ou bien alors, adoptez votre position préférée de méditation.

Assurez-vous que votre corps est détendu. Fermez les yeux et prenez quelques respirations profondes. Sentez-vous respirer dans la partie basse de l'abdomen, pour ainsi dire. Observez les légères expansion et contraction qui se produisent à l'inspiration et à l'expiration. Puis prenez conscience du champ énergétique du corps tout entier. Ne réfléchissez pas à ce qui se passe ; ressentez-le plutôt. De cette manière, vous ne laissez pas le mental s'approprier votre conscience. Si cela peut vous être utile, servez-vous de la méditation de la lumière dont j'ai parlé déjà. Quand vous arrivez à clairement sentir le corps subtil comme un seul champ énergétique, laissez aller, si c'est possible, toute image pour vous concentrer exclusivement sur la sensation. Si c'est possible aussi, abandonnez toute image mentale que vous pouvez encore avoir du corps physique. Ce qui reste alors, c'est une sensation de présence ou « d'être » qui englobe tout et l'impression que le corps énergétique n'a pas de frontière. Puis concentrez votre attention encore plus profondément sur cette sensation. Ne faites plus qu'un avec elle, fusionnez avec votre champ énergétique afin d'éliminer toute dualité perceptuelle observateur-observé entre vous et votre corps. La distinction entre l'intérieur et l'extérieur se dissipe ; dorénavant, il n'y a plus de corps énergétique. En descendant profondément dans le corps, vous l'avez transcendé. Restez dans ce royaume de pur Être aussi longtemps que vous êtes à l'aise. Puis, reprenez conscience de votre corps physique, de votre respiration et de vos sens, et ouvrez les yeux. Pendant quelques minutes, regardez autour de vous de façon méditative, c'est-à-dire sans étiquetage mental, tout en continuant à sentir votre corps énergétique.

Lorsque vous avez accès à ce royaume dépourvu de formes, vous êtes vraiment libéré du lien avec la forme et de toute identification à celle-ci. Il s'agit de la vie sous son aspect non particularisé, telle qu'elle existe avant sa fragmentation en la multiplicité. On pourrait l'appeler le non-manifeste, la source invisible de toutes choses, l'Être à l'intérieur de tous les êtres. C'est un royaume d'immobilité et de paix profonde, mais aussi de grande joie et d'intense vitalité. Chaque fois que vous faites preuve de présence, vous devenez dans une certaine mesure perméable à la lumière, à la conscience pure qui émane de cette source. Vous prenez également conscience que cette lumière n'est pas dissociée de ce que vous êtes et qu'elle constitue au contraire votre essence même.

La source du *chi*

Le non-manifeste correspond-il à ce que l'on appelle le chi *en Extrême-Orient ? À une sorte d'énergie vitale universelle ?*

Non, ce n'est pas cela. Le non-manifeste est la source du *chi*, et ce dernier est le champ énergétique de votre corps. En fait, il sert de lien entre votre enveloppe extérieure et la Source. Il se situe à mi-chemin entre le manifeste, le monde de la forme et le non-manifeste. On peut le comparer à une rivière ou à un courant d'énergie. Si vous amenez profondément votre attention et votre conscience dans votre corps énergétique, vous remonterez le cours de cette rivière jusqu'à sa source. Le *chi* est mouvement. Le non-manifeste est immobilité. Lorsque vous atteignez le point d'immobilité absolue, qui vibre néanmoins de vitalité, vous êtes rendu au-delà du corps subtil et du *chi*, soit à la Source même, au non-manifeste. Le *chi* est le lien entre le non-manifeste et l'univers physique.

Alors, si vous amenez votre attention au plus profond du corps énergétique, il se peut que vous atteigniez ce point singulier où le monde se dissout pour devenir le non-manifeste et où celui-ci se révèle sous la forme du courant énergétique qu'est le *chi*, qui à son tour devient le monde. Ce point singulier est celui de la naissance et de la mort. Lorsque votre conscience est dirigée vers l'extérieur, le monde et le mental voient le jour. Lorsqu'elle est dirigée vers l'intérieur, elle actualise sa propre source et retourne à sa demeure originelle dans le non-manifeste. Puis, quand votre conscience revient vers le monde manifeste, vous retrouvez l'identité de la forme que vous avez temporairement délaissée. De nouveau, vous avez un nom, un passé, des conditions de vie, un avenir. Mais, essentiellement, vous n'êtes plus la même personne, car vous avez fugitivement eu un aperçu d'une réalité en vous qui n'est pas «de ce monde», bien qu'elle n'en soit pas dissociée, tout comme elle n'est pas dissociée de vous.

Laissez votre pratique spirituelle être la suivante: quand vous vaquez à vos occupations, n'accordez pas toute votre attention au monde extérieur et à votre mental. Maintenez-en une partie vers l'intérieur. Il a déjà été question de cela précédemment. Sentez votre corps subtil même quand vous êtes occupé par vos activités quotidiennes, en particulier dans le cadre de vos relations ou quand vous vous trouvez dans la nature. Sentez l'immobilité au plus profond de vous. Maintenez cette porte d'accès ouverte. Il est tout à fait possible d'être conscient du non-manifeste dans votre vie. Il se présente comme une sensation profonde de paix à l'arrière-plan, une tranquillité qui ne vous quitte jamais, peu importe ce qui se produit dans le monde extérieur. Vous devenez un pont entre le non-manifeste et le manifeste, entre Dieu et le monde. Ceci est l'état de rapport intime avec la Source que nous appelons illumination.

Ne vous méprenez pas: le non-manifeste n'est pas séparé du manifeste. Comment pourrait-il l'être? Il est la vie qui anime chaque forme, l'essence inhérente à tout ce qui existe. Il transcende ce monde. Laissez-moi vous expliquer un peu.

Le sommeil sans rêves

Chaque nuit, lorsque vous entrez dans la phase de sommeil profond, celle qui est dénuée de rêves, vous faites une incursion dans le royaume du non-manifeste. Vous fusionnez avec la Source et en retirez l'énergie vitale qui vous sustente pendant un bout de temps quand vous êtes revenu dans le monde manifeste, celui des formes distinctes. Cette énergie est beaucoup plus vitale que la nourriture, «car l'homme ne vit pas que de pain». Mais dans le sommeil sans rêves, vous n'allez pas dans le non-manifeste consciemment. Bien que les fonctions corporelles soient encore actives, «vous» n'existez plus dans cet état-là. Pouvez-vous imaginer ce que cela serait d'entrer dans la phase de sommeil sans rêves en toute conscience? Il est impossible d'imaginer une telle chose, puisque cet état-là n'a aucun contenu.

Le non-manifeste ne vous libère pas tant et aussi longtemps que vous n'y accédez pas consciemment. Voilà pourquoi Jésus a dit: «Vous connaîtrez la vérité, et la vérité vous libérera» et non pas seulement «La vérité vous libérera». Il ne s'agit pas d'une vérité conceptuelle mais bien de la vérité de la vie éternelle au-delà de toute forme, qui est appréhendée directement ou pas du tout. Mais n'essayez pas de rester conscient dans le sommeil sans rêves. Il est fort improbable que vous y réussissiez. Au plus, il se peut que vous restiez conscient pendant le sommeil onirique, mais pas au-delà. On appelle cela le sommeil onirique lucide, chose intéressante et fascinante mais qui ne libère pas.

Utilisez donc votre corps énergétique comme une porte vous donnant accès au non-manifeste et gardez cette porte entrebâillée afin de pouvoir rester en contact avec la Source en tout temps. En ce qui concerne le corps subtil, peu importe que votre corps physique soit jeune ou vieux, fragile ou fort. Le corps énergétique est intemporel. Si vous n'arrivez pas encore à le sentir, utilisez une des autres portes d'accès, bien qu'en fin de compte elles reviennent toutes à la même chose. J'ai déjà parlé en détail de certaines d'entre elles, mais je vais en reparler brièvement.

Autres portes d'accès

On peut dire que le présent est la principale porte d'accès au non-manifeste. Il est également un aspect essentiel de chacune des autres portes d'accès, le corps énergétique y compris. Vous ne pouvez pas être dans votre corps sans être intensément présent à l'instant.

Le temps et le manifeste sont aussi inextricablement liés que le sont l'intemporel présent et le non-manifeste. Lorsque vous dissipez le temps psychologique en étant intensément conscient du moment présent, vous devenez conscient du non-manifeste aussi bien directement qu'indirectement. Directement parce que vous le ressentez comme le rayonnement et la force de votre présence consciente. Aucun contenu, juste la présence. Indirectement parce que vous êtes conscient du non-manifeste par et dans le royaume des sens. Autrement dit, vous sentez l'essence divine dans chaque créature, chaque fleur, chaque pierre et vous réalisez que tout ce qui est, est sacré. C'est pour cela que Jésus, qui s'exprimait à partir de son essence divine, de son identité christique, dit dans l'Évangile selon Thomas: «Coupez un morceau de bois, et vous m'y trouverez. Ramassez une pierre, et vous m'y trouverez aussi.»

Une autre façon d'accéder au non-manifeste, c'est de cesser de penser. Vous pouvez commencer très simplement en prenant une inspiration consciente ou en regardant une fleur dans un intense état de vigilance, de manière qu'aucun commentaire mental ne se produise en même temps. Il existe de nombreuses façons de créer une discontinuité dans l'incessant flot des pensées. La méditation en est une. La pensée appartient au monde du manifeste. L'activité mentale continue vous maintient prisonnier du monde de la forme et constitue un écran opaque vous empêchant de prendre conscience du non-manifeste, de l'essence divine intemporelle et sans forme qui est en vous et en toute chose et toute créature. Quand vous êtes intensément présent, vous n'avez plus besoin de vous préoccuper de cesser de penser, bien entendu, puisque le mental s'arrête automatiquement. C'est pour cette raison que j'ai affirmé que le présent constituait un aspect essentiel de chacune des autres portes d'accès au non-manifeste.

Le lâcher-prise, c'est-à-dire l'abandon de toute résistance mentale et émotionnelle face à ce qui est, est aussi une porte d'accès au non-manifeste. La raison à cela en est simple: quand vous résistez intérieurement, vous vous coupez des autres, de vous-même et du monde environnant. La résistance accentue la sensation de division dont l'ego dépend pour survivre. Plus la sensation de division est forte, plus vous êtes lié au manifeste, au monde des formes. Et plus vous êtes lié au monde de la forme, plus votre identité par la forme se cristallise et plus elle devient hermétique. La porte d'accès est fermée et vous êtes coupé de votre dimension intérieure, celle de la profondeur. Quand vous êtes dans un état de lâcher-prise, votre identité à la forme s'adoucit et devient pour ainsi dire en quelque sorte perméable. Ainsi, le non-manifeste peut irradier de vous.

Ouvrir une porte qui vous donne consciemment accès au non-manifeste ne dépend que de vous. Contacter son corps énergétique, être intensément présent, se désidentifier du mental, lâcher prise face à ce qui est, voilà autant de portes d'accès que l'on peut emprunter. Il suffit juste d'en utiliser une.

L'amour doit certainement être une de ces portes d'accès n'est-ce pas?

Non. Dès qu'une de ces portes s'ouvre, l'amour est présent en vous sous la forme de la sensation de réalisation de l'Un. L'amour n'est pas une porte d'accès; c'est plutôt ce qui se retrouve dans le monde grâce à cette ouverture. Aussi longtemps que vous êtes pris au piège de l'identité par la forme, il ne peut y avoir d'amour. Il ne s'agit pas de chercher l'amour, mais de trouver une porte d'accès par laquelle l'amour puisse passer.

Le silence

Est-ce qu'il existe d'autres portails au manifeste que ceux que vous venez de mentionner?

Oui. Le non-manifeste n'est pas dissocié du manifeste et il est omniprésent en ce monde. Mais il est si bien déguisé que presque tout le monde passe complètement à côté. Si vous savez où regarder, vous le trouverez partout. Une porte d'accès au non-manifeste peut s'ouvrir en vous à chaque instant.

Entendez-vous ce chien aboyer au loin? Ou cette voiture qui passe? Écoutez attentivement. Pouvez-vous y sentir la présence du non-manifeste? Cherchez-le dans le silence d'où émergent et retournent les sons. Prêtez davantage attention au silence qu'aux sons. Quand vous prêtez attention au silence extérieur, le silence intérieur apparaît, le mental s'immobilise et une porte s'ouvre.

Tous les sons naissent du silence, retournent y mourir et y évoluent pendant leur durée de vie. Seul le silence permet au son d'exister. Il fait intrinsèquement partie de chaque son, de chaque note de musique, de chaque chanson, de chaque mot, et ce, de façon non manifeste. Dans ce monde, le non-manifeste est présent sous la forme de silence. C'est pour cette raison que l'on dit depuis toujours que rien dans ce monde ne ressemble plus à Dieu que le silence. Tout ce que vous avez à faire, c'est y prêter attention. Même au cours d'une conversation, prenez conscience des intervalles entre les mots, des brefs instants silencieux entre les phrases. Quand vous faites cela, la dimension de l'immobilité prend de l'ampleur en vous. Vous ne pouvez prêter attention au silence extérieur sans simultanément trouver le calme à l'intérieur. Silence à l'extérieur, tranquillité à l'intérieur. Vous avez alors pénétré le non-manifeste.

Le vide

Tout comme il est impossible qu'un son quelconque soit sans le silence, rien ne peut exister sans le néant, sans l'espace vide permettant à toute chose d'être. Tout corps ou tout objet physique émane du néant, est entouré du néant et y retournera à un moment ou à un autre. Non seulement cela, mais même à l'intérieur de tout corps physique, il y a beaucoup plus de «rien» que de «quelque chose». Selon les physiciens, la solidité de la matière n'est qu'une illusion. La matière prétendument solide, y compris votre corps physique, est constituée presque en totalité de vide, tellement les distances entre les atomes sont grandes comparativement à leur taille. De plus, il en est de même à l'intérieur de chaque atome. Ce qui reste ressemble plus à une fréquence vibratoire qu'à des particules de matière solide, soit davantage à une note de musique. Les bouddhistes savent cela depuis plus de deux mille cinq cents ans. «La forme, c'est le vide, et le vide, c'est la forme», dit le soutra du cœur, un des recueils bouddhistes les plus anciens et les plus connus. L'essence de toute chose, c'est le vide.

Le non-manifeste est non seulement présent dans ce monde sous la forme de silence, mais omniprésent dans l'univers physique entier sous la forme de vide, à l'intérieur comme à l'extérieur. Il est aussi facile de passer à côté du vide que du silence. Tout le monde porte attention aux choses qui se trouvent dans le vide, mais qui s'attarde au vide lui-même?

Vous semblez sous-entendre que le «vide» ou le «rien» n'est pas rien justement, qu'il a de par lui quelque mystérieuse qualité. Qu'est-ce donc que ce rien?

Vous ne pouvez poser une telle question. Votre tête est en train d'essayer de faire quelque chose avec le rien. Dès cet instant, vous passez à côté. Le néant, le vide, est l'aspect que prend le non-manifeste en tant que phénomène extériorisé dans un monde perçu par les sens. C'est le plus que l'on puisse en dire, et même cela, c'est une sorte de paradoxe. Le néant ne peut pas devenir un objet de connaissance. Il est impossible de faire un doctorat sur le «rien», sur le néant. Lorsque les savants étudient le vide, ils en font habituellement quelque chose et en manquent ainsi complètement l'essence. Il n'est donc pas surprenant que la dernière théorie sur le vide avance que celui-ci n'est pas vide du tout, qu'il est rempli d'une certaine substance. Une fois que vous avez une théorie, il n'est pas trop difficile de trouver les preuves pour l'étayer, du moins jusqu'à ce qu'une autre théorie se présente.

Pour vous, le «rien» peut devenir une porte d'accès au non-manifeste seulement si vous n'essayez pas de le saisir et de le comprendre.

Mais n'est-ce pas ce que nous sommes en train de faire ici?

Pas du tout. Je vous donne des indications pour vous montrer comment vous pouvez amener la dimension du non-manifeste dans votre vie. Nous n'essayons pas de le comprendre, car il n'y a rien à comprendre.

Le vide n'a pas d'existence propre. Littéralement, «exister» veut dire «se distinguer de». Vous ne pouvez donc pas comprendre le vide, car il ne se distingue de rien. Bien qu'il n'ait aucune existence propre, il permet à toute chose d'être. Le silence non plus n'a pas d'existence propre, pas plus que le non-manifeste.

Alors, que se produit-il si vous détachez votre attention des objets se trouvant dans l'espace et devenez plutôt conscient de l'espace lui-même? Quelle est l'essence de cette pièce? Les meubles, les tableaux et le reste se trouvent dans la pièce mais ils ne sont pas la pièce. Le plancher, les murs et le plafond délimitent la pièce, mais ne sont pas non plus cette pièce. Alors, qu'est-ce que l'essence de cette pièce? L'espace, bien sûr, le vide. Il n'y aurait pas d'endroit, pas cet «espace de pièce» sans lui. Puisque l'espace, c'est le «rien», nous pouvons affirmer que ce qui n'est pas là est plus important que ce qui est là. Prenez donc conscience de l'espace qui est là tout autour de vous. N'y pensez pas, mais sentez-le, pour ainsi dire. Prêtez attention à ce «rien». Lorsque vous le faites, il se produit en vous un changement sur le plan de la conscience. Je vous explique pourquoi. Les objets dans l'espace (meubles, murs, etc.) trouvent leurs correspondants en vous sous la forme d'objets mentaux: pensées, émotions et sens. Et l'équivalent intérieur de l'espace, c'est la conscience qui permet aux objets mentaux d'exister, tout comme l'espace permet aux objets physiques d'être là. Donc, si vous détachez votre attention des choses, des objets dans l'espace, automatiquement vous détachez aussi votre attention des objets mentaux. Autrement dit, vous ne pouvez pas penser et être conscient du vide, ni du silence d'ailleurs. En prenant conscience du vide autour de vous, vous prenez simultanément conscience de l'espace du vide mental, de la conscience pure, du non-manifeste. De cette façon, la contemplation de l'espace, du vide, peut devenir pour vous une porte d'accès au non-manifeste.

Le vide et le silence sont deux aspects de la même chose, de ce même rien. Ils ne sont que la manifestation extérieure du vide et du silence intérieurs, de l'immobilité intérieure, la matrice infiniment créatrice de tout ce qui est. La plupart des humains sont complètement inconscients de cette dimension. Il n'y a pas d'espace en eux, pas d'immobilité. Ils ont perdu leur équilibre. Somme toute, ils connaissent le monde, ou pensent le connaître, mais ils ne connaissent pas Dieu. Ils s'identifient exclusivement à leurs formes physique et psychologique, et sont inconscients de leur essence innée. Et du fait que toute forme est extrêmement changeante, ils vivent dans la peur. À son tour, cette peur engendre une profonde et fausse perception d'eux-mêmes et des autres humains. Elle crée une distorsion de leur vision du monde.

Si une contraction cosmique amenait la fin du monde, le non-manifeste n'en subirait absolument aucune conséquence. Dans l'ouvrage *Un cours en miracles*, cette vérité est énoncée avec éloquence: «Rien ne menace ce qui est réel. Rien d'irréel ne peut exister. Voici ce en quoi consiste la paix divine.»

Si vous restez consciemment en contact avec le non-manifeste, vous valorisez, aimez et respectez profondément le manifeste et chacune de ses formes comme étant l'expression de l'Un au-delà de la forme. Vous savez également que chaque forme est destinée à disparaître et que, en fin de compte, rien n'a vraiment d'importance dans la dimension du manifeste. Vous avez «dépassé le monde» comme le dit Jésus ou, selon Bouddha, «vous êtes passé sur l'autre rive».

La véritable nature du vide et du temps

Réfléchissez maintenant à ce que je vais vous dire: *s'il n'y avait rien d'autre que le silence, celui-ci n'existerait pas pour vous et vous ne sauriez pas ce que c'est.* C'est seulement à l'avènement d'un son que le silence en vient à être. De façon similaire, s'il y avait seulement l'espace et aucun objet dedans, celui-ci n'existerait pas non plus pour vous. Imaginez-vous tel un point de conscience flottant dans l'immensité de l'espace dépourvu d'étoiles et de galaxies. Juste le vide. Tout d'un coup, l'espace ne serait plus vaste: il ne serait tout simplement pas. Il n'y aurait ni vitesse ni mouvement d'un point à un autre. Il faut au moins deux points de référence pour que les concepts de distance et d'espace puissent être. L'espace s'actualise dès l'instant où l'unicité devient dualité, et lorsque cette dualité devient «dix mille choses», expression empruntée à Lao-Tseu parlant du monde manifeste, l'espace devient de plus en plus vaste. Le monde et l'espace ne peuvent que coexister. Rien ne pourrait exister sans l'espace, et pourtant l'espace n'est rien. Avant la création de l'univers ou le big bang si vous préférez, il n'y avait aucun vaste espace en attente d'être rempli. Il n'y avait pas d'espace; il n'y avait rien. Il n'y avait que le non-manifeste, l'Un. Quand l'Un est devenu «dix mille choses», l'espace a soudain semblé faire son apparition et permettre à la multiplicité d'exister. D'où est-il venu? Dieu l'a-t-il créé pour y loger l'univers? Bien sûr que non. Étant donné que l'espace n'est rien, il n'a jamais été créé. Par une belle nuit claire, sortez observer le ciel. Les milliers d'étoiles que vous pouvez voir à l'œil nu ne représentent qu'une fraction infinitésimale de ce qui est là. Grâce à de très puissants télescopes, on peut déjà repérer un milliard de galaxies, chacune d'entre elles désignant un «univers insulaire» contenant des milliards d'étoiles. Et plus impressionnant encore, c'est l'infinité de l'espace lui-même, la profondeur et l'immobilité qui laissent place à toute cette magnificence de l'être. Il n'y a rien de plus grandiose et de plus majestueux que l'inconcevable immensité et l'immobilité de l'espace. Et pourtant qu'est-ce que c'est? Le vide, l'immense vide.

Ce qui pour nous prend la forme de l'espace dans l'univers, ainsi que nous le percevons dans notre esprit et par nos sens, est le non-manifeste qui s'extériorise. C'est le «corps» de Dieu. Et le plus grand miracle dans tout cela, c'est que l'immobilité et l'immensité qui permettent à l'univers d'être ne se trouvent pas uniquement dans l'espace, mais également en vous. Quand vous êtes complètement et totalement présent, vous retrouvez cette immobilité et cette immensité dans l'espace intérieur paisible qu'est le vide mental. En vous, cet espace est vaste par sa profondeur et non par l'expansion spatiale. En fin de compte, la profondeur infinie, cet attribut de l'unique réalité transcendantale, est faussement prise pour l'expansion spatiale.

Selon Einstein, l'espace et le temps sont indissociables. Je ne comprends pas vraiment ce concept, mais je pense qu'il signifie que le temps est la quatrième dimension de l'espace. Einstein l'appelle le «continuum spatio-temporel».

Oui. Ce que vous percevez extérieurement comme l'espace et le temps ne sont finalement qu'une illusion, mais ils comportent un noyau de vérité. L'espace et le temps sont les deux attributs essentiels de Dieu, l'infinité et l'éternité, et sont perçus comme s'ils existaient à l'extérieur de vous. À l'intérieur de vous, aussi bien l'espace que le temps ont un équivalent qui révèle leur véritable nature ainsi que la vôtre. Alors que l'espace correspond au royaume infiniment profond et paisible du vide mental, le temps renvoie à la présence, à la conscience de l'éternel présent. Souvenez-vous qu'il n'y a aucune différence entre eux. Lorsque l'espace et le temps sont intérieurement actualisés comme le non-manifeste, c'est-à-dire le vide mental et la présence, ils continuent d'être pour vous mais deviennent beaucoup moins importants. Le monde existe toujours pour vous mais il ne vous contraint plus.

Par conséquent, l'ultime finalité du monde n'est pas dans le monde lui-même, mais dans sa transcendance. Tout comme vous ne pourriez être conscient de l'espace s'il n'était pas occupé par des objets, le non-manifeste a besoin du monde pour se réaliser. Vous avez peut-être déjà entendu le dicton bouddhiste suivant: «S'il n'y avait pas l'illusion, il n'y aurait pas l'illumination.» C'est dans le monde et finalement par vous que le non-manifeste se fait connaître. Vous êtes ici pour permettre à la mission divine de l'univers de se déployer. Voilà à quel point vous êtes important!

La mort consciente

À part le sommeil profond sans rêves dont j'ai déjà parlé, il existe une autre porte d'accès non volontaire. Celle-ci s'ouvre brièvement au moment de la mort physique. Même si vous avez raté toutes les autres occasions de réalisation spirituelle au cours de votre vie, une dernière porte s'ouvrira pour vous immédiatement après la mort du corps. Un nombre incalculable de gens ont rapporté avoir vu de leurs propres «yeux» cette «porte» sous forme de lumière radieuse et être revenus de ce qui est communément appelé une expérience de mort imminente. Un grand nombre de personnes ont mentionné avoir alors ressenti une sérénité béate et une paix profonde. Dans le *Livre tibétain des morts*, ce phénomène est décrit comme «la lumineuse splendeur de la lumière incolore», cette splendeur étant votre véritable «moi» ainsi que le dit le livre. Ce portail au non-manifeste ne s'ouvre que très brièvement et, à moins d'avoir déjà connu la dimension du non-manifeste au cours de votre vie, il est fort probable que vous passerez à côté. La plupart des gens ont accumulé en eux trop de résistance, trop de peur, trop d'attachement aux expériences sensorielles et trop d'identification au monde manifeste. Alors, quand ils sont sur le seuil du non-manifeste, ils s'en détournent par peur et perdent ensuite conscience. Ce qui se produit par après est en grande partie involontaire et automatique. En fin de compte, il y aura un autre cycle de naissance et de mort. La présence n'était pas encore assez forte chez ces gens pour qu'ils entrent consciemment dans l'immortalité.

Passer ce seuil ne se traduit donc pas par l'annihilation?

Comme c'est le cas avec toutes les autres portes d'accès au non-manifeste, votre véritable et rayonnante nature se perpétue, mais pas la personnalité. Dans tous les cas, tout ce qui est réel ou d'une valeur véritable dans votre personnalité appartient à votre vraie nature. Ceci ne se perd jamais. Rien de valeur ou de réel ne se perd jamais.

À l'approche de la mort et au moment de celle-ci, c'est-à-dire lorsque la forme physique se dissout, c'est toujours une occasion unique de se réaliser spirituellement. Mais la plupart du temps, les humains passent dramatiquement à côté, puisqu'ils vivent dans une culture qui ignore presque totalement la mort et tout ce qui a vraiment de l'importance.

Chacune de ces portes donne accès à la mort, celle du faux moi. Quand vous passez le seuil de l'une d'elles, vous arrêtez de fonder votre identité sur votre forme psychologique, créée par le mental. Vous prenez alors conscience que la mort est une illusion, tout comme votre identification à la forme en était une. La fin de l'illusion, c'est tout ce que la mort est. Le mort n'est douloureuse qu'aussi longtemps que vous vous accrochez à l'illusion.

CHAPITRE HUIT

Les relations éclairées

Entrez dans le moment présent, peu importe les circonstances

J'ai toujours pensé que la véritable illumination n'était possible que grâce à l'amour qui existe dans une relation entre un homme et une femme. N'est-ce pas ce qui nous fait retrouver notre complétude? Comment pouvons-nous nous épanouir dans notre vie avant que cela n'arrive?

Est-ce vrai dans votre cas? Est-ce que cela vous est arrivé?

Pas encore. Mais comment pourrait-il en être autrement? Je sais que cela surviendra.

Autrement dit, vous attendez qu'un événement d'ordre temporel vienne vous sauver. N'est-ce pas cela l'erreur fondamentale dont nous venons de parler? Le salut ne se trouve pas ailleurs, ni dans un lieu ni dans le temps. Il est ici et maintenant.

Qu'est-ce que cela veut dire exactement? Je ne comprends pas. Je ne sais même pas ce que « salut » veut dire.

La plupart des gens recherchent les plaisirs du corps ou diverses formes de gratification psychologique parce qu'ils croient que ces choses les rendront heureux ou les libéreront de leur sentiment de peur ou de manque. Ils perçoivent donc le bonheur comme une sensation accrue de vitalité engendrée par les plaisirs du corps, ou bien comme une sensation plus totale et plus forte de leur moi procurée par une gratification psychologique quelconque. Leur recherche du salut s'effectue donc à partir d'un état d'insatisfaction ou de manque. Invariablement, la satisfaction que ces gens obtiennent est de courte durée. Par conséquent, ils projettent habituellement de nouveau la condition de leur satisfaction sur un point imaginaire se trouvant loin de l'ici-maintenant. «Quand j'aurai ceci ou que je serai libéré de cela, alors je serai bien.» Voilà l'état d'esprit inconscient qui crée l'illusion que le salut se situe dans le futur.

Le véritable salut, c'est la satisfaction, la paix et la vie dans leur plus grande plénitude. C'est être qui vous êtes, sentir en vous le bien qui n'a aucun opposé, la joie de l'Être qui ne dépend de rien d'autre que de lui-même. Il se ressent non pas comme une expérience passagère, mais comme une présence durable. Dans un langage religieux, on dirait que c'est «connaître Dieu» non pas comme quelque chose d'extérieur à vous, mais comme ce qui est votre essence la plus profonde. Le véritable salut, c'est se connaître soi-même comme faisant indissociablement partie de l'Un intemporel et sans forme qui confère à chaque chose l'essence qui l'anime.

C'est aussi un état de libération. Libération de la peur, de la souffrance, d'une sensation de manque et d'insuffisance, et par conséquent, libération de tout désir, besoin, attachement et de toute cupidité. C'est se dégager de la pensée compulsive, de la négativité et surtout du passé et de l'avenir en tant que besoin psychologique. Votre mental vous dit que vous ne pouvez pas y arriver à partir de là où vous êtes. Que quelque chose doit nécessairement se passer, sinon il vous faudra devenir ceci ou cela avant d'être libre et comblé. Que vous avez besoin de temps et de trouver, sélectionner, faire, accomplir, acquérir, devenir ou comprendre quelque chose avant de pouvoir être libre ou complet. Pour vous, le temps est l'instrument du salut, alors qu'en vérité il en est le plus grand obstacle. Selon vous, vous ne pouvez y accéder à partir des circonstances dans lesquelles vous vous trouvez et à partir de ce que vous êtes dans le moment parce que vous n'êtes pas encore assez accompli ou assez parfait. La vérité, c'est que l'ici-maintenant est le seul point à partir duquel vous pouvez parvenir au salut. En réalité, vous y accédez par le fait même de prendre conscience que vous y êtes déjà. Vous trouvez Dieu dès l'instant où vous réalisez que vous n'avez pas besoin de le chercher. Il n'y a donc pas de chemin unique pour découvrir le salut: n'importe quelle situation peut vous y conduire, mais aucune situation particulière n'est requise. Il n'existe qu'une seule porte pour y accéder: *le moment présent*. Il ne peut y avoir de salut en dehors de l'ici-maintenant. Vous n'avez pas de partenaire et vous vous sentez seul? Entrez dans l'instant à partir de cette situation. Vous êtes en relation? Entrez aussi dans l'instant à partir de cette situation.

Rien de ce que vous pouvez faire ou atteindre ne vous rapprochera plus du salut que ce moment-ci. Un esprit habitué à penser que tout ce qui en vaut la peine se situe dans le futur aura peut-être de la difficulté à saisir cela. Et rien de ce que vous avez jamais fait ou qu'on vous a fait dans le passé ne peut vous empêcher de dire oui à ce qui est et de porter intensément votre attention sur le moment présent. Ceci ne peut se faire dans le futur. Vous le faites maintenant ou pas du tout.

Les relations d'amour et de haine

À moins d'avoir atteint la fréquence vibratoire de la présence consciente ou jusqu'à ce que cela soit, toutes les relations, et en particulier les relations intimes, sont profondément faussées et en définitive dysfonctionnelles. Elles peuvent sembler parfaites pendant un certain temps, par exemple quand vous êtes amoureux, mais cette apparente perfection en vient invariablement à s'effriter quand les disputes, les conflits, l'insatisfaction et la violence émotionnelle ou même physique se produisent à un rythme de plus en plus fréquent. Il semble que la plupart des relations amoureuses deviennent tôt ou tard des relations à la fois d'amour et de haine. Sans la moindre difficulté, l'amour se transforme en sauvage agressivité, en sentiment d'hostilité ou encore en un retrait complet de l'affection l'un envers l'autre. On considère ceci comme normal. La relation oscille alors pendant quelque temps, quelques mois ou quelques années entre les polarités de l'amour et de la haine, et vous procure autant de souffrance que de plaisir. Il n'est pas rare que des couples restent accrochés à ce cycle de polarités, car ce climat de mélodrame les fait se sentir vivants. Quand l'équilibre entre les polarités positive et négative se rompt et que les cycles négatifs et destructifs se produisent à une plus grande fréquence et plus intensément, ce qui semble survenir tôt ou tard, il faut peu de temps avant que la relation ne vole finalement en éclats.

Si seulement vous pouviez éliminer les cycles négatifs ou destructifs, tout irait bien et la relation pourrait fleurir magnifiquement, pensez-vous. Hélas, ceci est impossible. Les polarités sont mutuellement interdépendantes. L'une ne va pas sans l'autre. Le positif comporte déjà en soi le négatif non encore manifesté. Ces deux polarités sont en fait les différents aspects d'une même dysfonction. Je parle ici de ce que l'on appelle en général les relations romantiques et non pas du véritable amour qui, lui, n'a pas d'opposé parce qu'il prend sa source au-delà du mental. L'amour en tant qu'état vécu continuellement est encore très rare, aussi rare que les êtres humains conscients. Il est cependant possible d'avoir de fugitifs et brefs aperçus de l'amour lorsqu'il y a une discontinuation dans le flot des pensées.

II est bien sûr plus facile de reconnaître comme dysfonctionnel le côté négatif d'une relation que son côté positif. Et il est également plus facile de reconnaître l'origine de la négativité chez votre partenaire que chez vous. Cette négativité peut se manifester sous bien des formes: possessivité, jalousie, contrôle, fermeture et ressentiment non exprimé, besoin d'avoir raison, insensibilité et préoccupation excessive de soi, exigences et manipulations émotionnelles, besoin de tenir tête, de critiquer, de juger, de blâmer ou d'attaquer, colère, revanche inconsciente provoquée par une blessure infligée autrefois par un parent, rage et violence physique.

Le côté positif, c'est que vous êtes amoureux de votre partenaire. Au début, cet état est profondément satisfaisant, car vous vous sentez intensément vivant. Votre existence vient soudainement de prendre toute sa signification parce que quelqu'un a besoin de vous, vous veut et vous donne l'impression d'être quelqu'un de spécial. Et c'est la même chose pour votre partenaire. Quand vous êtes ensemble, vous vous sentez complets. Ce sentiment peut atteindre une intensité telle que le reste du monde s'estompe et devient insignifiant. Par contre, vous aurez peut-être remarqué que cette intensité est teintée de besoin et de dépendance. Vous devenez dépendant de l'autre personne, qui a ainsi sur vous l'effet d'une drogue. Vous êtes au septième ciel quand la drogue est disponible, mais la seule éventualité ou pensée que cette personne ne soit plus là pour vous déclenche jalousie, possessivité, tentatives de manipulation par le chantage émotionnel, reproches, accusations et peur de perdre. Si, effectivement, votre partenaire vous quitte, ceci peut se traduire par l'hostilité la plus intense qui soit ou par le chagrin et le désespoir les plus profonds. D'un moment à l'autre, la tendresse amoureuse peut se transformer en une lutte sauvage ou en un terrible chagrin. Qu'est-il advenu de l'amour? L'amour peut-il se transformer en son opposé, la haine, en un instant? Était-ce vraiment de l'amour ou une simple dépendance vous incitant à vous accrocher désespérément?

La dépendance et la recherche de complétude

Pourquoi devenons-nous dépendants d'une autre personne?

La raison pour laquelle la relation amoureuse romantique est une expérience si intense et si universellement recherchée est la suivante: elle semble libérer les gens d'un sentiment profondément installé de peur, de besoin, de manque et d'incomplétude. Cet état émotionnel fait partie de la condition humaine dans sa phase non rachetée et non réalisée. Il comporte aussi bien une dimension physique que psychologique.

Sur le plan physique, et de toute évidence, vous n'êtes pas complet et ne le serez jamais: soit vous êtes un homme, soit vous êtes une femme. C'est-à-dire la moitié du tout. Sur ce plan-là, l'aspiration à la totalité, à la complétude, c'est-à-dire le retour à l'Un, se manifeste sous la forme de l'attraction entre sexes masculin et féminin, du besoin de l'homme d'avoir une femme et de celui de la femme d'avoir un homme. Il existe une pulsion presque irrésistible à s'unir avec l'énergie opposée ou l'autre polarité. Cette pulsion physique est d'origine spirituelle. C'est l'aspiration à mettre un terme à la dualité, à revenir à l'état de complétude. Sur le plan physique, l'union sexuelle est ce qui se rapproche le plus de cet état-là. Voilà pourquoi celle-ci est l'expérience la plus profondément satisfaisante que le plan physique puisse offrir. Mais l'union sexuelle n'est rien de plus qu'un fugace aperçu de la totalité, qu'un moment d'extase. Tant et aussi longtemps que vous recherchez inconsciemment dans l'union sexuelle votre porte de salut, vous visez à mettre fin à la dualité sur le plan de la forme, là où justement on ne peut la trouver. Il vous est donné là un aperçu fugitif et fort alléchant du paradis, mais vous n'avez pas le droit d'y rester et vous vous retrouvez de nouveau dans un corps distinct.

Sur le plan psychologique, ce sentiment de manque et d'incomplétude est certainement encore plus grand que sur le plan physique. Aussi longtemps que vous êtes identifié au mental, le sens que vous avez de votre moi provient de l'extérieur. En d'autres termes, vous vous appropriez le sens de ce que vous êtes par le biais de choses qui, en fin de compte, n'ont rien à voir avec ce que vous êtes: votre rôle social, vos possessions, votre apparence physique, vos réussites et vos échecs, vos systèmes de croyances, etc. Ce faux moi, créé par le mental, par l'ego, se sent vulnérable, peu assuré, et cherche sans arrêt de nouvelles choses auxquelles s'identifier afin de donner au mental l'impression d'exister. Mais jamais rien ne suffit à lui procurer une satisfaction durable. Sa peur perdure. Et son impression de manque et de besoin reste.

Puis cette relation si spéciale se présente. Elle semble être la réponse à tous les problèmes de l'ego et combler tous ses besoins. Du moins, c'est ainsi que les choses paraissent au début. Toutes les autres choses qui venaient vous procurer le sens que vous aviez de votre moi auparavant deviennent dorénavant relativement insignifiantes. Un seul objet d'attention remplace alors tout le reste, donne un sens à votre vie et vous permet de définir votre identité: la personne dont vous êtes amoureux. Vous n'êtes plus ce fragment isolé dans un univers hostile. C'est du moins l'impression que vous avez. Votre monde a maintenant un centre: la personne aimée. Le fait que ce centre soit à l'extérieur de vous et que, par conséquent, vous définissiez encore votre identité en fonction de quelque chose d'extérieur à vous semble tout d'abord ne pas avoir d'importance. Ce qui compte, c'est que les sentiments sous-jacents d'incomplétude, de peur, de manque et d'insatisfaction si caractéristiques de l'ego soient disparus. Le sont-ils vraiment? Se sont-ils dissipés ou existent-ils encore sous la surface de ce prétendu bonheur?

Si, dans vos relations, vous connaissez aussi bien l'amour que son opposé, c'est-à-dire l'hostilité, la violence émotionnelle, etc., il est alors fort probable que vous confondiez amour et attachement de l'ego, amour et dépendance affective. Il est impossible que vous aimiez votre partenaire à un moment et l'agressiez l'instant d'après. L'amour vrai n'a pas d'ennemi. Si votre «amour» en a un, c'est que ce n'est pas de l'amour mais plutôt un grand besoin de l'ego de se sentir plus complètement et plus profondément soi. Et ce besoin est temporairement comblé par l'autre. Pour l'ego, il s'agit d'un succédané de salut, et pendant un certain temps, cela donne presque effectivement l'impression qu'il s'agit de cela.

Mais vient un moment où votre partenaire adopte des comportements qui ne réussissent pas à combler vos besoins, ou du moins ceux de votre ego. Les sentiments de peur, de souffrance et de manque qui font intrinsèquement partie de l'ego, mais qui étaient passés à l'arrière-plan grâce à la relation amoureuse, font de nouveau surface. Comme avec toutes les autres dépendances, vous êtes au septième ciel quand vous avez de la drogue, mais vient invariablement le moment où celle-ci n'a plus d'effet sur vous. Quand ces émotions souffrantes refont surface, vous les sentez donc avec encore plus d'acuité qu'avant. Qui plus est, vous percevez maintenant votre partenaire comme étant à leur origine. Cela veut dire que vous les projetez à l'extérieur et que vous agressez l'autre avec toute la violence sauvage que votre douleur contient. Cette agressivité peut éveiller la souffrance de votre partenaire, qui contre-attaquera. Rendu à ce point-là, l'ego espère encore inconsciemment que son agressivité ou ses tentatives à vouloir manipuler constitueront une punition suffisante qui amènera l'autre à changer de comportement. Ceci lui permettra de se servir à nouveau de ces comportements pour occulter votre souffrance.

Toute dépendance naît d'un refus inconscient à faire face à votre propre souffrance et à la vivre. Celle-ci commence et finit dans la souffrance. Quelle que soit la substance à laquelle vous êtes accroché – l'alcool, la nourriture, les drogues légales ou illégales, ou bien une personne –, vous vous servez de quelque chose ou de quelqu'un pour dissimuler votre douleur. C'est pour cette raison qu'après l'euphorie initiale il y a tellement de tourments et de souffrance dans les relations intimes. Mais ces dernières n'en sont pourtant pas la cause. Elles font simplement ressortir la souffrance et le tourment qui se trouvent déjà en vous. Toutes les dépendances agissent ainsi. Toutes les dépendances atteignent un point où elles n'ont plus d'effet sur vous, vous ressentez alors la souffrance plus intensément que jamais.

D'ailleurs, la plupart des gens essaient toujours d'échapper au présent et cherchent le salut dans le futur, quel qu'il soit. La première chose sur laquelle ils pourraient buter s'ils concentraient leur attention sur le moment présent, c'est leur propre souffrance. Et c'est justement ce dont ils ont peur. Si seulement ils savaient combien il est facile de trouver dans le présent le pouvoir qui dissipe le passé et la souffrance, la réalité qui met un terme à l'illusion. Si seulement ils savaient à quel point ils sont près de leur propre réalité, de Dieu.

La réponse n'est pas non plus d'éviter les relations afin d'éviter la souffrance. Celle-ci est là de toute façon. Trois relations qui n'ont pas fonctionné en autant d'années vous amèneront fort probablement plus à vous réveiller que trois années sur une île déserte ou reclus dans votre chambre. Par contre, si vous réussissiez à être intensément présent à votre solitude, cette solution fonctionnerait peut-être pour vous.

Des relations de dépendance aux relations éclairées

Pouvons-nous transformer une relation de dépendance en une véritable relation?

Oui, c'est possible. En étant présent et en intensifiant votre présence, et en amenant votre attention davantage dans le «maintenant». Que vous viviez seul ou avec un partenaire, ceci reste la clé. Pour que l'amour puisse fleurir, la lumière de votre présence doit être suffisamment forte pour que vous ne vous laissiez plus contrôler par le penseur ou le corps de souffrance et que vous n'assimiliez plus ceux-ci à ce que vous êtes. Vous connaître comme étant l'Être derrière le penseur, le calme derrière le parasitage du mental, l'amour et la joie derrière la souffrance, c'est cela la liberté, le salut, l'illumination. Se désidentifier du corps de souffrance, c'est devenir présent à la souffrance et ainsi la transformer. Se dissocier de la compulsion à réfléchir, c'est être le témoin silencieux des pensées et des comportements, en particulier des scénarios mentaux qui se répètent et des rôles joués par l'ego.

Si vous cessez d'insuffler une existence au mental, celui-ci perd son aspect compulsif, qui est fondamentalement l'obligation de juger et, par conséquent, à résister à ce qui est. Ceci crée conflits, mélodrames et nouveaux chagrins. En fait, dès l'instant où le jugement cesse par l'acceptation de ce qui est, vous êtes libéré du mental. Vous avez fait de la place pour accueillir l'amour, la joie, la paix. En premier lieu, vous cessez de vous juger vous même, et vous arrêtez ensuite de juger votre partenaire. Le plus grand déclencheur de changement dans une relation, c'est l'acceptation totale de votre partenaire tel qu'il est, sans aucun besoin de le juger ou de le changer de façon quelconque. Cette acceptation vous transporte immédiatement au-delà de l'ego. Tous les jeux du mental et les dépendances profondes sont alors révolus. Il n'y a plus ni tyran ni victime, ni accusateur ni accusé. Ceci met aussi un terme à toutes les dépendances et au fait que vous êtes attiré par les scénarios inconscients d'une autre personne et que vous leur permettez ainsi de se perpétuer. Soit vous vous séparez dans l'amour, soit vous plongez encore plus profondément dans le présent ensemble, dans l'Être. Cela peut-il être aussi simple que ça? Oui, ça l'est.

L'amour est un état. L'amour n'est pas à l'extérieur, mais au plus profond de vous. Il est en vous et indissociable de vous à tout jamais. II ne dépend pas de quelqu'un d'autre, d'une forme extérieure. L'immobilité de la présence intérieure vous permet de sentir votre propre réalité intemporelle et sans forme, c'est-à-dire la vie non manifeste qui anime votre forme matérielle. Elle vous permet aussi de sentir cette même vie au plus profond de chaque autre être humain et de toute autre créature. Vous voyez dorénavant au-delà du voile de la forme et de la division. Ceci est la réalisation de l'unicité. Ceci est l'amour.

Qu'est-ce que Dieu? C'est la vie éternelle et omniprésente qu'abritent toutes les formes de vie. Qu'est-ce que l'amour? C'est sentir la présence de cette vie au plus profond de vous et de toutes les autres créatures. C'est être cette présence. Par conséquent, tout amour est amour divin.

L'amour n'est pas sélectif, tout comme la lumière du soleil. Il ne fait pas en sorte qu'une personne soit spéciale. L'amour n'est pas exclusif. L'exclusivité n'est pas le propre de l'amour divin, mais celui de l'ego. Par contre, l'intensité selon laquelle le véritable amour est ressenti peut varier. Il se peut qu'une personne vous reflète l'amour qui est en vous plus nettement et plus intensément que les autres. Et si cette personne ressent la même chose face à vous, on peut dire que vous êtes en relation d'amour avec elle. Le lien entre vous et cette personne est le même que celui qui existe entre vous et la personne assise à côté de vous dans l'autobus, ou que celui qui existe entre vous et un oiseau, un arbre ou une fleur. Seul diffère le degré d'intensité avec lequel vous sentez ce lien.

Même dans une relation habituellement faite de dépendance, il peut y avoir des moments où quelque chose de plus réel transparaît, quelque chose se situant au-delà de vos besoins mutuels de dépendance. Ce sont des moments où votre mental et celui de votre partenaire se calment brièvement et où le corps de souffrance se retrouve temporairement dans un état latent. Ceci peut se produire parfois quand il y a intimité des corps, quand vous assistez ensemble au miracle de la naissance, quand vous êtes en présence de la mort ou encore lorsque vous êtes gravement malade. En fait, cela survient quand quelque chose rend le mental impuissant. Quand cela arrive, votre Être, généralement enfoui sous les scories du mental, se révèle et c'est ce qui rend une vraie communication possible.

La véritable communication, c'est la communion, la réalisation de l'unicité, qui est amour. Habituellement, ces moments s'estompent rapidement, sauf si vous réussissez à rester suffisamment présent pour empêcher le mental et ses scénarios d'entrer de nouveau en scène. Dès que le mental et l'identification au mental entrent en scène, vous n'êtes plus vous-même mais seulement une image mentale de vous-même.

Vous recommencez à jouer des rôles et des petits jeux afin de combler les besoins de votre ego. Vous redevenez un mental humain, prétendant être un être humain, qui interagit avec un autre mental et joue avec lui le mélodrame de l'amour.

Bien que de brèves incursions de l'amour soient possibles, celui-ci ne peut fleurir à moins que vous ne soyez définitivement libéré de l'identification au mental et que vous soyez intensément et suffisamment présent pour avoir pu dissiper le corps de souffrance. Ou encore à moins que vous puissiez rester présent en tant qu'observateur. Ainsi le corps de souffrance ne peut plus prendre possession de vous et détruire l'amour.

Les relations en tant que pratique spirituelle

De la même manière que l'ego et toutes les structures sociales, politiques et économiques qu'il a créées entrent dans la phase finale de leur chute, les relations entre hommes et femmes reflètent le profond état de crise dans lequel l'humanité se trouve de nos jours. Comme les humains sont devenus de plus en plus identifiés à leur mental, la plupart des relations ne sont pas ancrées dans l'Être et se transforment donc en source de souffrance du fait qu'elles sont régentées par les problèmes et les conflits.

Des millions de personnes vivent actuellement seules ou en familles monoparentales parce qu'elles sont incapables d'établir une relation intime ou qu'elles ne veulent pas répéter la folie des mélodrames connus dans leurs relations passées. D'autres passent d'une relation à une autre, d'un cycle plaisir-souffrance à un autre, en quête de l'inatteignable objectif de réalisation personnelle par le biais de l'union avec la polarité énergétique opposée. Plusieurs autres encore font des compromis et persistent à vouloir rester ensemble dans une relation dysfonctionnelle au sein de laquelle prédomine la négativité. Elles le font pour les enfants, par besoin de sécurité, par habitude, par peur d'être seules ou pour tout autre avantage mutuel. Ou bien encore parce qu'elles sont inconsciemment dépendantes de l'excitation que leur procurent les mélodrames et la souffrance.

Chaque crise représente pourtant non seulement un danger mais également une occasion de transformation. Si les relations attisent et amplifient les schèmes mentaux et activent le corps de souffrance, comme c'est le cas présentement, pourquoi ne pas accepter cet état de fait au lieu d'essayer d'y échapper? Pourquoi ne pas coopérer au lieu d'éviter les relations ou de continuer à poursuivre le fantôme du partenaire idéal qui doit prétendument solutionner tous vos problèmes ou vous combler? L'occasion de transformation que comporte chaque crise ne se manifestera pas, à moins que vous ne reconnaissiez et n'acceptiez totalement tous les faits propres à une situation donnée. Aussi longtemps que vous niez les faits, que vous vous en détournez ou que vous souhaitez que les choses soient différentes, vous restez fermé à l'occasion qui se présente et continuez à être pris au piège de cette situation, qui restera telle quelle ou se détériorera.

Reconnaître et accepter les faits amène aussi un certain degré de libération par rapport à eux. Par exemple, quand vous reconnaissez qu'il y a un manque d'harmonie et que vous vous appropriez cette prise de conscience, un nouveau facteur entre en jeu grâce à celle-ci, et le manque d'harmonie ne peut rester tel quel. Quand vous reconnaissez que vous n'êtes pas en paix avec vous-même, cette reconnaissance crée une atmosphère de calme qui accueille le désaccord dans un mouvement tendre et aimant et le convertit par la suite en paix. En ce qui concerne la transformation intérieure, vous ne pouvez rien faire. Vous ne pouvez pas vous transformer vous-même à volonté, pas plus que vous ne pouvez changer votre partenaire ou quelqu'un d'autre. Tout ce que vous pouvez faire, c'est ménager un espace au sein duquel la métamorphose peut se produire, afin que la grâce et l'amour puissent venir.

Alors, chaque fois que la relation entre vous et votre partenaire ne fonctionne pas, qu'elle suscite en vous deux la «folie», réjouissez-vous, car ce qui était inconscient vient d'être amené à la lumière. C'est là une occasion d'accéder au salut. À chaque instant, appropriez-vous la reconnaissance de ce moment, en particulier celle de votre état intérieur. S'il y a de la colère, reconnaissez-là. S'il y a en vous de la jalousie, une attitude défensive, une pulsion à vouloir vous disputer, un besoin d'avoir raison, si votre enfant intérieur exige amour et attention, ou bien si vous ressentez une quelconque souffrance émotionnelle, peu importe ce que c'est, reconnaissez la réalité de ce moment et appropriez-vous-la. La relation devient alors votre *sadhana*, votre pratique spirituelle. Si vous identifiez chez votre partenaire un comportement inconscient, sachez vous approprier cette prise de conscience dans une attitude d'amour afin de ne pas réagir. L'inconscience et la reconnaissance de ce qui est ne peuvent pas cohabiter longtemps, même si la reconnaissance se produit chez l'autre et non pas chez la personne qui agit par inconscience. Pour la forme d'énergie qui soustend l'hostilité et l'agressivité, la présence de l'amour est absolument intolérable. Si vous réagissez d'une façon quelconque aux attitudes inconscientes de votre partenaire, vous devenez vous même inconscient. Mais si vous vous rappelez de reconnaître votre réaction, alors rien n'est perdu.

L'humanité subit actuellement une grande pression pour évoluer, car c'est sa seule chance de survie en tant qu'espèce. Ceci concerne tous les aspects de votre vie, en particulier les relations intimes. Jamais auparavant les relations n'ont été aussi problématiques et conflictuelles qu'elles le sont actuellement. Comme vous avez peut-être pu le remarquer, elles ne sont pas là pour vous rendre heureux ni pour vous combler. Si vous continuez à utiliser les relations pour trouver le salut, vous serez constamment déçu. Par contre, si vous acceptez qu'elles existent pour vous rendre conscient et non pas heureux, elles vous amèneront effectivement le salut et vous serez alors en harmonie avec la conscience supérieure désireuse de voir le jour dans ce monde. Pour ceux qui s'accrochent aux vieux scénarios, il y aura une intensification de la souffrance, de la violence, de la confusion et de la folie.

Je suppose qu'il faut que les partenaires soient déterminés à faire de leur relation une pratique spirituelle, ainsi que vous le suggérez. Par exemple, mon partenaire réagit encore en fonction de ses vieux schèmes comportementaux de jalousie et de contrôle. Je le lui ai fait remarquer à maintes reprises, mais il est incapable de le voir.

Combien de personnes vous faut-il pour faire de votre vie une pratique spirituelle? Peu importe que votre partenaire coopère ou pas. La conscience et la santé mentale ne peuvent advenir dans ce monde que par vous. Pas besoin d'attendre que le monde soit sensé ou que quelqu'un d'autre devienne conscient pour vous réaliser. Vous pourriez attendre indéfiniment. Ne vous accusez pas réciproquement d'être inconscients. Dès l'instant où vous commencez à vous disputer, c'est que vous venez de vous identifier à une position du mental et que vous défendez non seulement cette position mais également le sens de votre identité. C'est l'ego qui prend les choses en main, et vous tombez alors dans l'inconscience. Il est parfois approprié de faire remarquer à votre partenaire certains aspects de son comportement. Si vous restez très vigilant, très présent, vous pouvez y arriver sans faire entrer en jeu l'ego, sans proférer de reproches, sans accuser l'autre ou lui donner tort.

Lorsque votre partenaire se comporte avec inconscience, renoncez à tout jugement. Car, d'un côté, le jugement amène à associer le comportement inconscient d'une personne avec ce qu'elle est en réalité ou, de l'autre, à projeter votre propre inconscience sur l'autre personne et à prendre cette projection pour ce que cette personne est en réalité. Renoncer au jugement ne signifie pas que vous ne sachiez pas reconnaître une dysfonction ou l'inconscience quand vous les voyez. Cela veut dire que vous êtes «celui ou celle qui reconnaît» au lieu d'être «celui ou celle qui réagit» et qui juge. Vous serez alors totalement libéré de la réaction ou vous réagirez en reconnaissant que vous le faites, créant ainsi un espace ou vous observerez la réaction et lui permettrez d'être. Au lieu de vous battre contre l'obscurité, vous faites la lumière. Au lieu de réagir à l'illusion, vous la voyez et, en même temps, vous voyez en elle. Quand vous êtes celui ou celle qui reconnaît, vous ménagez un espace d'ouverture et de présence aimante qui permet à toute chose et à toute personne d'être telles qu'elles sont. Il n'existe aucun catalyseur aussi puissant que celui-ci pour aller vers la transformation. Si vous vous entraînez à agir ainsi, votre partenaire ne pourra pas rester avec vous tout en restant dans l'inconscience.

Tant mieux si vous tombez tous les deux d'accord pour faire de votre relation une pratique spirituelle. Cela vous permettra l'un l'autre d'exprimer vos pensées, vos sentiments et vos réactions aussitôt qu'ils se présentent. De la sorte, vous ne créerez pas le décalage temporel qui amène une émotion ou une doléance non exprimée ou non reconnue à s'envenimer et à grandir. Apprenez à dire ce que vous ressentez sans faire de reproches. Sachez écouter votre partenaire de façon ouverte et non défensive. Laissez-lui l'occasion de s'exprimer. Soyez présent. Accuser, attaquer, se défendre, tous ces scénarios destinés à protéger et à renforcer l'ego ou à combler ses besoins deviendront alors désuets. Il est vital de faire de la place aux autres et à soi-même. L'amour ne peut s'épanouir sans cela. Une fois que vous aurez éliminé les deux facteurs de destruction d'une relation, c'est-à-dire que le corps de souffrance sera métamorphosé et que vous ne serez plus identifié à votre mental et à ses positions, et que votre partenaire aura fait de même, vous connaîtrez tous deux l'extase que représente l'épanouissement d'une relation. Au lieu de vous refléter l'un l'autre votre souffrance et votre inconscience, au lieu de satisfaire les besoins mutuels de vos ego dépendants, vous vous refléterez l'un l'autre l'amour que vous sentez au plus profond de vous, celui qui advient avec la réalisation que vous ne faites qu'un avec le Grand Tout. Et ceci est l'amour qui n'a pas d'opposé.

Si votre partenaire est encore identifié au mental et au corps de souffrance alors que vous en êtes déjà libéré, ceci représentera un défi de taille. Non pas pour vous, mais pour votre partenaire. Il n'est pas facile de vivre avec une personne illuminée, ou plutôt, c'est si facile que l'ego trouve cela extrêmement menaçant. N'oubliez pas que l'ego a besoin de problèmes, de conflits et d'ennemis pour renforcer le sentiment de division dont dépend son identité. Le mental du partenaire qui ne s'est pas réalisé sera profondément frustré parce que plus rien ne s'opposera à ses positions fixes, ce qui voudra dire que celles-ci deviendront «chambranlantes» et affaiblies. Elles courent même le risque de «s'effondrer» complètement, ceci se traduisant par la perte du sens de soi. Le corps de souffrance exige une réaction et ne l'obtient pas. Son besoin de disputes, de mélodrames et de conflits n'est pas satisfait. Mais faites attention! Certaines personnes qui ne réagissent pas, qui sont repliées sur elles-mêmes, insensibles ou coupées de leurs émotions peuvent penser et essayer de convaincre les autres qu'elles sont illuminées ou du moins que tout va bien chez elles mais que tout va mal chez leur partenaire. Les hommes ont plus tendance que les femmes à agir de la sorte et à considérer leur partenaire comme irrationnelle ou trop émotive. Mais si vous pouvez ressentir vos émotions, c'est que vous n'êtes pas loin du corps subtil radieux qui se trouve juste en dessous. Si vous êtes principalement dans votre tête, la distance est beaucoup plus grande, car vous devez d'abord ramener la conscience dans le corps émotionnel avant de pouvoir atteindre le corps énergétique.

S'il n'émane aucune joie, aucun amour, aucune présence totale ni aucune ouverture envers tous les êtres, alors il n'y a pas illumination. L'autre signe indicateur montrant si une personne est illuminée ou non, c'est son comportement. Quand les choses vont mal, dans des situations difficiles ou placée devant un défi, comment réagit-elle? Si votre prétendue illumination n'est qu'une illusion de l'ego, alors la vie se chargera très vite de vous lancer un défi qui amènera votre inconscience à se manifester sous une forme ou une autre, soit la peur, la colère, la défensive, le jugement, la dépression, etc. Si vous êtes en relation, un grand nombre de ces épreuves se présenteront à vous par l'intermédiaire de votre partenaire. Par exemple, une femme sera mise au défi par son lien avec un partenaire fermé qui vit presque totalement dans sa tête. C'est son incapacité à l'entendre, à lui accorder de l'attention et à lui faire de la place qui constituera ce défi. Tout ceci parce qu'il manque de présence. L'absence d'amour dans la relation, généralement ressentie avec plus d'acuité par la femme que par l'homme, déclenchera des réactions dans le corps de souffrance de celle-ci, qui attaquera alors son partenaire en lui faisant des reproches, en le critiquant, en lui donnant tort, etc. Cela devient cette fois le défi du partenaire. Pour se défendre des attaques de sa compagne, qu'il considère d'ailleurs comme indues, il se retranchera davantage derrière ses positions en se justifiant. en se défendant ou en contre-attaquant. Il se peut que tout cela déclenche des réactions dans son propre corps de souffrance. Quand les deux partenaires sont totalement devenus le jouet de leur corps de souffrance, ils atteignent un profond niveau d'inconscience, de violence émotionnelle et d'agressivité sauvage. Et ainsi de suite jusqu'à ce que les corps de souffrance aient été rassasiés et retournent à un état latent. Jusqu'à la fois suivante.

Ceci n'est qu'un des scénarios parmi les multiples possibles. De nombreux ouvrages ont été écrits, et bien d'autres pourraient l'être, sur les manières dont l'inconscience ressort dans les relations entre hommes et femmes. Mais comme je l'ai mentionné plus tôt, une fois que vous avez compris l'origine du dysfonctionnement, vous n'avez pas besoin d'en explorer les innombrables manifestations.

Penchons-nous de nouveau brièvement sur le scénario que je viens d'exposer. Chacun des défis qu'il contient est en fait une occasion cachée de trouver le salut, et il est possible de se libérer de l'inconscience à chacune des étapes du processus dysfonctionnel. Par exemple, l'hostilité de la femme pourrait devenir un signal indiquant à l'homme de sortir de son identification au mental, de se réveiller et de revenir dans l'instant, d'être présent, au lieu d'être encore plus identifié à son mental, encore plus inconscient. Au lieu «d'être» le corps de souffrance, la femme pourrait reconnaître et regarder la souffrance émotionnelle qui existe en elle, ce qui lui donnerait accès au pouvoir de l'instant présent et amorcerait la métamorphose de la souffrance. Cela éliminerait la projection compulsive et automatique qu'elle dirige habituellement vers l'extérieur. Elle pourrait donc par la suite exprimer ses sentiments à son partenaire. Bien sûr, rien ne garantit qu'il écouterait, mais cela lui donnerait une bonne occasion de devenir présente et de rompre à coup sûr le cycle dément de l'incessante ronde des vieux schèmes mentaux. Si la femme rate cette occasion, l'homme pourrait alors observer ses propres réactions mentales et émotionnelles devant la souffrance de sa compagne, ses propres attitudes défensives, au lieu d'être totalement en réaction. Il pourrait ensuite observer comment son propre corps de souffrance est déclenché et ainsi conscientiser ses émotions. De cette façon, un espace ouvert et paisible de conscience pure verrait le jour, soit la reconnaissance de ce qui est, le témoin silencieux, l'observateur. Cette conscience ne nie pas la douleur mais se situe au-delà de celle-ci. Cette conscience permet à la souffrance d'être; pourtant, elle la transforme en même temps. Elle accepte tout et transforme tout. Ainsi, une porte s'ouvrirait chez la femme, lui permettant de se joindre facilement à son compagnon dans cet espace-là.

Si vous êtes constamment ou du moins généralement présent dans votre relation, ceci constituera le plus grand des défis pour votre partenaire. Il ne pourra pas tolérer votre présence très longtemps tout en restant dans l'inconscience. S'il est prêt, il empruntera la porte que vous venez de lui entrebâiller et se joindra à vous dans cet état de présence. S'il ne l'est pas, vous vous séparerez comme le font l'eau et l'huile. La lumière est trop douloureuse pour quiconque veut rester dans l'obscurité.

Pourquoi les femmes sont plus près de l'illumination que les hommes

Les obstacles sur le chemin de l'illumination sont-ils les mêmes pour les hommes que pour les femmes ?

Oui, mais de manière différente. Dans l'ensemble, il est plus facile pour une femme de sentir son corps et de l'habiter. Par conséquent, elle est naturellement plus près de l'Être et donc potentiellement plus près de l'illumination qu'un homme. C'est pourquoi de nombreuses cultures anciennes choisissaient instinctivement des personnages ou des symboles féminins pour représenter ou décrire la réalité transcendantale. Cette dernière a souvent été symbolisée par la matrice qui donne naissance à toute chose dans la création et qui la sustente et la nourrit durant sa vie en tant que forme. Dans le *Tao-tö-king* un des plus anciens et plus profonds livres jamais écrits, le tao, qui pourrait se traduire en français par « Être », est décrit comme « l'éternel et infini présent, la mère de l'univers ». Les femmes lui sont plus proches que les hommes de par leur nature puisqu'elles « incarnent » virtuellement le non-manifeste. Qui plus est, toutes les créatures et toutes les choses doivent retourner à la source. « Toutes les choses se fondent dans le tao. Seul celui-ci se perpétue. » Vu que la source est considérée comme étant de nature féminine, on attribue à cet archétype féminin les polarités de la lumière et de l'ombre à la mythologie et en psychologie. La déesse ou la divine mère a deux aspects: elle donne la vie et elle la reprend.

Lorsque la pensée prit le dessus et que les humains perdirent contact avec leur essence divine, ils se mirent à imaginer Dieu sous une forme masculine. La société devint peu à peu à dominance masculine, la femme étant soumise à celle-ci.

Je ne suggère pas un retour aux anciennes représentations du divin par les formes féminines. Certaines personnes emploient maintenant le terme « déesse » au lieu de « Dieu ». Elles rétablissent ainsi l'équilibre rompu entre le masculin et le féminin depuis très longtemps, et c'est bien ainsi. Mais ce n'est encore qu'une représentation et un concept peut-être temporairement utiles comme peuvent l'être une carte ou un panneau de signalisation. Toutefois, c'est plus un obstacle qu'autre chose quand vous êtes prêt à prendre conscience de la réalité qui existe au-delà de tout concept et de toute image. Ce qui reste vrai cependant, c'est que la fréquence énergétique de l'esprit semble essentiellement de nature masculine. L'esprit résiste, se bat pour avoir le contrôle, manipule, agresse, essaie de prendre et de posséder, etc. C'est pour cela que le Dieu traditionnel est un personnage patriarcal, une figure d'autorité qui surveille, un homme souvent en colère qui doit vous inspirer la peur, ainsi que l'Ancien Testament le suggère. Ce Dieu est une projection du mental humain.

Pour dépasser le mental et reprendre contact avec la profonde réalité de l'Être, il faut des qualités très différentes: le lâcher-prise, l'absence de jugement, l'ouverture qui permet à la vie d'être plutôt que de lui résister, la capacité de s'approprier avec amour la prise de conscience de chaque chose. Ces qualités sont toutes plus apparentées au principe féminin. Alors que l'énergie mentale est dure et rigide, l'énergie de l'Être est douce, malléable, et cependant infiniment plus puissante que le mental. C'est lui qui mène notre civilisation, alors que l'Être est à l'origine de toute vie sur notre planète et au-delà. Être est l'intelligence même dont la manifestation visible est l'univers physique. Bien que, potentiellement parlant, les femmes en soient plus proches, les hommes aussi peuvent y accéder.

À l'époque à laquelle nous vivons, la très grande majorité des hommes ainsi que les femmes sont encore pris au piège du mental, c'est-à-dire qu'ils sont identifiés au penseur et au corps de souffrance. C'est, bien sûr, ce qui empêche l'illumination de se produire et l'amour de fleurir. En règle générale, l'obstacle principal pour les hommes serait le mental et la pensée, alors que dans le cas des femmes, il s'agit habituellement du corps de souffrance. Dans certains cas particuliers par contre, cela peut être le contraire et, dans d'autres, les deux aspects seront à égalité.

Comment dissiper le corps de souffrance féminin collectif

Pourquoi le corps de souffrance est-il davantage un obstacle pour les femmes?

Dans l'ensemble, le corps de souffrance a aussi bien un aspect individuel que collectif. L'aspect individuel correspond à l'accumulation de souffrances émotionnelles endurées dans le passé par une personne. L'aspect collectif renvoie, quant à lui, à la souffrance accumulée dans la psyché humaine collective depuis des milliers d'années par la maladie, la torture, la guerre, le meurtre, la cruauté, la démence, etc. Le corps de souffrance individuel s'inscrit également dans celui du collectif. Ce dernier comporte différentes ramifications. Par exemple, certaines races ou certains pays au sein desquels des formes extrêmes de lutte et de violence se produisent ont un corps de souffrance collectif plus chargé que d'autres. Quiconque ayant un corps de souffrance chargé et pas assez de conscience pour s'en désidentifier sera non seulement continuellement ou périodiquement forcé de revivre ses souffrances émotionnelles, mais pourra également et facilement devenir l'auteur ou la victime de violence, selon son corps de souffrance à prédominance active ou passive. D'un autre côté, il est possible que de telles personnes soient potentiellement plus près de l'illumination. Bien entendu, ce potentiel n'est pas nécessairement actualisé, mais si vous êtes pris au piège d'un cauchemar infernal, vous serez probablement plus motivé à vous «réveiller» que celui qui est simplement pris dans les hauts et les bas d'un rêve ordinaire.

En dehors de son corps de souffrance personnel, chaque femme porte en elle une partie du corps de souffrance collectif féminin, à moins d'être totalement consciente. Celui-ci consiste en la souffrance accumulée par les femmes depuis des millénaires en raison de la domination masculine, de l'esclavage, de l'exploitation, du viol, de l'enfantement, de la mort des enfants, etc. La douleur émotionnelle ou physique qui, pour de nombreuses femmes, précède le cycle menstruel ou coïncide avec lui est le corps de souffrance qui, dans son aspect collectif, est alors tiré de son état latent, bien que cela puisse également se produire à d'autres occasions. Le corps de souffrance empêche la libre circulation de l'énergie vitale dans le corps, les menstruations en étant une manifestation physique. Penchons-nous un moment sur cet aspect et voyons comment il peut conduire à l'illumination.

Durant cette période, la femme est souvent et totalement prise d'assaut par le corps de souffrance. Celui-ci a une charge énergétique extrêmement puissante qui peut facilement amener quelqu'un à s'identifier inconsciemment à lui. Dans ce cas, un champ énergétique prend activement possession de vous, occupe votre espace intérieur et prétend être vous. Bien entendu, il n'est pas vous du tout. Mais il parle, agit et pense par votre intermédiaire. Il créera dans votre vie des situations négatives afin de pouvoir se sustenter avec cette énergie. Il réclame toujours plus de souffrance, sous quelque forme que ce soit. J'ai déjà décrit ce processus qui peut être vicieux et destructif. C'est de la souffrance pure provenant du passé, mais ce n'est pas vous.

Le nombre de femmes qui se rapprochent actuellement de l'état de conscience totale excède déjà celui des hommes et grandira encore plus rapidement dans les années à venir. Il se peut que les hommes les rattrapent en fin de compte, mais il y aura un décalage pendant encore un bon bout de temps entre la conscience des femmes et celle des hommes. Les femmes sont en train de retrouver la fonction qui renvoie à un droit inné leur appartenant et qui, par conséquent, leur vient plus naturellement qu'aux hommes. Cette fonction, c'est d'être le lien entre le manifeste et le non-manifeste, entre la matière et l'esprit. En tant que femme, votre principale tâche consiste à transformer le corps de souffrance afin qu'il ne puisse plus s'interposer entre vous et votre véritable moi, l'essence de ce que vous êtes. Bien entendu, vous devez également composer avec l'autre empêchement à l'illumination, nommément le mental. Mais la présence intense que vous acquérez quand vous composez avec le corps de souffrance vous libérera par la même occasion de l'identification au mental.

La première chose à ne pas oublier est la suivante: *tant et aussi longtemps que vous vous créerez une identité quelconque à partir de la souffrance, il vous sera impossible de vous en libérer*. Tant et aussi longtemps que le sens de votre identité sera investi dans la souffrance émotionnelle, vous saboterez inconsciemment toute tentative faite dans le sens de guérir cette souffrance ou y résisterez d'une manière quelconque.

Pourquoi? Tout simplement parce que vous voulez rester intact et que la souffrance est fondamentalement devenue une partie de vous. Il s'agit là d'un processus inconscient, et la seule façon de le dépasser est de le rendre conscient.

Réaliser soudainement que vous êtes ou avez été attaché à votre souffrance peut être la cause d'un grand choc. Mais dès l'instant où cette prise de conscience a lieu, l'attachement est rompu. Un peu comme une entité, le corps de souffrance est un champ énergétique qui se loge temporairement à l'intérieur de vous. C'est de l'énergie vitale qui est prise au piège et ne circule plus. Bien entendu, le corps de souffrance existe en raison de certaines choses qui se sont produites dans le passé. C'est le passé qui vit en vous, et si vous vous identifiez au corps de souffrance, vous vous identifiez par la même occasion au passé. L'identité de victime est fondée sur la croyance que le passé est plus puissant que le présent, ce qui est contraire à la vérité. Que les autres et ce qu'ils vous ont fait sont responsables de ce que vous êtes maintenant, de votre souffrance émotionnelle ou de votre incapacité à être vraiment vous-même. La vérité, c'est que le seul pouvoir qui existe est celui propre à l'instant présent: c'est le pouvoir de votre présence à ce qui est. Une fois que vous savez cela, vous réalisez également que vous-même et personne d'autre êtes maintenant responsable de votre vie intérieure et que le passé ne peut pas l'emporter sur le pouvoir de l'instant présent.

L'identification au corps de souffrance vous empêche donc de composer avec lui. Certaines femmes ayant déjà suffisamment de conscience pour avoir mis de côté leur identité de victime sur le plan personnel s'accrochent tout de même encore à l'identité de victime sur le plan collectif en prononçant des phrases du genre «ce que les hommes ont fait aux femmes». Elles ont raison, mais elles ont également tort. Elles ont raison en ce sens que le corps de souffrance féminin collectif est dû en grande partie à la violence que les hommes ont infligée aux femmes et à la répression du principe féminin sur toute la planète depuis des millénaires. Elles ont tort si elles s'identifient à ce fait et se maintiennent ainsi emprisonnées dans une identité collective de victime. Si une femme est encore déchirée par la colère, le ressentiment ou la condamnation, c'est qu'elle s'accroche encore à son corps de souffrance. Ceci peut probablement lui procurer un sens d'identité réconfortant, un sens de solidarité féminine, mais cela continue à faire d'elle l'esclave du passé et l'empêche d'avoir pleinement accès à son essence et à son véritable pouvoir. Si les femmes se coupent des hommes, cela génère une sensation de division et donc un renforcement de l'ego. Et plus l'ego est fort, plus vous vous éloignez de votre vraie nature.

Alors, n'utilisez pas votre corps de souffrance pour vous donner une identité quelconque. Utilisez-le plutôt pour vous réaliser. Transformez-le en conscience. Et un des meilleurs moments pour le faire, c'est pendant les menstruations. À mon avis, dans les années à venir, de nombreuses femmes accéderont à la conscience totale durant cette période. Pour beaucoup d'entre elles, c'est généralement une période d'inconscience parce qu'elles sont prises d'assaut par le corps de souffrance collectif des femmes. Cependant, une fois que vous avez atteint un certain degré de conscience, vous pouvez renverser ce phénomène et, au lieu de devenir inconsciente, être encore plus consciente. J'ai déjà expliqué ce processus, mais laissez-moi y revenir de nouveau, cette fois-ci en mettant l'accent sur le corps de souffrance collectif des femmes.

Lorsque vous savez que vos menstruations approchent, avant même de ressentir les signes avant-coureurs de cette tension prémenstruelle, c'est-à-dire l'éveil du corps de souffrance collectif des femmes, restez très vigilante et habitez votre corps aussi totalement que possible. Quand le premier signe fait son apparition, soyez suffisamment alerte pour « l'attraper » avant qu'il ne prenne le dessus. Par exemple, ce pourrait être une soudaine et forte irritation, un éclair de colère ou encore un symptôme de nature purement physique. Quel que soit ce premier signe, saisissez-le avant qu'il ne prenne le contrôle de vos pensées ou de votre comportement. Autrement dit, dirigez toute votre attention sur lui. S'il s'agit d'une émotion, sentez la forte charge énergétique qui l'anime et sachez qu'il s'agit du corps de souffrance. En même temps, soyez celle qui reconnaît ; soyez consciente de votre présence et sentez-en la force. Toute émotion éclairée par votre présence se dissipera promptement et se transformera. S'il s'agit d'un symptôme purement physique, l'attention que vous lui accorderez l'empêchera de devenir une émotion ou une pensée. Restez vigilante et attendez que se présente le prochain signe du corps de souffrance. Quand il apparaît, saisissez-le encore une fois comme vous l'avez fait auparavant.

Par après, quand le corps de souffrance est totalement sorti de son état latent, il se peut que vous ressentiez un certain tumulte en vous pendant un bout de temps, peut-être même pendant quelques jours. Quelle que soit la forme que cela prend, restez présente. Accordez-lui votre attention totale. Observez le tumulte en vous. Reconnaissez qu'il est là. Appropriez-vous cette reconnaissance et imprégnez-vous-en. Et rappelez-vous! le corps de souffrance ne doit pas se servir de votre esprit et prendre le contrôle de vos pensées. Observez-le. Sentez son énergie directement à l'intérieur de votre corps. Comme vous le savez, attention totale égale acceptation totale. Par conséquent, quand il y a attention soutenue et donc acceptation, il y a transformation. Le corps de souffrance se métamorphose donc en conscience radieuse, tout comme une bûche qui, placée dans ou près d'un feu, devient feu elle-même. Les menstruations seront alors non seulement l'heureuse et satisfaisante expression de votre féminité, mais aussi un moment sacré de transformation, un moment où vous donnerez naissance à une nouvelle conscience. Votre véritable nature peut alors rayonner, aussi bien dans l'aspect féminin de la Déesse que dans l'aspect transcendantal de l'Être divin que vous êtes au-delà de la dualité féminin-masculin.

Si votre partenaire est suffisamment conscient, il peut vous aider quand vous tentez de mettre en pratique ce que je viens de vous décrire. Comment? En se maintenant, particulièrement pendant cette période, sur la fréquence de la présence intense. S'il reste présent lorsque vous retombez dans l'identification au corps de souffrance, ce qui pourra survenir au début, vous réussirez à vous joindre rapidement à lui dans cet état de présence. En d'autres termes, lorsque le corps de souffrance prendra temporairement le dessus, que ce soit pendant les menstruations ou à d'autres moments, votre partenaire ne confondra pas celui-ci avec ce que vous êtes en réalité. Même si le corps de souffrance l'agresse, ce qu'il fera probablement, il ne réagira pas comme si c'était vous, ne se fermera pas et ne se mettra aucunement sur la défensive. Il saura se maintenir dans l'espace de la présence intense. La transformation n'exige rien d'autre que cela. À d'autres moments, ce sera vous qui saurez faire de même pour lui et l'aiderez à se dégager du mental et à ramener son attention dans l'ici-maintenant quand il se retrouvera identifié à ses pensées.

Ainsi, il s'installera entre vous un champ énergétique permanent d'une fréquence pure et élevée. Aucune illusion, aucune souffrance, aucun conflit, rien de ce qui n'est pas vous et rien de ce qui n'est pas amour ne peut y survivre. Ceci représente l'accomplissement du divin, la raison d'etre de votre relation sur le plan transpersonnel. Cette énergie devient un vortex de conscience par lequel bien d'autres personnes seront attirées.

Renoncez à la relation que vous entretenez avec vous-même

Quand on est pleinement conscient, a-t-on encore besoin d'être en relation? Un homme se sent-il alors encore attiré par une femme? Une femme se sent-elle encore incomplète sans un homme?

Illuminé ou pas, vous êtes soit un homme, soit une femme. Donc, sur le plan de l'identité par la forme, vous n'êtes pas complet. Vous êtes la moitié d'un tout. Cette incomplétude se fait sentir sous la forme de l'attirance homme-femme, l'attirance vers la polarité énergétique opposée, peu importe le niveau de conscience. Mais quand vous êtes en état d'harmonie intérieure, vous ressentez que cette fascination se produit plutôt à la périphérie de votre vie et non dans le centre. D'ailleurs, quand vous êtes dans cet état de conscience réalisée, tout ce qui vous arrive se ressent à la périphérie. Le monde entier ne semble plus qu'ondulations ou vagues à la surface d'un vaste et profond océan. Vous êtes cet océan, mais vous êtes aussi une vague qui a réalisé sa véritable identité comme étant celle de l'océan. Et comparativement à l'immensité et à cette profondeur, le monde des ondulations et des vagues n'est pas si important que ça.

Ceci ne veut pas dire que vous n'entrez pas profondément en relation avec les autres ou avec votre partenaire. En fait, vous ne pouvez y arriver que si vous êtes conscient de l'Être. Comme vous «fonctionnez» à partir de l'Être, vous pouvez voir au-delà du voile qu'est la forme. Chez l'Être, masculin et féminin ne font plus qu'un. Il se peut que la forme ait certains besoins, mais l'Être, lui, n'en a point. Il est en soi complet et entier. Si les besoins de la forme sont comblés, tant mieux. Mais qu'ils le soient ou pas, cela ne fait aucune différence pour votre état intérieur profond. Il est donc parfaitement possible chez une personne réalisée, si le besoin de contacter la polarité féminine ou masculine n'est pas comblé, de sentir un manque ou une incomplétude à la périphérie de son être et d'être en même temps totalement complète, comblée et intérieurement en paix.

Quand on cherche à se réaliser, le fait d'être homosexuel est-il un avantage ou un désavantage, ou cela ne fait-il aucune différence?

Quand vous approchez de l'âge adulte, l'incertitude par rapport à votre sexualité et à la réalisation subséquente que vous êtes «différent» des autres peut vous forcer à vous dissocier des conditionnements sociaux intellectuels et comportementaux, et à vous en désidentifier. Ceci amènera automatiquement votre niveau de conscience à dépasser celui de la majorité inconsciente qui avale sans se questionner les conditionnements qui lui ont été laissés en héritage. Dans ce cas, le fait d'être homosexuel peut aider. Le fait d'être en quelque sorte un étranger, quelqu'un qui ne cadre pas avec les autres et qui se fait rejeter par eux pour une raison ou une autre, rend la vie difficile, mais cela vous avantage en ce qui concerne l'illumination. Presque par la force des choses, cela vous fait sortir de l'inconscience.

D'un autre côté, si vous établissez le sens de votre identité à partir de votre homosexualité, vous êtes sorti d'un piège pour tomber dans un autre. Vous jouerez des jeux et des rôles qui vous seront dictés par l'image mentale que vous vous faites de vous-même en tant qu'homosexuel. Vous ne serez plus réel, et sous le masque de l'ego vous serez très malheureux. Si c'est votre cas, alors le fait d'être homosexuel sera devenu un obstacle. Mais vous avez toujours une seconde chance, bien sûr. Le tourment aigu peut s'avérer un grand éveilleur de conscience.

N'est-il pas vrai que l'on a besoin d'entretenir une bonne relation avec soi et de s'aimer soi-même avant de pouvoir établir une relation satisfaisante avec une autre personne ?

Si vous ne réussissez pas à vous sentir bien avec vous-même quand vous êtes seul, vous chercherez à établir une relation avec une autre personne pour masquer le malaise. Mais vous pouvez être sûr que le malaise refera surface sous une forme ou une autre dans la relation et que vous en rendrez probablement votre partenaire responsable.

Tout ce dont vous avez vraiment besoin, c'est d'accepter totalement l'instant présent. Vous êtes alors bien dans l'ici-maintenant et avec vous-même.

Mais avez-vous absolument besoin d'être en relation avec vous-même? Pourquoi ne pouvez-vous être simplement vous-même? Quand vous êtes en relation avec vous-même, vous êtes divisé: d'un côté, il y a le «je» et de l'autre, le «moi-même», soit le sujet et l'objet. Cette dualité créée de toute pièce par le mental est la cause de toute complexité superflue, de tous les problèmes et conflits qui surgissent dans votre vie. Quand vous êtes réalisé, vous êtes vous-même. Autrement dit, le «vous» et le «vous-même» ne font plus qu'un. Vous ne vous jugez pas, vous ne vous prenez pas en pitié, vous n'êtes pas fier de vous, vous ne vous aimez pas, vous ne vous détestez pas, etc. La division causée par la conscience qui revient sur elle-même est résorbée, et sa malédiction, éliminée. Il n'y a plus de «moi» à protéger, à défendre ou à sustenter. Quand vous êtes réalisé, vous n'entretenez plus cette relation avec vous-même. Une fois que vous y avez renoncé, toutes les autres relations deviennent des relations d'amour.

CHAPITRE NEUF

Au-delà du bonheur et du tourment : la paix

Au-delà du bien et du mal : le bien supérieur

Y a-t-il une différence entre bonheur et paix intérieure ?

Oui. Le bonheur dépend de conditions perçues comme étant positives, pas la paix intérieure.

N'est-il pas possible d'attirer à soi seulement des circonstances positives? Si notre attitude et nos pensées étaient toujours positives, nous pourrions créer seulement des situations et des événements positifs, n'est-ce pas ?

Savez-vous vraiment ce qui est positif et ce qui est négatif? Avez-vous une vue d'ensemble de la chose? Pour un grand nombre de gens, les limites, l'échec, la perte, la maladie ou la souffrance sous quelque forme que ce soit se sont avérés leurs plus grands maîtres. Ils leur ont appris à laisser tomber les fausses images de soi et les objectifs et désirs édictés par l'ego superficiel. Ils leur ont donné profondeur, humilité et compassion. Ils les ont rendus plus vrais.

Quand une situation négative se présente, une leçon est profondément cachée en elle, bien que vous ne puissiez pas la voir à ce moment-là. Même une petite maladie ou un accident peuvent vous faire voir ce qui est réel et ce qui ne l'est pas dans votre vie, ce qui en fin de compte a de l'importance ou n'en a pas.

Considérées sous l'angle d'une perspective supérieure, les circonstances de la vie sont toujours positives. Pour être plus précis, elles ne sont ni positives ni négatives. Elles sont ce qu'elles sont. Et lorsque vous vivez en acceptant complètement ce qui est – seule façon saine de vivre –, il n'y a plus ni «bien» ni «mal» dans votre vie. Il y a seulement le bien supérieur, qui contient également le «mal». Si l'on examine les choses du point de vue du mental, par contre, on trouve les opposés bien-mal, plaire-déplaire, aimer-haïr. D'où l'affirmation, dans le livre de la Genèse, qu'Adam et Ève n'avaient plus la permission de demeurer au «paradis» après «s'être nourris de l'arbre de la connaissance du bien et du mal».

Ce que vous dites me semble de la dénégation et de l'aveuglement. Quand quelque chose de terrible m'arrive ou advient à un de mes proches – un accident, une maladie, une souffrance quelconque ou la mort –, je ne peux prétendre que rien de mal ne se passe, puisque quelque chose de mal survient effectivement. Alors pourquoi le nier?

Il n'y a pas à prétendre quoi que ce soit. Il faut seulement permettre à ce qui est d'être. C'est tout. Cette attitude, ce «permettre d'être», vous aide à dépasser le mental ainsi que tous les scénarios de résistance qui créent les polarités positif-négatif. Ceci constitue un aspect essentiel du pardon. Pardonner dans le présent est encore plus important que pardonner le passé. Si vous le faites à chaque instant – c'est-à-dire si vous permettez au présent d'être tel qu'il est –, aucune accumulation de ressentiment n'aura à être pardonnée plus tard.

N'oubliez pas que nous ne parlons pas de bonheur ici. Par exemple, quand un être cher vient de mourir ou que vous sentez votre propre mort approcher, vous ne pouvez pas être heureux. C'est impossible. Par contre, vous pouvez être en paix. La tristesse et les larmes seront là, mais si vous avez renoncé à la résistance, vous sentirez sous cette tristesse une profonde sérénité, un calme, une présence sacrée. Ceci est la paix intérieure, l'émanation même de l'Être, le bien qui n'a pas de contraire.

Et si c'est une situation où je peux faire quelque chose? Comment lui permettre à la fois d'être telle qu'elle est et la changer?

Faites de votre mieux tout en acceptant ce qui est. Comme le mental est synonyme de résistance, l'acceptation vous libère immédiatement de la domination du mental et vous remet en contact avec l'Être. De ce fait, cesseront les motivations habituelles de l'ego pour passer à l'action, c'est-à-dire la peur, la cupidité, le contrôle, la défense de soi et la sustentation du faux sens de soi. Une intelligence bien plus grande que le mental prend alors les choses en main et une qualité différente de conscience transparaîtra alors dans ce que vous ferez.

«Accepte tout ce qui vient à toi et qui est tissé dans la trame de ta destinée, car quoi d'autre pourrait convenir le mieux à tes besoins?» Cette phrase a été écrite il y a plus de deux mille ans par Marc Aurèle, un de ces très rares humains à avoir détenu pouvoir mondain et sagesse innée.

Il semblerait que la plupart des gens doivent connaître la souffrance de façon répétitive avant de pouvoir renoncer à la résistance et de trouver l'acceptation, c'est-à-dire avant d'être capables de pardonner. Dès qu'ils y réussissent, le plus grand des miracles se produit: l'Être-conscience s'éveille grâce à ce qui semble être le mal, la souffrance se métamorphose en paix intérieure. Tout le mal et la souffrance qui existent dans le monde auront ultimement comme effet de forcer les êtres humains à prendre conscience de ce qu'ils sont au-delà du nom et de la forme. Ce que nous percevons donc comme mal selon notre vision limitée appartient en réalité au bien supérieur qui n'a pas de contraire. Cependant, ceci ne s'avère pas exact pour vous si vous ne pardonnez pas. À moins qu'il n'y ait pardon, le mal n'est pas racheté et reste par conséquent le mal.

Quand on pardonne, ce qui veut essentiellement dire que l'on reconnaît le caractère irréel du passé et que l'on permet au présent d'être tel qu'il est, une transformation miraculeuse advient non seulement en nous mais aussi en dehors de nous. Un espace d'intense présence silencieuse voit le jour en nous et autour de nous. N'importe qui ou n'importe quoi entrant dans ce champ de conscience sera marqué par lui, parfois visiblement et immédiatement, parfois à un niveau profond, les changements survenant plus tard. Vous pouvez dissoudre le désaccord, guérir la souffrance et dissiper l'inconscience sans faire quoi que ce soit, seulement en étant et en maintenant la fréquence vibratoire de l'intense présence.

La fin du mélodrame émotionnel dans votre vie

Dans cet état d'acceptation et de paix, peut-il tout de même se produire dans votre vie quelque chose que l'on tiendrait pour «mal» d'un point de vue d'une conscience ordinaire, même si vous-même ne le qualifiez pas ainsi?

La plupart des choses dites mauvaises qui arrivent dans la vie des gens sont le résultat de l'inconscience. Elles sont créées par les gens, ou plutôt par leur ego. Je fais parfois référence à cela en employant le terme «mélodrame». Quand vous êtes totalement conscient, le «mélodrame» disparaît de votre vie. Laissez-moi rapidement vous rappeler comment l'ego fonctionne et comment il crée ce «mélodrame».

L'ego, c'est l'aspect du mental qui mène votre vie quand vous n'êtes pas la présence consciente, l'observateur, le témoin. Il se perçoit comme un fragment isolé dans un univers hostile n'ayant aucun véritable lien intime avec aucun autre être et étant entouré d'autres ego qu'il considère comme une menace potentielle ou qu'il tentera d'utiliser à ses propres fins. Les structures fondamentales de l'ego lui servent à lutter contre sa propre peur, profondément ancrée, et son sentiment de manque. Ces fondements sont la résistance, le contrôle, le pouvoir, la cupidité, la défensive, l'hostilité. Certaines des stratégies de l'ego sont extrêmement rusées. Malgré cela, elles ne résolvent jamais vraiment aucun de ses problèmes pour la simple raison que l'ego est lui-même le problème.

Quand deux ou plusieurs ego se retrouvent ensemble, que ce soit dans le cadre d'une relation intime, dans des organismes ou des institutions, des choses que l'on pourrait qualifier de «mal» se produisent tôt ou tard: le mélodrame se manifeste sous la forme de conflits, de problèmes, de rapports de force, de violence émotionnelle ou physique, etc. Ceci comprend également le mal collectif comme la guerre, le génocide et l'exploitation, qui sont tous le résultat d'une inconscience de masse. Par ailleurs, de nombreuses sortes de maladie sont le produit de la perpétuelle résistance de l'ego, qui occasionne des restrictions et des blocages du flot de l'énergie dans le corps. Lorsque vous vous remettez en contact avec l'Être et que vous n'êtes plus contrôlé par votre mental, vous arrêtez de créer ces choses. Vous ne créez plus de mélodrame et n'y prenez plus part non plus.

Donc, quand deux ou plusieurs ego se rassemblent, il en résulte toujours une sorte de mélodrame. Mais, même si vous vivez dans la plus grande solitude, le mélodrame est encore là. Lorsque vous vous prenez en pitié, par exemple, c'est du mélodrame.

Quand vous vous sentez coupable ou anxieux, cela fait aussi partie de votre mélodrame. Si vous laissez le passé ou le futur venir masquer le présent, vous créez le temps psychologique, cette chose qui donne naissance au mélodrame. À tout moment, lorsque vous ne faites pas honneur à l'instant présent en le laissant être, c'est que vous êtes en plein mélodrame.

La plupart des gens adorent leur mélodrame personnel, car leur histoire constitue leur identité. Leur ego mène leur vie. Leur identité tout entière y est investie. Même la quête qu'ils mènent – en général infructueuse – pour trouver une réponse, une solution ou la guérison émane de l'ego. Ce qu'ils craignent le plus et ce à quoi ils résistent le plus, c'est la fin de leur mélodrame personnel. Aussi longtemps qu'ils sont leur mental, ce qu'ils redoutent et ce à quoi ils résistent le plus, c'est leur propre éveil.

Lorsque vous vivez en acceptant totalement ce qui est, vous signez l'arrêt de mort du mélodrame dans votre vie. Plus personne ne peut se disputer avec vous, même en se donnant le plus de peine possible. Il est impossible de se disputer avec une personne qui est dans la conscience totale. Car une dispute implique qu'il y a identification au mental et à ses positions, ainsi que de la résistance et des réactions aux positions de l'autre. Ce qui a pour effet d'énergiser les polarités contraires, c'est le mécanisme de l'inconscience. Quand vous acceptez totalement ce qui est, vous pouvez quand même exprimer le fond de votre pensée clairement et fermement, mais il n'y aura derrière celle-ci aucune charge réactive, pas d'attitude défensive ou hostile. Ainsi l'échange ne se transformera pas en mélodrame. Quand vous êtes totalement conscient, vous cessez d'être en conflit. Dans *Un cours en miracles*, il est mentionné ce qui suit: «La personne qui ne fait qu'un avec elle-même ne peut ne serait-ce que concevoir le conflit.» Ceci ne fait pas seulement référence aux conflits avec les autres mais renvoie plus essentiellement aux conflits qui existent en vous et qui disparaissent dès qu'il n'y a plus d'antagonisme entre les demandes et les attentes de l'ego, et ce qui est.

Les cycles de la vie et l'impermanence des choses

Aussi longtemps que vous existez dans la dimension physique et que vous êtes relié à la psyché humaine collective, la douleur physique est possible, bien que rare. Mais il ne faut pas la confondre avec la souffrance mentale et émotionnelle. Toute souffrance émane de l'ego et résulte de la résistance. Par ailleurs, tant que vous êtes dans cette dimension-ci, vous êtes toujours soumis à sa nature cyclique et à la loi de l'impermanence des choses. La seule différence, c'est que vous ne percevez plus cela comme un «mal», mais seulement comme quelque chose qui est.

En permettant à l'être-là de toute chose d'exister, une dimension plus profonde se cachant derrière le jeu des polarités se révèle à vous sous la forme d'une sensation durable de présence, d'un immuable et profond calme, d'une joie spontanée qui dépasse le bien et le mal. Ceci est la joie de l'Être, la paix divine.

En ce qui a trait à la forme, il y a la naissance et la mort, la création et la destruction, la croissance et la décrépitude des objets apparemment dissociés les uns des autres. Ceci se retrouve partout: dans le cycle de vie d'une étoile ou d'une planète, dans un corps physique, un arbre, une fleur, dans l'ascension et la chute des nations, dans les systèmes politiques, les civilisations et les inévitables cycles du gain et de la perte, du succès et de l'échec présents dans la vie d'une personne.

Il y a les cycles de succès au cours desquels tout semble vous sourire et bien aller, et les cycles de l'échec quand tout ce que vous avez entrepris s'étiole et se désintègre et que vous devez tout laisser aller afin de faire place à la nouveauté ou à la transformation. Si vous vous accrochez et résistez à ce moment-là, cela veut dire que vous refusez de suivre le courant de la vie, et vous en souffrirez.

Il n'est pas juste d'affirmer que le cycle de l'évolution est bon et celui de l'involution, mauvais, sauf dans le jugement de l'esprit. En général. on considère l'évolution comme positive. Mais rien ne peut croître éternellement. Si cela devait être, imaginez un peu la monstruosité et la destructivité qui en résulteraient en bout de ligne. L'involution est nécessaire pour qu'une nouvelle croissance puisse se produire. L'une ne peut exister sans l'autre.

Le cycle de l'involution est absolument essentiel à la réalisation spirituelle. Vous devez avoir connu un grand échec sur un certain plan, une grande perte ou une profonde souffrance pour que la dimension spirituelle vous interpelle. Ou peut-être est-ce le succès lui-même qui a perdu son sens, devenant ainsi un échec? Derrière tout succès, il y a l'échec et derrière tout échec, le succès. Dans ce monde-ci, c'est-à-dire sur le plan de la forme, tout le monde «échoue» tôt ou tard bien entendu et tout accomplissement revient éventuellement au rien. Aucune forme n'est permanente.

Dans un état de conscience réalisée, vous êtes toujours actif et prenez plaisir à créer de nouvelles formes et circonstances, mais vous n'êtes pas identifié à elles. Telle est la différence. Vous n'avez pas besoin d'elles pour trouver le sens de votre moi. Elles ne constituent pas votre vie, seulement vos conditions de vie.

Votre énergie physique subit elle aussi la loi des cycles. Elle ne peut pas toujours être à son maximum. Il y a des moments où l'énergie est basse et d'autres où l'énergie est haute. Il y a des moments où vous êtes très actif et créatif, mais il y en a probablement d'autres où tout semble stagner, où vous avez l'impression de ne plus avancer, de ne rien accomplir. Un cycle peut durer de quelques heures à plusieurs années. Et dans les cycles longs, des cycles plus courts s'intercalent. De nombreuses maladies proviennent de la résistance aux cycles où l'énergie est basse, cycles pourtant essentiels à la régénération. La compulsion à passer à l'action et la tendance à vouloir tirer le sens de votre valeur personnelle et de votre identité de facteurs externes comme l'accomplissement, constituent une illusion inévitable aussi longtemps que vous restez identifié au mental. Et c'est précisément cette identification qui rend l'acceptation des cycles bas difficile. Sans parler de les laisser être. Par conséquent, et comme mesure d'auto-protection, l'intelligence innée de l'organisme prendra les choses en main et créera une maladie pour vous obliger à vous arrêter, afin que la régénération nécessaire à l'organisme puisse s'opérer.

La nature cyclique de l'univers et l'impermanence de toute chose et de toute situation sont deux éléments intimement liés. Bouddha en fit le fondement de son enseignement. Toutes les circonstances sont extrêmement instables et en constant mouvement. Ainsi qu'il le dit, «l'impermanence est la caractéristique même de toute circonstance, de toute situation que vous connaîtrez dans votre vie». Une situation se modifiera, disparaîtra ou ne vous satisfera plus. L'impermanence constitue également le fondement de l'enseignement de Jésus: «N'amassez pas sur cette terre des trésors où les mites et la rouille détruisent, où les voleurs entrent et dérobent...»

Aussi longtemps que vous qualifiez mentalement une situation de bonne, qu'il s'agisse d'une relation, d'une possession, d'un rôle social, d'un lieu ou de votre corps physique, votre mental s'y attache et s'identifie à elle. Cette situation vous rend heureux, vous fait vous sentir bien en vous-même et peut même devenir en partie ce que vous êtes ou pensez être. Mais rien ne dure dans cette dimension où les mites et la rouille détruisent. Soit les choses se terminent, soit elles changent. Ou bien encore elles subissent une inversion de polarité: la situation qui était positive hier ou l'an passé est soudainement ou graduellement devenue négative. La même situation qui vous comblait alors de bonheur, vous rend maintenant malheureux. La prospérité d'aujourd'hui devient la course à la consommation vide de demain. Les heureuses célébration nuptiale et lune de miel cèdent la place aux tourments du divorce ou de la coexistence malheureuse. Ou bien alors une situation donnée prend fin et c'est son absence qui vous rend triste. Quand une circonstance ou une situation à laquelle l'esprit s'est attaché et identifié se modifie ou prend fin, l'esprit ne peut pas l'accepter. Il voudra s'y accrocher et résistera au changement, comme si on lui arrachait un bras ou une jambe.

On entend souvent parler de gens qui se sont suicidés parce qu'ils ont été ruinés ou que leur réputation a été ternie. Il s'agit de cas extrêmes. D'autres, quand ils encourent une grande perte, deviennent profondément malheureux ou se rendent malades. Ils ne savent pas faire la différence entre leur vie et leurs conditions de vie. Récemment, j'ai lu un texte au sujet d'une actrice célèbre morte vers l'âge de quatre-vingt-dix ans. Quand sa beauté commença à s'estomper et à flétrir, elle devint peu à peu désespérément malheureuse et s'isola du monde. Elle aussi s'était identifiée à une circonstance, dans ce cas son apparence physique. En premier lieu, cette circonstance la rendit heureuse, puis ensuite malheureuse. Si elle avait su entrer en contact avec l'essence intemporelle et sans forme qui était en elle, elle aurait pu observer le flétrissement de sa forme physique avec un esprit empreint de sérénité et de paix intérieure. Qui plus est, sa forme aurait de plus en plus laissé transparaître la lumière de sa véritable nature sans âge. Sa beauté ne se serait donc pas vraiment fanée; elle se serait plutôt transformée en beauté spirituelle. Personne cependant ne lui avait dit que c'était possible. Le savoir le plus essentiel n'est pas encore accessible à la vaste majorité.

Selon Bouddha, le bonheur est *dukkha*, un terme pali qui signifie «souffrance» ou «insatisfaction». Il est inséparable de son contraire. Ceci veut donc dire que le bonheur et le malheur ne font qu'un. Seule l'illusion du temps les sépare.

Raisonner ainsi n'est pas être négatif. C'est simplement reconnaître la nature des choses afin que vous ne couriez pas derrière une illusion le reste de votre vie. Cela ne sous-entend pas non plus que vous ne devriez plus apprécier les belles choses de la vie. Mais essayer de trouver en elles quelque chose qu'elles ne peuvent vous procurer – une identité, un sentiment de permanence et de complétude – reste le moyen le plus sûr de connaître la frustration et la souffrance. L'industrie publicitaire entière et la société de consommation s'écrouleraient si tous les gens étaient «éveillés» et ne cherchaient plus leur identité dans les objets. Plus vous cherchez le bonheur de cette manière, plus il vous échappera. Rien dans ce monde-ci ne vous satisfera, si ce n'est de façon temporaire et superficielle. Mais il vous faudra peut-être connaître de nombreuses déceptions avant de prendre conscience de cela. Les objets et les circonstances peuvent certes vous procurer du plaisir, mais certainement aussi de la souffrance. Ils peuvent sans doute vous apporter du plaisir, mais sûrement pas de la joie. En fait, il n'y a rien qui puisse vous donner un tel sentiment. La joie n'est provoquée par rien, car elle émane de l'intérieur comme étant la joie de l'Être. Elle fait fondamentalement partie de l'état de paix intérieure que l'on qualifie de paix divine. C'est votre état naturel inné et non pas quelque chose qu'il vous faut atteindre en jouant des coudes ou en vous démenant.

Beaucoup de gens ne prennent jamais conscience qu'il ne peut y avoir de «salut» dans ce qu'ils font, possèdent ou réussissent. Ceux qui le réalisent perdent leurs illusions et dépriment: si rien ne peut vraiment vous combler, que reste-t-il qui vaille la peine de se démener et à quoi bon tout cela? Le prophète de l'Ancien Testament avait dû en arriver à comprendre cela pour écrire: «J'ai vu tout ce qui se fait sous le soleil et, regardez, tout n'est que vent et vanité.» Quand vous atteignez ce point, vous n'êtes qu'à un pas du désespoir et, par la même occasion, à un pas de l'illumination.

Un jour, un moine bouddhiste m'a dit ceci: «Tout ce que j'ai appris en vingt ans de vie monacale peut se résumer à une phrase: ce qui advient finit par passer. Ça je le sais.» Bien sûr, ce qu'il entendait par là se résume à ceci: j'ai appris à n'offrir aucune résistance à ce qui est, à laisser le moment présent être tel qu'il est et à accepter la nature impermanente de toute chose et de toute circonstance. J'ai donc trouvé la paix.

Quand on n'offre aucune résistance à la vie, on se retrouve dans un état de grâce et de bien-être. Et cet état ne dépend plus des circonstances, bonnes ou mauvaises. Cela peut sembler presque paradoxal. Pourtant, lorsque vous êtes intérieurement libéré de votre dépendance à la forme, les conditions générales de votre vie, c'est-à-dire les formes extérieures, tendent à s'améliorer grandement. Les choses, les gens ou les circonstances dont vous pensiez avoir besoin pour être heureux vous arrivent sans que vous jouiez des coudes ou ayez à fournir d'efforts. Et aussi longtemps qu'ils sont là, vous êtes libre de les goûter et de les apprécier. Tout cela prendra fin bien sûr, les cycles viendront et iront, mais la peur de perdre ne sera plus là puisque la dépendance aura disparu. Et la vie se met alors à couler facilement.

Le bonheur qui provient d'une source secondaire quelconque n'est jamais bien profond. Ce n'est qu'un pâle reflet de la joie de l'Être, de l'intense paix que vous trouvez en vous quand vous ne résistez plus. Être vous transporte au-delà des contraires polarisés du mental et vous libère de votre dépendance aux formes. Même si tout venait à s'écrouler et à être réduit en miettes autour de vous, vous sentiriez toujours ce profond noyau de paix intérieure. Vous ne seriez peut-être pas heureux, mais en paix.

Comment utiliser la négativité et y renoncer

Toute résistance intérieure se vit comme de la négativité, sous une forme ou une autre. Toute négativité est résistance. Dans ce contexte, les deux termes sont presque synonymes. La négativité va de l'irritation ou de l'impatience à la colère féroce, d'une humeur dépressive ou d'un sombre ressentiment au désespoir suicidaire. Parfois, la résistance déclenche le corps de souffrance et, dans ce cas-là, celui-ci peut générer une puissante négativité comme la colère, la dépression ou un profond chagrin, même si le catalyseur est infime.

L'ego croit qu'il peut manipuler la réalité par la négativité et obtenir ainsi ce qu'il veut. Il croit que par ce biais, il peut créer une situation avantageuse ou dissiper une situation désavantageuse. Dans *Un cours en miracles*, il est indiqué fort à propos que lorsque vous êtes malheureux, il y a en vous la croyance inconsciente que le malheur «achète» ce que vous voulez. Si «vous» – le mental – ne croyiez pas que le malheur fonctionne, pourquoi alors le créeriez-vous? Bien entendu, la négativité ne fonctionne pas. Au lieu de créer une situation favorable, elle l'empêche au contraire de se manifester. Au lieu de dissiper une situation défavorable, elle la maintient. Sa seule fonction «utile» est de renforcer l'ego, et c'est pour cette raison que l'ego l'aime tant.

Une fois que vous vous êtes identifié à une forme quelconque de négativité, vous ne voulez pas vous en départir et, à un niveau inconscient profond, vous ne désirez aucun changement positif, puisque cela menacerait votre identité de personne déprimée, en colère ou traitée injustement. Par conséquent, vous ignorerez, nierez ou saboterez ce qui est positif dans votre vie. C'est là un phénomène très commun. Et aussi dément.

La négativité n'est absolument pas naturelle. C'est plutôt un polluant psychique. De plus, il existe un lien profond entre l'empoisonnement et la destruction de la nature et l'immense négativité qui s'est accumulée dans la psyché humaine collective. Aucune autre forme de vie sur la planète ne connaît la négativité, sauf les humains, tout comme aucune autre forme de vie ne viole et n'empoisonne la Terre qui la nourrit. Avez-vous jamais vu une fleur malheureuse ou un chêne stressé? Avez-vous jamais rencontré un dauphin déprimé, une grenouille ayant un problème d'estime de soi, un chat qui ne sait pas relaxer ou un oiseau plein de haine et de ressentiment? Les seuls animaux qui peuvent à l'occasion connaître des expériences s'apparentant à la négativité ou qui donnent des signes de comportement névrosé sont ceux qui vivent en contact étroit avec les humains et qui sont ainsi liés au mental humain et à sa démence.

Observez n'importe quelle plante ou n'importe quel animal et laissez-lui vous enseigner ce qu'est l'acceptation, l'ouverture totale au présent, l'Être. Laissez-lui vous enseigner l'intégrité, c'est-à-dire comment ne faire qu'un, être vous-même, être vrai. Comment vivre, mourir et ne pas faire de la vie et de la mort un problème.

J'ai vécu avec plusieurs maîtres zen: c'étaient tous des chats. Même les canards m'ont enseigné d'importantes leçons sur le plan spirituel. Le seul fait de les regarder est une méditation en soi. Ils flottent si paisiblement de ci, de là, bien avec eux-mêmes, en étant totalement dans l'instant présent, dignes et parfaits comme seules les créatures dépourvues de mental peuvent l'être. À l'occasion, pourtant, deux canards auront une prise de bec, parfois pour aucune raison apparente ou parce que l'un d'eux a empiété sur le territoire de l'autre. L'altercation ne dure en général que quelques secondes, et ils se séparent, nagent dans des directions opposées et battent vigoureusement des ailes à quelques reprises. Puis ils reprennent leur paisible promenade sur l'eau comme s'il n'y avait jamais eu de bataille. Quand je les ai vus faire pour la première fois, j'ai soudainement compris que, en battant des ailes, ils se débarrassaient d'un surplus d'énergie, empêchant ainsi celle-ci de rester emprisonnée dans leur corps et de se transformer en négativité. Il s'agit là de sagesse naturelle, et c'est facile pour eux de l'appliquer parce qu'ils n'ont pas un mental qui maintient inutilement le passé en vie pour pouvoir en tirer une identité.

Une émotion négative ne pourrait-elle pas contenir un important message? Si je me sens souvent déprimé par exemple, c'est peut-être un signal indiquant que quelque chose ne va pas dans ma vie et ça me forcera peut-être à observer mes conditions vie et à les modifier. J'ai donc besoin d'écouter ce que cette émotion a à me dire et non pas de la repousser parce qu'elle est négative.

Oui, en effet, les émotions négatives contiennent parfois un message, comme les maladies. Mais les changements que vous effectuerez, qu'ils soient reliés à votre travail, à vos relations ou à votre milieu de vie, ne sont en fin de compte «qu'esthétiques», à moins d'être le fruit d'une modification de niveau de conscience. Et ceci ne peut vouloir dire qu'une seule chose: devenir plus présent. Quand vous avez atteint un certain degré de présence, la négativité n'est plus nécessaire pour savoir ce dont vous avez besoin dans votre vie. Mais aussi longtemps qu'elle est là, servez-vous-en. Utilisez-la comme une sorte de signal qui vous rappelle d'être plus présent.

Comment empêcher la négativité de se manifester et comment s'en débarrasser une fois qu'elle est là?

Comme je l'ai dit, c'est en étant totalement présent que la négativité cesse de se manifester. Mais ne vous découragez pas. Il n'y a encore sur cette planète que très peu de gens qui peuvent maintenir leur présence dans l'instant de façon continue, bien qu'il y en ait d'autres qui se rapprochent de cet état-là. Et je pense qu'il y en aura bientôt beaucoup d'autres.

Chaque fois que vous remarquerez que la négativité se manifeste en vous, sous une forme ou une autre, ne la voyez pas comme un échec dans votre démarche mais plutôt comme un précieux signal qui vous dit: «Réveille-toi! Sors de ta tête! Sois présent!»

Vers la fin de sa vie, alors qu'il s'intéressait beaucoup aux enseignements spirituels, Aldous Huxley a écrit un roman intitulé *Island*. Il y relate l'histoire d'un naufragé qui se retrouve seul sur une île isolée, coupé du reste de la planète. Sur cette île vit une civilisation unique au monde en ce sens que ses habitants, à l'inverse du reste de la planète, sont réellement sains d'esprit. La première chose qui attire l'attention du naufragé, ce sont les perroquets multicolores perchés dans les arbres et qui semblent répéter sans arrêt «Attention! Ici et maintenant! Attention! Ici et maintenant!» On apprend plus tard dans le roman que les insulaires eux-mêmes ont enseigné ces mots aux perroquets pour se faire rappeler continuellement de rester dans le présent.

Alors, quand vous sentez la négativité se manifester en vous, qu'elle soit causée par un facteur externe, une pensée ou même rien de précis dont vous soyez conscient, considérez-la comme une voix qui vous chuchote: «Attention! Ici et maintenant! Réveille-toi!» En fait, la moindre irritation est significative et doit être reconnue et approfondie. Sinon, il y aura une accumulation de réactions passées sous silence. Comme je l'ai dit plus tôt, il se peut que vous puissiez laisser tomber la négativité une fois que vous aurez réalisé que vous ne voulez pas de ce champ énergétique en vous et qu'il ne sert à rien. Dans ce cas, assurez-vous de mettre cette négativité définitivement de côté. Si vous n'y réussissez pas, acceptez simplement qu'elle soit là et centrez-vous sur la sensation, comme je l'ai indiqué plus tôt.

L'autre solution, si vous n'arrivez pas à éliminer une réaction négative, c'est de la faire disparaître en vous imaginant devenir «perméable» à la cause externe de la réaction. Je vous recommande de vous y exercer tout d'abord avec de petites choses banales. Disons, par exemple, que vous êtes tranquillement assis chez vous. Tout d'un coup, le son strident du système antivol d'une voiture vous parvient de l'autre côté de la rue. L'irritation monte en vous. Quelle est la raison d'être de cette irritation? Il n'y en a absolument aucune. Pourquoi l'avez-vous créée? Ce n'est pas vous qui l'avez créée, mais le mental. Cela s'est fait automatiquement, de façon totalement inconsciente. Pourquoi le mental a-t-il engendré cette irritation? Parce qu'il porte la croyance inconsciente que la résistance qu'il installe et que vous expérimentez sous la forme de négativité ou de tourment viendra d'une manière ou d'une autre dissiper la situation non désirée. Bien entendu, ceci est une illusion. La résistance que le mental crée, de l'irritation ou de la colère dans ce cas, est beaucoup plus dérangeante que la cause originale qu'il essaie de faire disparaître.

Utilisez ce genre de situation pour en faire une pratique spirituelle. Sentez que vous devenez transparent, pour ainsi dire, comme si vous étiez dénué de la solidité de la matière corporelle. Permettez ensuite au bruit, ou à tout ce qui cause une réaction négative, de passer à travers vous. Ce bruit ne heurte plus de mur «solide» en vous. Comme je l'ai spécifié, entraînez-vous d'abord avec de petites choses.

L'alarme de la voiture, le chien qui aboie, les enfants qui hurlent, les bouchons de circulation. Au lieu de maintenir en vous un mur de résistance sur lequel viennent constamment et douloureusement se heurter les choses «qui ne devraient pas se produire», laissez tout cela passer à travers vous.

Quelqu'un vous dit quelque chose de grossier ou destiné à vous blesser? Laissez ses paroles passer à travers vous au lieu de vous mettre en mode réactif négatif et inconscient. Agressivité, défensive ou retenue, laissez aller tout cela. N'offrez aucune résistance à ce qui est proféré, comme s'il n'y avait plus personne à blesser. Le pardon, c'est ça. De cette façon. vous devenez invulnérable. Cela ne vous empêche pas de rappeler à la personne que son comportement est inacceptable, si c'est ce que vous choisissez de faire. Chose certaine, elle n'aura plus le pouvoir de contrôler votre état intérieur. Vous êtes alors sous votre pouvoir, pas sous celui de quelqu'un d'autre, et votre mental ne mène plus le bal. Qu'il s'agisse du système d'alarme d'une voiture, d'une personne grossière, d'une inondation, d'un tremblement de terre ou de la perte de toutes vos possessions, le mécanisme de la résistance est toujours le même.

J'ai pratiqué la méditation, j'ai participé à toutes sortes d'ateliers, j'ai lu beaucoup de livres sur la spiritualité, j'essaie de ne pas être dans un état de résistance… Mais si vous me demandez si j'ai découvert la véritable paix intérieure. celle qui dure, je devrai honnêtement vous répondre non. Pourquoi ne l'ai-je pas trouvée? Que puis-je faire d'autre?

Vous êtes encore en train de chercher à l'extérieur et vous ne réussissez pas à vous extirper du mode «recherche». Peut-être le prochain atelier vous donnera-t-il la réponse. Ou bien cette nouvelle technique. À vous, je dirais de ne pas chercher la paix. Ne cherchez pas à trouver un quelconque autre état que celui dans lequel vous êtes dans l'instant présent. Sinon, vous instaurerez un conflit intérieur et une résistance inconsciente. Pardonnez-vous de ne pas être en paix. Dès l'instant où vous acceptez totalement l'absence de paix, celle-ci se métamorphose en paix. Tout ce que vous acceptez totalement vous conduit à la paix. C'est le miracle du lâcher-prise.

Vous avez peut-être entendu l'expression « tendre l'autre joue » qu'un grand maître de l'illumination a employée il y a deux mille ans. Il essayait de transmettre symboliquement le secret de la non-résistance et de la non-réaction. Dans cette déclaration et toutes les autres encore, il faisait uniquement référence à votre réalité intérieure et non à votre conduite dans le monde matériel.

Connaissez-vous l'histoire de Banzan? Avant de devenir un grand maître zen, cet homme passa de nombreuses années à chercher l'illumination, mais celle-ci lui échappait sans cesse. Puis, un jour, alors qu'il déambulait dans un marché, il entendit sans le vouloir une conversation entre un boucher et son client. « Donnez-moi le meilleur morceau de viande que vous ayez », dit le client. Ce à quoi le boucher répliqua: « Chaque quartier de viande que j'ai ici est le meilleur qui soit. Il n'y en a aucun qui ne le soit pas. » En entendant cela, Banzan connut l'illumination.

Je vois à votre expression que vous attendez une explication. *Quand vous acceptez ce qui est, chaque quartier de viande, chaque moment est le meilleur qui soit. C'est cela l'illumination.*

La nature de la compassion

Après avoir dépassé le système des opposés créé par le mental, vous êtes semblable à un lac profond. Les circonstances extérieures et tout ce qui peut se passer dans votre vie sont comme la surface du lac. Parfois calme, parfois ventée et agitée, selon les cycles et les saisons. En profondeur, cependant, l'eau du lac reste impassible. Vous êtes le lac tout entier et non seulement la surface. Vous demeurez en contact avec votre propre profondeur, qui est absolument paisible en tout temps. Vous ne résistez pas au changement puisque vous ne vous accrochez pas à quelque situation que ce soit. Votre paix intérieure ne dépend d'aucune condition. Vous évoluez sur le plan de l'Être – immuable, intemporel, immortel – et vous ne dépendez plus du monde extérieur des formes en perpétuelle fluctuation pour vous sentir comblé ou heureux. Vous pouvez certes les apprécier, jouer avec elles, en créer de nouvelles et goûter la beauté de tout cela. Mais vous n'aurez pas besoin de vous attacher à quoi que ce soit.

Quand vous êtes détaché à ce point, est-ce que cela signifie que vous vous éloignez également des autres êtres humains ?

Au contraire. Aussi longtemps que vous n'êtes pas conscient de l'Être, la réalité des autres humains vous échappe puisque vous n'avez pas encore trouvé la vôtre. Leur forme plaira ou déplaira à votre mental, non seulement sur le plan du corps mais aussi sur celui de l'esprit. Les véritables relations deviennent possibles seulement lorsqu'il y a conscience de l'Être. En somme, quand vous existez à partir de l'Être, vous percevez le corps et l'esprit d'une autre personne comme un écran, pour ainsi dire, derrière lequel vous pouvez sentir sa véritable réalité, tout comme vous sentez la vôtre. Donc, quand vous êtes confronté à la souffrance ou au comportement inconscient d'une autre personne, vous restez présent et en contact avec l'Être, et êtes ainsi en mesure de voir au-delà de la forme et d'apercevoir cette pure étincelle chez l'autre à travers votre Être. À ce niveau, toute souffrance se conçoit comme une illusion. La souffrance est le fruit de l'identification à la forme. Des guérisons miraculeuses se produisent parfois chez les autres, s'ils sont prêts, lorsqu'un être réalisé vient éveiller leur conscience.

Est-ce cela la compassion ?

Oui, effectivement. La compassion, c'est la conscience que vous avez un lien profond qui vous unit à toutes les créatures. Mais il y a deux aspects à la compassion. D'un côté, étant donné que vous êtes toujours ici dans un corps physique, vous avez en commun avec tous les êtres humains, mais aussi avec tout ce qui est vivant sur cette planète, la vulnérabilité et la disparition finale de votre forme matérielle. La prochaine fois que vous affirmerez ne rien avoir en commun avec telle ou telle personne, rappelez-vous que vous avez au contraire beaucoup en commun avec elle : d'ici à quelques années – deux ans ou soixante-dix ans, peu importe –, vous serez tous les deux des cadavres en décomposition, puis simplement un amas de poussière et, à la fin, plus rien du tout. Cette prise de conscience vous fait humblement redescendre sur terre et ne laisse pas grand place à l'orgueil. Est-ce pour autant une pensée négative? Non, c'est un fait. Pourquoi fermer les yeux dessus? Dans ce sens-là, vous et toutes les autres créatures êtes sur un pied d'égalité totale.

Un des plus puissants exercices spirituels consiste à méditer profondément sur la mortalité des formes matérielles, la vôtre y compris. Cela s'appelle «mourir avant de mourir». Absorbez-vous profondément dans cette méditation. Votre forme matérielle se dissipe, n'existe plus. Puis arrive le moment où toutes les formes-pensées s'éteignent également. Pourtant, vous êtes encore là, en tant que cette divine présence, radieuse et totalement éveillée. Ce qui a toujours été réel reste, et seuls les noms, les formes et les illusions meurent.

Prendre conscience de cette immortalité, de votre véritable nature, est l'autre aspect de la compassion. À un niveau profond du senti, vous reconnaissez maintenant non seulement votre propre immortalité, mais, par elle, celle de toutes les autres créatures. Sur le plan de la forme, vous et elles partagez la mortalité et la précarité de l'existence. Sur le plan de l'Être, vous avez en commun la vie éternelle et radieuse. Ce sont là les deux aspects de la compassion. Dans la compassion, les émotions apparemment opposées de joie et de tristesse fusionnent et se métamorphosent en une profonde paix. C'est la paix de Dieu. C'est un des plus nobles sentiments dont les humains soient capables et il a de grands pouvoirs de guérison et de transformation. Mais telle que je l'ai décrite, la véritable compassion est encore rare. Éprouver une profonde empathie devant la souffrance d'un autre être nécessite certainement un degré élevé de conscience, mais cela ne représente qu'un côté de la compassion. L'autre aspect manque. La compassion va au-delà de l'empathie ou de la sympathie. La compassion n'apparaît pas avant que la tristesse ne fusionne avec la joie, celle de l'Être, de la vie éternelle.

Comment s'acheminer vers un ordre différent de réalité

Je ne suis pas d'accord avec le fait que le corps doive mourir. Je suis convaincu que nous pouvons réussir à être physiquement immortels. Le corps meurt parce que nous croyons à la mort.

Le corps ne meurt pas parce que nous croyons à la mort. Le corps existe, ou du moins semble exister, parce que vous croyez à la mort. Le corps et la mort relèvent de la même illusion créée par l'ego, qui n'a aucune conscience de la Source de vie et qui se considère comme une entité à part constamment menacée. Il crée ainsi l'illusion que vous êtes un corps, un véhicule physique dense qui se trouve en permanence menacé par quelque chose.

Vous percevoir comme le corps vulnérable qui naît et qui meurt un peu plus tard, voilà l'illusion. Corps et mort : une illusion. L'un ne va pas sans l'autre. Vous voulez garder un aspect de l'illusion et vous débarrasser de l'autre : c'est impossible. Ou vous gardez tout ou vous renoncez à tout.

Néanmoins, vous ne pouvez vous échapper du corps, et ce n'est pas nécessaire non plus. Le corps représente une incroyable fausse perception de votre véritable nature. Cependant, votre véritable nature est cachée quelque part dans cette illusion et non en dehors d'elle. Cela revient donc à dire que le corps est quand même son seul point d'accès.

Si vous voyiez un ange et vous mépreniez en pensant voir une statue de pierre, tout ce qu'il vous suffirait de faire, ce serait de bien concentrer votre vision sur cette « statue de pierre » et non pas de laisser votre regard se diriger ailleurs. Vous découvririez alors que cette statue n'a jamais réellement existé.

Si la croyance en la mort crée le corps, pourquoi les animaux ont-ils un corps ? Un animal n'a pas d'ego et ne peut donc pas croire à la mort.

Mais il meurt quand même, ou du moins semble mourir. N'oubliez pas que votre perception du monde est un reflet de votre état de conscience. Vous n'êtes pas dissocié de celui-ci et il n'existe pas de monde objectif ici-bas. Chaque instant, votre conscience crée le monde où vous évoluez. Une des plus grandes révélations survenues dans la physique moderne, c'est celle de l'indissociabilité observateur-observé: la personne qui procède à l'expérience – la conscience qui observe – ne peut pas se dissocier du phénomène observé. Un regard différent amène le phénomène observé à se comporter diversement. Si vous croyez profondément à la dissociation et à la lutte pour la survie, cette croyance se reflétera autour de vous et vos perceptions seront gouvernées par la peur. Vous vivrez dans une espèce de camp de la mort où les corps se battent, s'entretuent et se déchirent.

Rien n'est tel qu'il semble être. Le monde que vous créez et que vous percevez par le biais de l'ego peut sembler un lieu très imparfait, un torrent de larmes même. Mais peu importe votre perception. Il s'agit d'une sorte de symbole, un peu comme une image dans un rêve. C'est la façon dont votre conscience interprète la danse moléculaire de l'énergie universelle et interagit avec elle. Cette énergie est la matière première de la réalité dite physique. Vous la voyez en fonction de la naissance et de la mort du corps, ou comme une lutte pour survivre. Il est possible qu'il existe un nombre infini d'interprétations totalement diverses, de mondes tout à fait différents, et c'est en fait le cas, puisque tout dépend de la conscience qui perçoit. Chaque être vivant est en soi une focalisation de la conscience et crée son propre monde. Et tous ces mondes sont reliés entre eux. Il y a le monde de l'humain, de la fourmi, du dauphin, etc. Il existe un nombre incalculable d'êtres dont la fréquence est tellement différente de la vôtre sur le plan de la conscience que vous n'avez probablement aucune connaissance de leur existence ni eux de la vôtre. Des êtres hautement évolués qui savent reconnaître leur lien avec la Source et entre eux vivant sans doute dans un monde qui, à vos yeux, serait un royaume paradisiaque. Et pourtant, tous les mondes ne font qu'un.

Le monde humain collectif est en grande partie créé par le niveau de conscience que nous appelons le mental. Et même au sein de ce monde humain collectif, il y a de grandes différences, de nombreux «sous-mondes», selon qu'il s'agisse de ceux qui perçoivent ces mondes respectifs ou de ceux qui les créent. Comme tous ces mondes sont interreliés, quand la conscience collective se transforme, cette transformation se reflète également dans la nature et le règne animal. C'est ce qu'exprime dans la Bible la déclaration à l'effet que dans les temps à venir, «le lion et l'agneau reposeront côte à côte». Ceci soulève la possibilité de l'avènement d'un ordre de réalité complètement différent.

Le monde tel qu'il nous apparaît actuellement est, comme je l'ai dit, un reflet du monde de l'ego. Étant donné que la peur est une inévitable conséquence de l'illusion de l'ego, celle-ci domine ce monde. Tout comme les images d'un rêve constituent des symboles de nos sentiments et de nos états intérieurs, notre réalité collective est en grande partie l'expression symbolique de notre peur et des épaisses et lourdes couches de négativité qui se sont accumulées dans la psyché humaine collective. Nous ne sommes pas dissociés de notre monde. Par conséquent, quand la majorité des humains seront libérés de l'illusion de l'ego, cette libération intérieure touchera la création tout entière. Littéralement, vous vivrez dans un monde nouveau. Un basculement de la conscience à l'échelle planétaire se produira. Il existe un étrange dicton bouddhiste selon lequel chaque arbre et chaque brin d'herbe connaîtront l'illumination à un moment donné. Ce dicton rappelle lui aussi cette même vérité. D'après saint Paul, la création tout entière attend que les humains atteignent l'éveil spirituel. Telle est mon interprétation de sa pensée quand il dit: «L'univers attend avec un ardent espoir que les fils de Dieu soient révélés.» Puis, il poursuit son idée en affirmant que toute la création sera rachetée: «Jusqu'à cet instant-ci, l'univers entier gémit de toutes parts comme s'il subissait les affres de l'enfantement.»

En fait, ce qui est en train d'être mis au monde, c'est une nouvelle conscience et un nouveau monde puisque ce dernier est l'inévitable réflexion de cette première. Ceci est également annoncé dans l'Apocalypse, le dernier livre du Nouveau Testament: «J'ai alors vu de nouveaux cieux et une nouvelle terre, car les premiers cieux et la première terre s'étaient éteints.»

Mais ne confondez pas cause et effet. Votre tâche principale n'est pas de chercher le salut en créant un monde meilleur, mais de vous tirer du sommeil qu'est l'identification à la forme. Ainsi vous ne serez plus lié à ce monde-ci, à ce plan de réalité. Vous pourrez sentir vos racines dans le non-manifeste et être libéré de toute attache avec le monde manifeste. Vous pourrez certes encore jouir des plaisirs éphémères de ce monde, mais toute peur de perdre quoi que ce soit vous aura quitté. En somme, vous n'aurez plus besoin de vous accrocher à eux. Même si vous savez apprécier les plaisirs sensoriels, tout besoin compulsif de faire des expériences de ce type aura disparu, comme aura disparu la quête permanente de l'accomplissement par la gratification psychologique, la sustentation de l'ego. Vous serez en contact avec quelque chose d'infiniment plus vaste que n'importe quel plaisir, que n'importe quel objet manifeste.

Dans un sens, vous n'aurez plus besoin du monde. Vous n'aurez même pas besoin qu'il soit différent de ce qu'il est.

C'est seulement rendu à ce point-là que vous commencerez à contribuer vraiment à faire un monde meilleur, à créer un nouvel ordre de réalité. Que vous pourrez ressentir de la véritable compassion et aider les autres sur le plan de la cause. Seuls ceux qui ont transcendé le monde peuvent en créer un meilleur.

Vous vous rappellerez peut-être que nous avons déjà parlé de la compassion véritable et de sa double nature, celle-ci étant la conscience du fait que nous avons tous en commun la mortalité et l'immortalité. Quand vous êtes spirituellement éveillé, la compassion devient une forme de guérison dans le sens le plus large. Dans un état de compassion, votre influence guérissante s'exerce surtout sur l'être, non sur le faire. Chacune des personnes avec qui vous entrerez en contact sera touchée par votre présence et par la paix qui émanera de vous, que vous en soyez conscient ou pas. Quand vous êtes totalement présent et que les gens autour de vous adoptent des comportements inconscients. vous ne sentez pas le besoin de réagir, ne leur accordant ainsi aucune substance. La paix en vous est si vaste et si profonde que tout ce qui n'est pas paix est absorbé par elle comme si rien d'autre n'avait jamais existé. Ceci met fin au cycle karmique de l'action et de la réaction. Les animaux, les arbres, les fleurs sentiront eux aussi la paix qui est en vous et y seront sensibles. Votre enseignement se fait en étant, en vivant la paix de Dieu. Vous devenez la «lumière du monde», une émanation de la conscience pure et faites aussi disparaître la souffrance sur le plan de la cause. Vous éliminez l'inconscience du monde.

Ceci ne veut pas dire que vous ne pouvez pas aussi enseigner par l'action, par exemple en indiquant aux autres comment se désidentifier du mental, reconnaître ses scénarios inconscients, etc. Mais ce que vous êtes est un enseignement toujours plus essentiel et un agent de transformation plus puissant que ce que vous dites, plus important même que ce que vous faites.

Par ailleurs, reconnaître la prééminence de l'Être et, par conséquent, œuvrer sur le plan de la cause n'exclut pas la possibilité que votre compassion intervienne parallèlement sur le plan de l'action et de l'effet, en allégeant la souffrance quand vous la croisez. Quand une personne affamée vous demande du pain et que vous en avez, vous lui en donnez. Ce qui importe lorsque vous posez un tel geste, même si l'échange entre vous deux est très bref, c'est le moment où l'Être est partagé avec cette personne, le pain n'en étant que le symbole. Par ce partage, une guérison profonde s'effectue. À ce moment-là, il n'y a ni donneur ni receveur.

Mais, en premier lieu, il ne devrait y avoir ni faim ni famine. Comment pouvons-nous créer un monde meilleur sans d'abord affronter des maux comme la faim et la violence ?

Tous les maux sont les effets de l'inconscience. Vous pouvez soulager les effets de l'inconscience, mais vous ne pouvez pas les éliminer à moins d'en enrayer la cause. Les véritables changements se produisent en dedans, pas en dehors.

Si vous sentez l'appel d'aller soulager la souffrance dans le monde, ce qui est une chose très noble en soi, rappelez-vous de ne pas vous concentrer exclusivement sur le dehors, sinon vous connaîtrez frustration et désespoir. Sans un profond changement dans la conscience humaine, la souffrance du monde entier est un trou sans fond. Ne laissez donc pas la compassion devenir unilatérale. L'empathie ressentie devant la douleur ou la pénurie éprouvée par quelqu'un d'autre et le désir de l'aider doivent être contrebalancés par la réalisation profonde de la nature éternelle de toute expression de vie et de l'illusion ultime qu'est toute souffrance. Laissez donc la paix imprégner tout ce que vous entreprenez et vous travaillerez ainsi simultanément sur les plans de l'effet et de la cause.

Ceci vaut également dans le cas où vous faites partie d'un mouvement destiné à amener les humains profondément inconscients à cesser de se détruire les uns les autres, de nuire à la planète ou d'infliger d'horribles souffrances à d'autres êtres vivants. Souvenez-vous que vous ne pouvez pas vous battre contre l'inconscient, tout comme vous ne pouvez pas combattre l'obscurité. Si vous essayez de le faire, les polarités opposées se renforceront et s'installeront davantage. Vous vous identifierez à une des polarités et vous créerez un ennemi et serez à votre tour happé par l'inconscience. Élevez le niveau de conscience en disséminant de l'information ou, tout au plus, ne pratiquez que la résistance passive. Mais assurez-vous d'abord qu'il n'y a en vous aucune résistance importante, aucune haine, aucune négativité. «Aimez vos ennemis», dit Jésus, ce qui bien sûr signifie: «N'ayez pas d'ennemis.»

Une fois que vous êtes engagé à travailler sur l'effet, il est très facile de vous y perdre. Restez vigilant et très, très présent. Le niveau causal doit rester votre point de mire, l'enseignement de l'éveil, votre principal objectif et la paix, le plus précieux cadeau à offrir au monde.

CHAPITRE DIX

La signification du lâcher-prise

Acceptation de l'instant présent

Vous avez mentionné le terme « lâcher-prise » à quelques reprises. Je n'aime pas cette idée parce que ça me semble un peu fataliste. Si nous acceptons toujours la façon dont les choses sont, nous ne ferons aucun effort pour les améliorer. Il me semble que le progrès, aussi bien dans notre vie personnelle que collectivement, c'est justement de ne pas accepter les limites du présent et de s'efforcer de les dépasser pour pouvoir créer quelque chose de meilleur. Si nous ne l'avions pas fait, nous vivrions encore dans des cavernes. Comment conciliez-vous le lâcher-prise avec le changement et l'accomplissement des choses ?

Pour certaines personnes, ce terme peut avoir des connotations négatives. Il peut vouloir dire défaite, renoncement, incapacité d'être à la hauteur des défis de la vie, léthargie, etc. Cependant, le véritable détachement est quelque chose d'entièrement différent. Cela ne signifie pas endurer passivement une situation dans laquelle vous vous trouvez sans tenter quoi que ce soit pour l'améliorer. Et cela ne signifie pas non plus que vous devez cesser d'établir des plans pour transformer votre vie ou de poser des gestes positifs.

Le lâcher-prise est la simple mais profonde sagesse qui nous porte à laisser couler le courant de la vie plutôt que d'y résister. Et le seul moment où vous pouvez sentir ce courant, c'est dans l'instant présent. Par conséquent, lâcher prise, c'est accepter le moment présent inconditionnellement et sans réserve. C'est renoncer à la résistance intérieure qui s'oppose à ce qui est. Résister intérieurement, c'est dire non à ce qui est, par le jugement de l'esprit et la négativité émotionnelle.

Cette résistance s'accentue particulièrement quand les choses vont mal, montrant par là qu'il y a un décalage entre les exigences ou les attentes rigides du mental et ce qui est. Ce décalage est celui de la souffrance. Si vous avez vécu suffisamment longtemps, vous saurez que les choses «vont mal» relativement souvent. Et c'est précisément dans ces moments-là qu'il vous faut mettre en pratique le lâcher-prise si vous voulez éliminer la souffrance et le chagrin de votre vie. Quand vous acceptez ce qui est, vous êtes instantanément libéré de l'identification au mental et vous reprenez par conséquent contact avec l'Être. La résistance, c'est le mental.

Le lâcher-prise est un phénomène purement intérieur. Cela ne veut pas dire que, sur le plan concret de la dimension extérieure, vous ne passiez pas à l'action pour changer telle ou telle situation. En fait, quand vous lâchez prise, ce n'est pas la situation dans sa globalité que vous devez accepter, mais juste ce minuscule segment appelé instant présent.

Par exemple, si vous étiez pris dans la boue quelque part, vous ne diriez pas: «OK, je me résigne au fait d'être pris dans la boue.» La résignation n'a rien à voir avec le lâcher-prise. Il n'est pas nécessaire que vous acceptiez une situation indésirable ou désagréable. Il n'est pas nécessaire non plus que vous vous racontiez des histoires en vous disant qu'il n'y a rien de mal à être pris dans la boue. Au contraire, vous reconnaissez alors totalement que vous voulez vous en sortir. Puis, vous ramenez votre attention sur le moment présent sans mentalement l'étiqueter d'une façon ou d'une autre. En somme, vous ne portez aucun jugement sur le présent. Par conséquent, il n'y a ni opposition ni négativité émotionnelle. Vous acceptez le moment tel qu'il est. Puis vous passez à l'action et faites tout ce qui est en votre pouvoir pour vous sortir de la boue. Voici ce que j'appelle une action positive. C'est de loin beaucoup plus efficace qu'une action négative, qui est le fruit de la colère, du désespoir ou de la frustration. Continuez à mettre en pratique le lâcher-prise en vous retenant d'étiqueter le présent, et ce, jusqu'à l'obtention du résultat voulu.

Laissez-moi vous donner une analogie visuelle afin d'illustrer ce que je tente de vous expliquer. Vous marchez le long d'un sentier la nuit, entouré d'un épais brouillard. Toutefois, vous disposez d'une puissante torche électrique qui fend ce brouillard et trace devant vous un passage étroit mais dégagé. Disons que ce brouillard représente vos conditions de vie du passé et de l'avenir et que la torche électrique symbolise la présence consciente, le passage dégagé, le présent.

Le fait de ne pas lâcher prise endurcit la forme psychologique, la carapace de l'ego, et crée un fort sens de dissociation. Vous percevez le monde autour de vous et les gens en particulier comme une menace. Ceci s'accompagne de la compulsion inconsciente de détruire les autres par le jugement, ainsi que du besoin de rivaliser et de dominer. Même la nature devient votre ennemi et c'est la peur qui gouverne vos perceptions et vos interprétations. La maladie mentale que l'on appelle la paranoïa n'est qu'une forme légèrement plus aiguë de cet état normal, mais dysfonctionnel, de conscience.

Ce n'est pas seulement votre forme psychologique qui s'endurcit, mais également votre corps physique, qui devient dur et rigide en raison de la résistance. De la tension se crée dans diverses parties du corps, et celui-ci tout entier se contracte. La libre circulation de l'énergie dans le corps, essentielle à un fonctionnement sain, est grandement restreinte. Le massage et certaines formes de physiothérapie peuvent certes aider à restituer cette circulation. Mais, à moins que vous ne fassiez du lâcher-prise une pratique quotidienne, ces choses ne peuvent vous procurer qu'un soulagement temporaire des symptômes puisque la cause, c'est-à-dire le comportement de résistance, n'a pas été résolue.

En vous existe quelque chose qui n'est pas affecté par les circonstances changeantes de votre vie et vous ne pouvez y avoir accès que par le lâcher-prise. Ce quelque chose, c'est votre vie, votre Être même, qui se trouve éternellement dans le royaume intemporel du présent. Découvrir cette vie-là « est la seule chose nécessaire » dont Jésus parlait.

Si vous estimez que les circonstances de votre vie sont insatisfaisantes ou même intolérables, ce n'est que tout d'abord en lâchant prise que vous pouvez rompre le comportement inconscient de résistance qui perpétue justement ces circonstances.

Le lâcher-prise est parfaitement compatible avec le passage à l'action, l'instauration de changements ou l'atteinte d'objectifs. Mais dans l'état de lâcher-prise, le «faire» est mû par une qualité autre, une énergie totalement différente qui vous remet en contact avec l'énergie première de l'Être. Et si ce que vous faites en est imprégné, cela devient une célébration joyeuse de l'énergie vitale qui vous ramène encore plus profondément dans le présent. Quand il y a absence de résistance, la qualité de la conscience chez vous et, par conséquent, la qualité de tout ce que vous entreprenez ou créez est grandement augmentée. Les résultats viendront d'eux-mêmes et refléteront cette qualité. On pourrait appeler cela «l'action par le lâcher-prise». Cela ne ressemble pas au travail tel que nous le connaissons depuis des milliers d'années. À mesure que davantage d'êtres humains connaîtront l'éveil, le mot *travail* disparaîtra de notre vocabulaire et un nouveau terme sera peut-être créé pour le remplacer.

C'est la qualité de la conscience chez vous, à cet instant-même, qui est le principal agent déterminant du genre d'avenir que vous connaîtrez. Lâcher prise est donc la chose la plus importante que vous puissiez faire pour amener un changement positif. Tout geste que vous posez par la suite n'est que secondaire. Aucune action véritablement positive ne peut provenir d'un état de conscience qui n'est pas fondé sur le lâcher-prise.

Je peux comprendre que si je me trouve dans une situation désagréable ou insatisfaisante et que j'accepte totalement cet instant tel qu'il est, il n y aura pas de souffrance ni de tourment puisque j'aurai dépassé ce niveau. Mais je ne peux encore voir tout à fait d'où provient l'énergie ou la motivation nécessaire pour passer à l'action et changer les choses s'il n'existe pas un certain degré d'insatisfaction.

Quand vous êtes dans un état de lâcher-prise, vous voyez clairement ce qui doit être fait et vous passez à l'action. Vous vous concentrez sur une seule chose à la fois pour ensuite bien l'accomplir. Tirez des leçons de la nature: observez de quelle manière tout s'accomplit et comment le miracle de la vie se déroule sans insatisfaction ni tourment. C'est pour cela que Jésus a dit: «Regardez comment les lys poussent: ils ne s'affolent ni ne peinent.»

Si votre situation globale est insatisfaisante ou déplaisante, reconnaissez d'abord l'instant présent et lâchez prise face à ce qui est. C'est la torche électrique qui fend le brouillard. Votre état de conscience cesse alors d'être contrôlé par les circonstances extérieures. Vous n'êtes plus mû par la réaction et la résistance. Ensuite, envisagez la situation en détail et demandez-vous: «Est-ce que je peux faire quelque chose pour changer la situation ou l'améliorer, ou pour m'en dégager?» Dans l'affirmative, posez le geste approprié. Ne concentrez pas votre attention sur les mille et une choses que vous ferez ou aurez peut-être à effectuer à un moment donné, mais plutôt sur LA chose que vous pouvez faire maintenant. Ceci ne veut pas dire que vous ne devriez pas planifier. C'est peut-être justement LA chose à faire. Assurez-vous cependant de ne pas commencer à vous «passer mentalement des films», à vous projeter dans le futur: cela vous ferait perdre le contact avec le présent. Peu importe le geste que vous posez, il ne portera peut-être pas fruit immédiatement. Ne résistez pas à ce qui est jusqu'à ce que cela se produise. Si vous ne pouvez poser aucun geste ni vous soustraire à la situation, utilisez celle-ci pour lâcher prise encore plus profondément, pour être encore plus intensément dans le présent, dans l'Être. Quand vous pénétrez dans la dimension intemporelle du présent, le changement arrive souvent d'étrange façon, sans que vous ayez besoin de faire vous-même grand-chose. La vie elle-même se met de la partie. Si des facteurs intérieurs comme la peur, la culpabilité ou l'inertie vous empêchaient jusque-là de passer à l'action, ils se dissiperont à la lumière de votre présence consciente.

Ne confondez pas le lâcher-prise avec l'attitude je-m'en-foutiste du genre «ça m'est égal». Si vous y regardez de plus près, vous découvrirez qu'une telle attitude est teintée d'une négativité ayant la forme du ressentiment caché. Ce n'est donc pas du lâcher-prise mais bel et bien une résistance déguisée. Au moment où vous lâchez prise, tournez votre attention vers l'intérieur pour vérifier s'il reste de la résistance en vous. Soyez très vigilant à ce moment-là, sinon un restant de résistance pourrait encore se cacher dans quelque coin sombre sous la forme d'une pensée ou d'une émotion non conscientisée.

De l'énergie mentale à l'énergie spirituelle

Renoncer à la résistance, c'est plus facile à dire qu'à faire. Je ne réussis pas encore clairement à voir comment laisser aller. Si c'est par le lâcher-prise comme vous le dites, la question reste entière: «Comment?»

Commencez par reconnaître qu'il y a résistance. Soyez présent lorsque cela arrive. Observez la façon dont votre mental la crée, comment il étiquette la situation, vous-même ou les autres. Attardez-vous au mental qui entre en jeu. Sentez l'énergie de l'émotion. En vous faisant le témoin de cette résistance, vous verrez qu'elle ne sert à rien. En concentrant toute votre attention sur le présent, la résistance inconsciente est conscientisée et c'en est fait d'elle. Il vous est impossible d'être conscient et malheureux, conscient et dans la négativité. Peu importe leur forme, la négativité, le tourment et la souffrance veulent dire résistance, et la résistance est toujours inconsciente.

Je peux certainement être conscient de mes émotions tourmentées.

Choisiriez-vous vraiment le tourment? Si vous ne le choisissez pas, alors comment se produit-il? Quelle est sa raison d'être? Qui le maintient en vie? Vous dites être conscient de vos émotions tourmentées, mais la vérité, c'est que vous êtes identifié à elles et que vous entretenez ce processus par la pensée compulsive. Et tout cela est inconscient. Si vous étiez conscient, c'est-à-dire totalement présent à l'instant, toute négativité disparaîtrait presque instantanément. Celle-ci ne pourrait pas survivre en votre présence. Elle ne peut y arriver qu'en votre absence. Même le corps de souffrance ne peut survivre longtemps en votre présence. Vous maintenez donc votre tourment en vie par le temps. C'est son oxygène. Remplacez le facteur temps par la conscience intense du moment présent, et le temps meurt. Mais voulez-vous vraiment qu'il meure? En avez-vous vraiment eu assez? Qui voudrait s'en passer?

À moins de mettre en pratique le lâcher-prise, la dimension spirituelle est quelque chose qu'on lit dans les manuels, dont on parle, qui nous enthousiasme, sur lequel on écrit des livres, on réfléchit, auquel on croit ou non, selon le cas. Cela ne fait aucune différence.

Du moins, pas avant que le lâcher-prise devienne une réalité concrète dans votre vie. Quand c'est le cas, l'énergie qui émane de vous et mène votre vie à une fréquence vibratoire beaucoup plus élevée que l'énergie mentale qui contrôle encore notre monde, c'est-à-dire l'énergie à l'origine des structures sociales, politiques et économiques de notre civilisation. Cette énergie mentale est aussi celle qui se perpétue en permanence par l'intermédiaire des médias et de l'éducation. C'est ainsi que l'énergie spirituelle advient dans ce monde. Cette énergie n'occasionne aucune souffrance pour vous, les autres humains, ou n'importe quelle autre forme de vie planétaire. À l'inverse de l'énergie mentale, elle ne pollue pas la Terre et n'est pas assujettie à la loi des contraires selon laquelle rien ne peut exister sans son contraire, qu'il ne peut y avoir de bien sans le mal. Ceux qui fonctionnent avec l'énergie mentale, c'est-à-dire la grande majorité de la population terrestre, restent inconscients du fait que l'énergie spirituelle existe. Celle-ci appartient à un ordre différent de réalité et créera un monde différent quand un nombre suffisant d'humains connaîtront le lâcher-prise et seront ainsi totalement libérés de la négativité. Si la planète Terre doit survivre, telle sera l'énergie de ceux qui l'habiteront.

C'est à cette énergie que Jésus faisait référence quand il fit sa célèbre et prophétique déclaration du Sermon sur la montagne: «Bénis soient les faibles, car la Terre leur appartiendra.» Cette énergie est une intense mais silencieuse présence qui dissipe les structures inconscientes du mental. Peut-être resteront-elles actives pendant un certain temps, mais elles ne mèneront certainement plus votre vie. Les circonstances extérieures auxquelles vous résistiez tendront à se modifier ou à se dissiper rapidement grâce au lâcher-prise. Ce dernier a la puissante capacité de transformer les situations et les gens. Si les circonstances ne changent pas immédiatement, l'acceptation de l'instant présent vous permet de vous élever au-dessus d'elles. D'un côté comme de l'autre, vous êtes libéré.

Le lâcher-prise dans les relations interpersonnelles

Qu'en est-il des gens qui veulent se servir de moi, me manipuler ou me contrôler ? Dois-je lâcher prise face à eux ?

Ces gens sont coupés de l'Être. Voilà pourquoi ils essaient inconsciemment de vous soutirer énergie et pouvoir. La vérité, c'est que seule une personne inconsciente essaiera d'utiliser ou de manipuler les autres. Mais il est également vrai que seule une personne inconsciente peut être utilisée ou manipulée. Si vous offrez de la résistance au comportement inconscient des autres ou luttez contre cela, vous tombez vous-même dans l'inconscience. Mais lâcher prise ne veut pas dire se laisser exploiter par les gens inconscients. Pas du tout. II est parfaitement possible de dire « non » fermement et clairement à quelqu'un ou de se dissocier d'une situation tout en restant en même temps dans un état intérieur d'absence totale de résistance. Lorsque vous dites « non » à quelqu'un ou à une situation, faites en sorte que votre choix origine non pas d'une réaction, mais d'une prise de conscience, d'un discernement clair de ce qui est Juste ou pas pour vous dans le moment. Que ce « non » ne soit pas une réaction. Qu'il soit un « non » de grande qualité, libre de toute négativité, qui ne créera donc pas de souffrance ultérieure.

Je me trouve actuellement dans une situation désagréable au travail. J'ai essayé de lâcher prise dans cette situation, mais je n'arrive pas. J'ai toujours beaucoup de résistance.

Si vous ne réussissez pas à lâcher prise, passez immédiatement à l'action : dites le fond de votre pensée aux personnes concernées, faites quelque chose qui modifiera la situation ou bien encore, dissociez-vous totalement de la situation. Assumez la responsabilité de votre vie. Ne polluez pas votre beau et radieux Être intérieur ni la Terre avec de la négativité. Ne laissez pas le tourment s'immiscer en vous sous quelque forme que ce soit.

Si vous ne pouvez pas passer à l'action, parce que vous êtes en prison par exemple, alors il vous reste deux choix : résister ou lâcher prise. L'esclavage ou la libération intérieure devant les circonstances externes. La souffrance ou la paix intérieure.

La non-résistance doit-elle aussi être appliquée à la conduite concrète de notre vie, par rapport à la violence, entre autres, ou bien concerne-t-elle uniquement notre vie intérieure?

Vous n'avez qu'à vous occuper de l'aspect intérieur. C'est ce qui passe en premier. Bien entendu, cela transformera également la conduite de votre vie dans le monde, dans vos relations, etc.

Le lâcher-prise viendra profondément modifier vos relations. Si vous ne réussissez jamais à accepter ce qui est, ceci sous-entend que vous ne pourrez jamais accepter les autres tels qu'ils sont. Vous jugerez, critiquerez, étiquetterez, rejetterez les gens ou essaierez de les changer. Par ailleurs, si vous faites continuellement du moment présent un moyen pour arriver à une fin dans l'avenir, vous ferez de même avec tous les gens que vous rencontrerez ou avec qui vous serez en rapport. La relation – l'être humain – revêt une importance secondaire pour vous ou pas d'importance du tout. Ce que vous retirez de la relation est de nature primaire, c'est-à-dire un gain matériel, un sentiment de pouvoir, du plaisir physique ou une forme quelconque de gratification de l'ego.

Laissez-moi vous expliquer de quelle façon le lâcher-prise peut fonctionner dans les relations. Quand vous commencez à vous disputer ou à entrer en conflit avec votre partenaire ou un proche, observez d'abord à quel point vous vous tenez sur la défensive lorsque l'autre attaque votre position ou sentez la force de votre propre agressivité lorsque vous attaquez la position de l'autre personne. Remarquez votre attachement à vos points de vue et à vos opinions. Percevez bien l'énergie mentale et émotionnelle derrière votre besoin d'avoir raison et de donner tort à l'autre. C'est l'énergie de l'ego. Vous la conscientiserez en la reconnaissant, en la sentant le plus totalement possible. Puis, un jour, vous réaliserez soudainement au beau milieu d'une dispute que vous avez le choix et déciderez peut-être tout simplement de ne pas réagir, juste pour voir ce qui se passe. Ainsi, vous lâchez prise. Je ne veux pas dire que vous devez mettre de côté la réaction en disant juste: «Bon, tu as raison» avec une expression qui sous-entend: «Moi, je suis au-dessus de ces enfantillages inconscients». Ceci ne fait que transposer la résistance sur un autre plan: celui du mental, toujours actif, qui prétend être supérieur. Je parle ici de laisser tomber tout le champ énergétique mental et émotionnel qui luttait en vous pour avoir le pouvoir.

L'ego est rusé. Il vous faut donc être très vigilant, très présent et totalement honnête avec vous-même pour voir si vous avez véritablement renoncé à l'identification à une position. Si vous vous sentez soudainement très léger, dégagé et profondément en paix, c'est le signe indiscutable que vous avez vraiment lâché prise. Regardez alors de près ce qui se passe chez l'autre personne, quant à la position qu'elle défendait, lorsque vous ne donnez plus d'énergie à cette dernière en lui résistant. Quand l'identification aux prises de position est éliminée, une véritable communication s'instaure.

Qu'en est-il de la non-résistance à la violence, à l'agression et à toute autre chose du même genre ?

La non-résistance n'est pas nécessairement synonyme d'inaction. Tout ce que cela veut dire, c'est que toute action n'est plus forcément une réaction. Souvenez-vous de la profonde sagesse qui sous-tend la pratique des arts martiaux: ne pas offrir de résistance à la force de l'adversaire. Céder pour mieux triompher de lui.

Cela étant dit, «ne rien faire» quand vous êtes dans un état de présence intense est un puissant outil de transformation et de guérison, qu'il s'agisse de situations ou de personnes. Dans le taoïsme, il existe un terme chinois, *wuwei*, que l'on traduit habituellement par «activité sans action» ou par «être tranquillement assis sans rien faire». Dans la Chine d'autrefois, ceci était considéré comme un des plus importants accomplissements ou une des plus grandes vertus. C'est radicalement différent de l'inactivité dans l'état de conscience ordinaire, ou si vous préférez de l'inconscience, qui résulte de la peur, de l'inertie ou de l'indécision. Le véritable «non-faire» sous-entend l'absence de résistance intérieure et un état de vigilance intense.

D'un autre côté, si l'action est nécessaire, vous ne réagirez plus en fonction de votre conditionnement mental, mais agirez selon votre présence consciente. Dans cet état de présence, votre mental est libre de tout concept, y compris celui de la non-violence. Alors, qui peut prévoir ce que vous ferez?

L'ego croit que votre force se trouve dans la résistance, alors qu'en vérité la résistance vous coupe de l'Être, le seul véritable pouvoir. La résistance, c'est de la faiblesse et de la peur qui se font passer pour de la force. Ce que l'ego voit comme de la faiblesse dans votre Être, ce sont sa pureté, son innocence et sa force. Et ce qu'il juge comme de la force est de fait une faiblesse. L'ego existe donc sur un perpétuel mode de résistance et joue de faux rôles pour masquer votre prétendue « faiblesse », qui est en vérité votre force.

Jusqu'à ce qu'il y ait lâcher-prise, les jeux de rôle inconscients constituent en grande partie l'interaction entre humains. Avec le lâcher-prise, vous n'avez plus besoin des défenses de l'ego et de faux masques. Vous devenez très simple, très vrai. « C'est dangereux, dit l'ego. Tu vas te faire blesser. Tu seras vulnérable. » Mais ce que l'ego ne sait pas, bien entendu, c'est que c'est seulement en renonçant à la résistance, en devenant vulnérable, que vous pouvez découvrir votre véritable et essentielle invulnérabilité.

Comment transformer la maladie en illumination

Si une personne a une grave maladie et accepte totalement sa situation, n'aura-t-elle pas complètement perdu la volonté de retrouver la santé? La détermination qui la pousserait à lutter contre la maladie n'aurait-elle pas disparu ?

Lâcher prise, c'est accepter intérieurement ce qui est sans réserve. Ce dont il est question ici, c'est de votre vie – en cet instant – et non des circonstances ou de ce que j'appelle vos conditions de vie. Nous en avons déjà parlé.

C'est ce que cela veut dire en ce qui a trait à la maladie. La maladie fait partie de vos conditions de vie. Elle a un passé et un futur qui se perpétuent sans fin, sauf si l'instant présent, qui a le pouvoir de racheter, est activé par votre présence consciente. Comme vous le savez, derrière les diverses circonstances qui constituent vos conditions de vie – présentes dans le temps –, il y a quelque chose de plus profond, de plus essentiel: votre vie, votre Être même dans l'éternel présent.

Comme il n'y a aucun problème dans le moment présent, il n'y a pas de maladie non plus. Quand quelqu'un adopte une croyance vis-à-vis de votre état et vous colle ainsi une étiquette sur le dos, celle-ci amène l'état à s'installer pour de bon, lui donne du pouvoir et fait d'un déséquilibre temporaire une réalité apparemment immuable. La croyance confère non seulement réalité et consistance à la maladie, mais aussi une continuité temporelle qu'elle n'avait pas auparavant. En vous concentrant sur l'instant et en vous retenant de l'étiqueter mentalement, la maladie est réduite à un ou à plusieurs des facteurs suivants: la douleur physique, la faiblesse, l'inconfort ou l'invalidité. C'est ce face à quoi vous lâchez prise maintenant, et non pas à l'idée de la maladie. Permettez à la souffrance de vous ramener de force dans le «maintenant», dans un état d'intense et consciente présence. Utilisez-la pour arriver à l'éveil.

Le lâcher-prise ne transforme pas ce qui est, du moins pas directement. Il vous transforme, vous. Et quand vous êtes transformé, c'est tout votre monde qui l'est. Pourquoi? Parce que le monde n'est qu'un reflet. Nous avons déjà parlé de cela.

Si vous regardiez dans un miroir sans aimer ce que vous y voyez, il faudrait que vous soyez fou pour vous attaquer à votre réflexion. Et c'est précisément ce que vous faites lorsque vous ne vous acceptez pas. Évidemment, si vous attaquez l'image, celle-ci vous le rend coup sur coup. Par contre. si vous l'acceptez quelle qu'elle soit, si vous vous montrez amical envers elle, elle ne peut que l'être envers vous. C'est la façon de changer le monde.

Le problème, ce n'est pas la maladie, c'est vous, aussi longtemps que le mental contrôle les choses. Lorsque vous êtes malade ou invalide, n'ayez pas le sentiment d'avoir échoué d'une manière ou d'une autre, ne vous sentez pas coupable. Ne reprochez pas à la vie de vous avoir traité injustement et ne vous faites pas non plus de réprimandes. Tout cela, c'est de la résistance. Si vous avez une maladie grave, servez-vous-en pour atteindre l'illumination. Tout ce qui peut arriver de «mal» dans votre vie doit vous amener vers cet état. Dissociez le temps de la maladie. Ne conférez ni passé ni avenir à la maladie. Laissez-la vous ramener de force dans l'intense conscience du moment présent et observez ce qui se passe.

Devenez un alchimiste. Transformez le vulgaire métal en or, la souffrance en conscience, le malheur en une occasion d'éveil.

Êtes-vous gravement malade et ce que je viens de dire vous met-il en colère? Alors, c'est le signe flagrant que votre maladie a fini par faire partie du sens que vous avez de vous-même et que vous protégez votre identité, en même temps que vous protégez votre maladie. La circonstance qui porte l'étiquette «maladie» n'a rien à voir avec ce que vous êtes vraiment.

Quand le malheur frappe

En ce qui a trait à la majorité encore inconsciente de gens, seule une situation extrême et critique a le potentiel de fendre la dure carapace de leur ego et de les amener à lâcher prise et, par conséquent, vers un état de conscience supérieure. Une situation extrême survient lorsqu'un désastre, un bouleversement total, une perte importante ou une grande souffrance viennent faire voler votre monde en éclats et que plus rien n'a de sens. Il s'agit d'un face-à-face avec la mort, physique ou psychologique. Le mental et l'ego qui ont créé ce monde s'écroulent. Un monde nouveau peut dès lors naître des cendres du vieux monde.

Bien sûr, il n'existe aucune garantie que même une situation extrême provoque ce changement, mais le potentiel est toujours là. Chez certaines personnes, dans une telle situation, la résistance à ce qui est s'intensifie et se transforme en une descente aux enfers. Chez d'autres, même si le lâcher-prise ne s'effectue que partiellement, il leur confère une profondeur et une sérénité qui n'étaient pas là avant. Des fragments de la carapace de l'ego s'effritent, permettant ainsi à la paix et au rayonnement qui existent au-delà du mental de transparaître un tant soit peu.

Les situations extrêmes sont à l'origine de nombreux miracles. Au cours des dernières heures de leur vie, des meurtriers condamnés à mort qui attendaient leur exécution ont connu un état dénué d'ego ainsi que la paix et la joie profondes qui l'accompagnent. La résistance à la situation dans laquelle ils se trouvaient était si intense qu'elle créait une souffrance intolérable. Comme ils ne pouvaient rien faire ni s'enfuir nulle part pour y échapper, pas même se fabriquer mentalement un avenir, ces meurtriers ont donc été forcés d'accepter totalement l'inacceptable. Ils ont été contraints de lâcher prise. Ainsi, ils ont pu entrer dans l'état de grâce par lequel arrive la rédemption et connaître un total détachement par rapport au passé. Bien sûr, ce n'est pas la situation extrême qui crée une ouverture laissant place au miracle de la grâce et de la rédemption, mais bien le lâcher-prise.

Alors, quand le malheur frappe ou que quelque chose va très «mal» – maladie, invalidité, perte d'un chez-soi, d'une fortune ou d'une identité sociale, rupture d'une relation intime, décès ou souffrance d'une personne chère, ou imminence de votre propre mort –, sachez qu'il y a un revers à cette médaille, que vous n'êtes qu'à un pas de quelque chose d'incroyable, de la transformation alchimique totale du vulgaire métal de la douleur et de la souffrance en or. Et ce pas, c'est le lâcher-prise. Je ne dis pas que vous serez heureux dans une telle situation. Non, vous ne le serez pas. Par contre, la peur et la douleur se transformeront en cette paix et cette sérénité intérieures qui proviennent d'une profondeur insondable, du non-manifeste lui-même. Il s'agit de «la paix de Dieu, qui dépasse tout entendement». Comparativement à elle, le bonheur est plutôt superficiel. Cette paix radieuse s'accompagne de la réalisation que vous êtes indestructible, immortel. Et cette réalisation s'effectue non pas sur le plan du mental mais au plus profond de votre être. Ce n'est pas une croyance; c'est une certitude absolue qui n'exige aucune preuve extérieure.

Comment transformer la souffrance en paix

J'ai lu un texte dans lequel il était question d'un philosophe stoïcien de la Grèce antique qui, lorsqu'on lui avait annoncé que son fils était décédé dans un accident, avait répliqué : «Je savais qu'il n'était pas immortel.» C'est ça le lâcher-prise? Si c'est cela, je n'en veux pas. Dans certaines situations, le lâcher-prise semble inhumain et contre nature.

Être coupé de ses émotions, ce n'est pas démontrer du lâcher-prise. Mais nous ne savons pas comment se sentait ce philosophe lorsqu'il a prononcé ces paroles. Même dans certaines situations extrêmes, il vous sera peut-être toujours impossible d'accepter le présent. Mais pour le lâcher-prise, vous avez toujours une seconde chance.

Votre première chance, c'est de lâcher prise chaque instant devant la réalité du présent. Sachant que ce qui est ne peut être défait – puisque cela est déjà –, vous dites oui à ce qui est ou vous acceptez ce qui n'est pas. Ensuite, vous faites ce que vous avez à faire, selon les exigences de la situation. Si vous vous maintenez dans cet état d'acceptation, vous ne créez plus de négativité, de souffrance ou de tourment. Par conséquent, vous vivez dans un état de non-résistance, de grâce et de légèreté, libre de toute lutte intérieure. Quand vous ne réussissez pas à vivre ainsi, c'est-à-dire quand vous laissez passer cette première chance parce que la présence de votre conscience n'est pas suffisamment intense pour empêcher des schèmes de résistance automatiques et inconscients de se produire ou parce que les circonstances sont tellement extrêmes qu'elles vous sont totalement inacceptables, vous créez alors une forme quelconque de douleur ou de souffrance. Vous pouvez avoir l'impression que ce sont les circonstances qui créent la souffrance, alors que, en fin de compte, ce n'est pas le cas. En réalité, c'est votre résistance.

La seconde chance à votre portée pour lâcher prise, c'est d'accepter ce qui est en vous à défaut d'accepter ce qui est extérieur à vous. S'il vous est impossible d'admettre les circonstances extérieures, alors acceptez la situation intérieure. Autrement dit, vous ne devez pas résister à la souffrance. Donnez-lui la permission d'être là. Lâchez prise devant le chagrin, le désespoir, la peur, la solitude ou toute autre forme adoptée par la souffrance. Soyez-en le témoin sans l'étiqueter mentalement. Accueillez-la. Par la suite, observez la façon dont le miracle du lâcher-prise transforme la souffrance profonde en paix profonde. Cette situation est votre crucifixion. Laissez-la devenir votre résurrection et votre ascension.

Je ne vois pas comment on peut lâcher prise devant la souffrance. Comme vous l'avez souligné vous-même, la souffrance, c'est ne pas lâcher prise. Comment peut-on lâcher prise devant le «non-lâcher-prise»?

Oubliez le lâcher-prise pour un instant. Quand la souffrance est profonde, tout discours de lâcher-prise vous semblera probablement futile et insignifiant de toute façon. Quand la souffrance est profonde, vous ressentez sans doute une forte pulsion à vouloir y échapper plutôt que de vouloir lâcher prise. Vous ne voulez pas sentir ce que vous sentez. Quoi de plus normal? Mais il n'y a aucune échappatoire, aucune issue de secours. Il y a par contre de fausses échappatoires comme le travail, l'alcool, les drogues, la colère, les projections, la répression, etc. Mais celles-ci ne vous libèrent pas de la douleur. La souffrance ne diminue pas en intensité quand vous la rendez inconsciente. Quand vous niez la douleur émotionnelle, tout ce que vous entreprenez ou pensez est contaminé par elle. Même vos relations. Pour ainsi dire, vous diffusez cette vibration de souffrance par l'énergie qui émane de vous, et les autres la sentent intuitivement. S'ils sont dans l'inconscience, il se peut qu'ils se sentent poussés à vous agresser ou à vous blesser d'une manière ou d'une autre. Ou bien alors c'est vous qui les blesserez par une projection inconsciente de votre souffrance. Vous attirez vers vous tout ce qui peut correspondre à votre état intérieur.

Quand il n'y a plus moyen de s'en sortir, il y a toujours moyen de passer à travers. Alors, ne vous détournez pas de la souffrance. Faites-lui face et sentez-la pleinement. Je dis bien de la sentir, non pas d'y réfléchir! Exprimez-la si nécessaire, mais ne rédigez pas mentalement de scénario à son sujet. Accordez toute votre attention à l'émotion et non pas à la personne, à l'événement ou à la situation qui semble l'avoir déclenchée. Ne laissez pas le mental utiliser la souffrance pour en confectionner une identité de victime. Vous prendre en pitié et raconter votre histoire aux autres vous maintiendra dans la souffrance. Puisqu'il est impossible de se dissocier de l'émotion, la seule possibilité qui reste pour changer les choses, c'est de dépasser la souffrance. Autrement, rien ne bougera. Alors, accordez toute votre attention à ce que vous sentez et retenez-vous de l'étiqueter mentalement. Soyez très vigilant quand vous plongez dans l'émotion. Tout d'abord, vous aurez peut-être l'impression d'être dans un lieu sombre et terrifiant. Et quand un besoin pressant se fera sentir de lui tourner le dos, restez là à l'observer sans passer à l'action. Continuez à maintenir votre attention sur la souffrance, à sentir le chagrin, la peur, la terreur, la solitude ou toute autre chose. Restez alerte et présent. Présent avec tout votre être, avec chacune des cellules de votre corps. En faisant cela, vous laissez entrer un peu de lumière dans toute cette obscurité. Vous y amenez la flamme de votre conscience.

À ce stade-là, vous n'avez plus besoin de vous préoccuper du lâcher-prise. Il s'est déjà produit. Comment? Être totalement attentif, c'est accepter totalement. En accordant entièrement votre attention à ce qui est, vous recourez au pouvoir de l'instant présent, celui de votre propre présence. Aucune résistance cachée ne peut survivre à une telle présence, car celle-ci élimine le temps. Et sans le temps, aucune souffrance, aucune négativité, ne peut être.

Accepter la souffrance, c'est cheminer vers la mort. Faire face à la souffrance profonde, lui donner la permission d'être, lui accorder votre attention, c'est entrer consciemment dans la mort. Quand vous avez connu cette mort, vous prenez conscience que la mort n'existe pas et qu'il n'y a rien à craindre. Seul l'ego meurt. Imaginez qu'un rayon de soleil ait oublié qu'il fait inséparablement partie du soleil et qu'il se fasse des illusions en croyant devoir lutter pour survivre, devoir se façonner une identité autre que le soleil, et qu'il y tienne dur comme fer. Ne pensez-vous pas que la mort de cette illusion serait incroyablement libératrice?

Voulez-vous une mort facile? Préféreriez-vous mourir sans souffrir, sans agoniser? Alors laissez le passé mourir à chaque instant et laissez la lumière de votre présence faire disparaître le moi lourd et pris dans le piège du temps que vous pensiez être «vous».

Le chemin de croix

Il existe de nombreux comptes rendus de gens disant avoir trouvé Dieu dans leur profonde souffrance et il y a l'expression chrétienne «chemin de croix» qui, je le suppose, désigne la même chose.

C'est la seule chose qui nous intéresse ici.

À vrai dire, ils n'ont pas trouvé Dieu dans leur souffrance, puisqu'elle sous-entend résistance. Ils ont trouvé Dieu par le lâcher-prise, par l'acceptation totale de ce qui est, vers laquelle leur intense souffrance les a amenés de force. Ils ont certainement réalisé que leur souffrance était une création de leur propre cru.

Comment arrivez-vous à assimiler le lâcher-prise au fait de trouver Dieu?

Étant donné que la résistance et le mental sont indissociables, le renoncement à la résistance – le lâcher-prise – met fin au règne du mental comme maître absolu, comme l'imposteur qui prétend être «vous», le faux Dieu. Tout jugement et toute négativité disparaissent. Le royaume de l'Être, qui était masqué par le mental, se révèle. Tout d'un coup, un grand calme naît en vous, une insondable sensation de paix. Et au cœur de cette paix, il y a une grande joie. Et au cœur de cette joie, il y a l'amour. Et au cœur de tout cela, il y a le sacré, l'incommensurable. Ce à quoi on ne peut attribuer de nom.

Je ne dirais pas que ceci signifie trouver Dieu, car comment pouvez-vous trouver ce qui n'a jamais été égaré, la vie même que vous êtes? Le terme Dieu est limitatif non seulement en raison de milliers d'années de fausse perception et d'usage abusif, mais également parce qu'il sous-entend l'existence d'une entité autre que vous. Dieu est l'Être lui-même et non un être. Il ne peut y avoir ici de relation sujet-objet, ni de dualité, ni de vous *et* Dieu. La réalisation du divin en soi est la chose la plus naturelle qui soit. Le fait incompréhensible et ahurissant n'est pas que vous puissiez devenir conscient de Dieu, mais plutôt que vous n'en soyez pas conscient.

Le chemin de croix que vous avez mentionné est l'ancienne façon d'arriver à la réalisation et jusqu'à récemment, c'était la seule. Mais ne l'écartez pas ou n'en sous-estimez pas l'efficacité. Cela fonctionne encore.

Le chemin de croix est un renversement total des choses. En d'autres termes, ce qu'il y a de pire dans votre vie, votre croix, s'avère la meilleure chose qui ait pu vous arriver dans la vie. C'est quelque chose qui vous contraint à lâcher prise, à «mourir», à devenir rien, à devenir Dieu, parce que Dieu est également le néant.

À cette époque-ci, et pour la majorité inconsciente des humains, le chemin de croix reste encore la seule voie. Ces humains ne pourront se réaliser qu'en connaissant davantage de souffrance, et il est prévisible que l'illumination, en tant que phénomène collectif, sera précédée d'immenses bouleversements. Ce déroulement des choses reflète le mécanisme de certaines lois universelles qui gouvernent le développement de la conscience, phénomène que certains visionnaires ont entrevu. On en trouve entre autres une description dans le Livre des révélations, ou l'Apocalypse, bien qu'il soit entouré d'un symbolisme obscur parfois impénétrable. Ce n'est pas Dieu qui inflige cette souffrance. Ce sont les humains qui se l'infligent à eux-mêmes et les uns aux autres. Et par la même occasion, la Terre la fait subir à son tour par certaines mesures de défense, car elle est un organisme vivant, intelligent qui cherchera à se protéger des assauts de la folie humaine.

Actuellement, il existe cependant un nombre croissant de gens dont la conscience est suffisamment développée et qui n'ont plus besoin de connaître la souffrance avant d'atteindre l'éveil. Vous êtes peut-être l'un d'eux.

Se réaliser par la souffrance – le chemin de croix – veut dire être forcé d'entrer dans le royaume des cieux à cor et à cri. Vous lâchez prise en fin de compte parce que vous ne pouvez plus supporter la souffrance, mais il se peut que la souffrance dure longtemps avant que cela ne se produise. Choisir consciemment l'éveil correspond à renoncer à l'attachement au passé et au futur et à faire du présent le point de mire principal de votre vie. Cela veut dire choisir de se maintenir dans l'état de présence plutôt que dans le temps. Cela signifie dire oui à ce qui est. Il n'est plus nécessaire alors de souffrir. De combien de temps pensez-vous avoir besoin encore avant de pouvoir affirmer: «Je ne créerai plus de douleur ou de souffrance»? Jusqu'à quand vous faudra-t-il souffrir avant de pouvoir effectuer ce choix?

Si vous pensez qu'il vous faut encore plus de temps, alors vous en aurez et vous aurez aussi plus de souffrance. Car le temps et la souffrance sont indissociables.

Avoir le pouvoir de choisir

Qu'en est-il de tous ces gens qui, semble-t-il, veulent en fait souffrir? J'ai une amie qui endure de mauvais traitements de la part de son conjoint. Sa relation précédente était semblable. Pourquoi choisit-elle de tels hommes et pourquoi refuse-t-elle actuellement de se sortir de cette situation? Pourquoi tant de gens choisissent-ils en fait de souffrir?

Je sais que le mot *choisir* est le vocable de prédilection du Nouvel Âge, mais, dans ce contexte, il n'est pas tout à fait exact. Il est trompeur de dire que quelqu'un «choisit» une relation dysfonctionnelle ou toute autre situation négative. Pourquoi? Parce que le choix sous-entend de la conscience, un degré élevé de conscience. Sans elle, vous n'avez pas de choix. Le choix existe à partir du moment où vous vous désidentifiez du mental et de ses schèmes de conditionnement, à partir du moment où vous devenez présent. Et avant d'atteindre ce moment, vous êtes inconscient, spirituellement parlant. Ceci veut dire que vous êtes contraint de penser, de sentir et d'agir en fonction du conditionnement de votre mental. Voila pourquoi Jésus a dit: «Pardonnez-leur, car ils ne savent ce qu'ils font.» Ceci ne fait pas référence à l'intelligence au sens conventionnel du terme. J'ai rencontré un grand nombre de personnes hautement intelligentes et éduquées qui étaient aussi complètement inconscientes, c'est-à-dire qu'elles étaient totalement identifiées à leur mental. En fait, si le développement du mental et l'accroissement des connaissances ne sont pas contrebalancés par une croissance correspondante de la conscience, le potentiel sur les plans du malheur et du désastre est très grand.

Votre amie est prisonnière d'une relation où le partenaire est violent, et ce n'est pas la première fois. Pourquoi? Parce qu'elle n'a pas le choix. Le mental, ainsi que le passé l'a conditionné, cherche toujours à recréer ce qu'il connaît et ce qui lui est familier. Même si c'est souffrant, c'est du connu. Le mental adhère toujours au connu. L'inconnu est dangereux pour lui parce qu'il n'a aucun contrôle dessus. C'est pour cela qu'il déteste et ignore tant le moment présent. La conscience du moment présent crée non seulement une interruption dans le flot des pensées, mais également dans l'enchaînement entre le passé et le futur. Rien de véritablement nouveau et créatif ne peut advenir en ce monde, sauf par l'intermédiaire de ce décalage, de cet espace dégagé qui ouvre sur d'infinies possibilités.

Votre amie, parce qu'elle est identifiée à son mental, répète probablement un schème comportemental appris dans le passé et dans lequel intimité et abus sont inséparablement liés. Ou encore, il est possible qu'elle manifeste ainsi un schème mental acquis au cours de la prime enfance selon lequel elle ne vaut rien et mérite d'être punie. Il est également possible qu'elle vive une grande partie de sa vie en fonction de son corps de souffrance, qui cherche constamment de la souffrance pour se sustenter. De son côté, son partenaire a ses propres comportements inconscients, complémentaires aux siens. Bien sûr, c'est elle qui a créé la situation, mais qui est le moi qui manifeste cette création? Un scénario mental et émotionnel du passé, rien de plus. Pourquoi en faire un moi? Si vous lui dites qu'elle a choisi cette situation, vous ne faites que renforcer son identification au mental. Mais ce scénario mental est-il ce qu'elle est? Est-il son moi? Sa véritable identité provient-elle du passé? Apprenez à votre amie à devenir la présence qui, derrière les pensées et les émotions, observe. Parlez-lui du corps de souffrance et de la façon de s'en libérer. Enseignez-lui l'art de la conscientisation du corps énergétique. Faites-lui la démonstration de ce qu'est la présence. Dès qu'elle saura accéder au pouvoir de l'instant présent, et par conséquent dès qu'elle aura rompu avec le conditionnement de son passé, elle aura alors le choix.

Personne ne choisit le dysfonctionnement, le conflit ou la douleur. Personne ne choisit la folie. Ceux-ci adviennent parce qu'il n'y a pas suffisamment de présence en vous pour dissoudre le passé, pas assez de lumière pour dissiper l'obscurité. Vous n'êtes pas totalement ici. Vous n'êtes pas encore tout à fait éveillé. Et entre-temps, c'est le mental conditionné qui gère votre vie.

De la même façon, si vous êtes une de ces nombreuses personnes à avoir une problématique parentale, si vous ressassez encore du ressentiment envers vos parents pour quelque chose qu'ils ont fait ou n'ont pas fait, c'est que vous croyez encore qu'ils avaient le choix, qu'ils auraient pu agir différemment. On a toujours l'impression que les gens avaient le choix: c'est une illusion. Tant et aussi longtemps que votre mental et son conditionnement gèrent votre vie, aussi longtemps que vous êtes votre mental, quel choix avez-vous? Aucun. Vous n'êtes même pas là. L'identification au mental est un état hautement dysfonctionnel. C'est une forme de démence. Presque tout le monde en souffre à des degrés variables. Dès l'instant où vous prenez conscience de cela, il ne peut plus y avoir de ressentiment. Comment pouvez-vous éprouver du ressentiment vis-à-vis de la maladie de quelqu'un? La seule attitude possible est la compassion.

Cela veut donc dire que personne n'est responsable de ce qu'il fait ? Je n'aime pas du tout cette idée.

Si c'est votre mental qui mène votre vie, bien que vous n'ayez aucun choix, vous souffrirez encore des conséquences de votre inconscience et créerez davantage de souffrance. Vous aurez à porter le fardeau de la peur, du conflit, des problèmes et de la douleur. La souffrance ainsi créée vous forcera, à un moment ou à un autre, à sortir de votre état d'inconscience.

Ce que vous dites au sujet du choix vaut également pour le pardon, je suppose. Vous devez être totalement conscient et lâcher prise complètement avant de pouvoir pardonner ?

Le terme « pardon » est en usage depuis deux mille ans. Pourtant, la plupart des gens ont une idée très restreinte de sa signification. Vous ne pouvez pas vraiment vous pardonner, ainsi qu'aux autres, aussi longtemps que vous cherchez votre identité dans le passé. C'est seulement en accédant au pouvoir de l'instant présent, qui est votre pouvoir propre, qu'il peut y avoir un véritable pardon. Cela rend le passé impuissant et vous permet de réaliser profondément que rien de ce que vous avez fait ou de ce qu'on vous a fait n'a pu le moins du monde toucher l'essence radieuse de votre Être. Et dans cet esprit, le concept du pardon devient alors entièrement inutile.

Et comment puis-je arriver à cette réalisation ?

Lorsque vous lâchez prise sur ce qui est et que vous devenez donc totalement présent, le passé perd tout pouvoir. Vous n'en avez plus besoin. La présence est la clé. Le présent l'est aussi.

Comment savoir que j'ai lâché prise ?

Quand vous n'aurez plus besoin de poser cette question.

Références

1. A. Koestler, *The Ghost in the Machine* (Arkana, London 1989), p. 180

2. Z. Brzezinski, *The Grand Failure* (Charles Scribner's Sons, New York 1989), pp. 239-40.

3. *A Course in Miracles* (Foundation for Inner Peace, 1990), Introduction

4. R.L. Sivard, *World Military and Social Expenditures* 1996, 16th Edition (World Priorities, Washington D.C., 1996), p. 7.

Mettre en pratique Le pouvoir du moment présent

Enseignements essentiels,
méditations et exercices
pour jouir d'une vie libérée

La liberté commence quand vous prenez conscience que vous n'êtes pas cette entité, c'est-à-dire le penseur.
En sachant cela, vous pouvez alors surveiller cette entité.
Dès l'instant où vous vous mettez à observer le penseur, un niveau plus élevé de conscience est activé.
Vous comprenez petit à petit qu'il existe un immense royaume d'intelligence au-delà de la pensée et que celle-ci ne constitue qu'un infime aspect de cette intelligence.
Vous réalisez aussi que toutes les choses vraiment importantes – la beauté, l'amour, la créativité, la joie, la paix – trouvent leur source au-delà du mental.

Et vous commencez alors à vous éveiller.

Introduction

Depuis sa parution en 1997, *Le pouvoir du moment présent* a eu une forte répercussion sur le conscient collectif de la planète, et ce, au-delà de tout ce que j'aurais pu imaginer. En effet, il a été traduit en quinze langues et il amène des lecteurs de partout dans le monde à m'envoyer chaque jour des lettres dans lesquelles ils me confient à quel point leur vie a changé depuis qu'ils ont pris connaissance des enseignements qui y sont divulgués.

Bien que les effets de la folie propre à l'ego fassent encore partie de la réalité dans le monde entier, quelque chose de nouveau est cependant en train d'émerger. Jamais auparavant n'y a-t-il eu autant de gens prêts à se libérer du joug des formes-pensées collectives qui maintiennent l'humanité dans la souffrance depuis la nuit des temps. Mais nous avons suffisamment souffert ! Il émerge en ce moment un nouvel état de conscience, un état qui fleurit en vous alors même que vous tenez ce livre entre vos mains et lisez des mots qui évoquent la possibilité que les êtres humains vivent librement et sans s'infliger de souffrance, ni à eux ni aux autres.

Nombre des lecteurs qui m'ont écrit ont exprimé le souhait que les aspects pragmatiques des enseignements divulgués dans *Le pouvoir du moment présent* soient présentés sous une forme plus pratique pouvant être mise à contribution tous les jours.

En plus des exercices, cet ouvrage contient aussi de courts passages du livre d'origine qui pourront servir à rappeler certaines notions et à les faire vôtres au quotidien.

Nombre de ces extraits se prêtent particulièrement à une lecture méditative. Lorsque vous vous adonnez à cela, votre intention première n'est pas de colliger de nouvelles informations, mais plutôt d'accéder à un état de conscience modifié. Voilà pourquoi une même section lue à de multiples reprises aura toujours quelque chose de frais et de neuf à vous apporter. Seules des paroles écrites ou dites dans un état de présence totale à ce qui est ont un tel pouvoir de transformation. Un pouvoir qui éveille chez le lecteur ce même état de présence.

Prenez votre temps pour lire ces passages. Arrêtez-vous aussi souvent que nécessaire pour laisser place à la réflexion et à l'immobilité intérieure. Vous pouvez aussi, si tel est votre désir, ouvrir ce livre au hasard et n'en parcourir que quelques lignes à la fois.

Ekhart Tolle

PREMIÈRE PARTIE

L'être et l'illumination

Lorsque votre conscience est dirigée vers l'extérieur,
le monde et le mental voient le jour.
Lorsqu'elle est dirigée vers l'intérieur,
elle actualise sa propre source
et retourne à sa demeure originelle dans le non-manifeste.

CHAPITRE UN

L'être et l'illumination

Il y a LA vie éternelle et omniprésente qui existe au-delà des myriades de formes de vie assujetties au cycle de la naissance et de la mort. Plusieurs personnes utilisent le mot Dieu pour la décrire ; moi, je l'appelle « Être ».

À l'instar du terme « Dieu », le mot « être » n'explique rien. Par contre, il a l'avantage d'être un concept ouvert. Il ne réduit pas l'infini invisible à une entité finie et il est impossible de s'en faire une image mentale. Personne ne peut se déclarer être l'unique détenteur de l'être, car il s'agit de votre essence même et que celle-ci vous est accessible immédiatement sous la forme de la sensation de votre propre essence. Le pas à franchir entre le terme « Être » et l'expérience d'« Être » est donc plus petit.

LECTURE MÉDITATIVE

L'Être n'existe cependant pas seulement au-delà mais aussi au cœur de toute forme ; il constitue l'essence invisible et indestructible la plus profonde. Mais ne cherchez pas à le saisir avec votre mental ni à le comprendre.

Vous pouvez l'appréhender seulement lorsque votre « mental » s'est tu. Quand vous êtes présent, quand votre attention est totalement et intensément dans le présent, vous pouvez sentir l'être. Mais vous ne pouvez jamais le comprendre mentalement.

Retrouver cette présence à l'Être et se maintenir dans cet état de « sensation de réalisation », c'est cela l'illumination.

Le terme « illumination » évoque l'idée d'un accomplissement surhumain, et l'ego aime s'en tenir à cela. Mais l'illumination est tout simplement votre état naturel, la sensation de ne faire qu'un avec l'Être. C'est un état de fusion avec quelque chose de démesuré et d'indestructible. Quelque chose qui, presque paradoxalement, est essentiellement vous mais pourtant beaucoup plus vaste que vous.

L'ILLUMINATION, C'EST TROUVER VOTRE VRAIE NATURE AU-DELÀ DE TOUT NOM ET DE TOUTE FORME.

Et ce qui nous empêche de connaître cette réalité, c'est l'identification au « mental », car celle-ci amène la pensée à devenir compulsive. L'incapacité à s'arrêter de penser est une épouvantable affliction. Nous ne nous en rendons pas compte parce que presque tout le monde en est atteint : nous en venons à la considérer comme normale. Cet incessant bruit mental vous empêche de trouver ce royaume de calme intérieur qui est indissociable de l'« Être ». Ce bruit crée également un faux moi érigé par l'ego qui projette une ombre de peur et de souffrance sur tout.

L'identification au mental crée chez vous un écran opaque de concepts, d'étiquettes, d'images, de mots, de jugements et de définitions qui empêchent toute vraie relation. Cet écran s'interpose entre vous et vous-même, entre vous et votre prochain, entre vous et la nature, entre vous et le divin. C'est cet écran de pensées qui amène cette illusion de division, l'illusion qu'il y a vous et un « autre », totalement séparé de vous. Vous oubliez un fait essentiel : derrière le plan des apparences physiques et de la diversité des formes, vous ne faites qu'un avec tout ce qui est.

Le mental est un magnifique outil si l'on s'en sert à bon escient. Dans le cas contraire, il devient très destructeur. Plus précisément, ce n'est pas tant que vous utilisez mal votre « mental » ; c'est plutôt qu'en général vous ne vous en servez pas du tout car c'est lui qui se sert de vous. Et c'est cela la maladie, puisque vous croyez être votre mental. C'est cela l'illusion. L'outil a pris possession de vous.

LECTURE MÉDITATIVE

La liberté commence quand vous prenez conscience que vous n'êtes pas cette entité, c'est-à-dire le penseur. En sachant cela, vous pouvez alors surveiller cette entité. Dès l'instant où vous vous mettez à observer le penseur, un niveau plus élevé de conscience est activé.

Vous comprenez petit à petit qu'il existe un immense royaume d'intelligence au-delà de la pensée et que celle-ci ne constitue qu'un infime aspect de cette intelligence. Vous réalisez aussi que toutes les choses vraiment importantes – la beauté, l'amour, la créativité, la joie, la paix – trouvent leur source au-delà du mental.

ET VOUS COMMENCEZ ALORS À VOUS ÉVEILLER.

Comment se libérer du mental

La bonne nouvelle dans tout cela, c'est que vous pouvez effectivement vous libérer du mental. Et c'est là la véritable libération.

VOUS POUVEZ MÊME COMMENCER DÈS MAINTENANT.

EXERCICE

Écoutez aussi souvent que possible cette voix dans votre tête. Prêtez particulièrement attention aux schémas de pensée répétitifs, à ces vieux disques qui jouent et rejouent les mêmes chansons peut-être depuis des années. C'est ce que j'entends quand je vous suggère « d'observer le penseur ». C'est une autre façon de vous dire d'écouter cette voix dans votre tête, d'être la présence qui joue le rôle de témoin.

Lorsque vous écoutez cette voix, faites-le objectivement, c'est-à-dire sans juger. Ne condamnez pas ce que vous entendez, car si vous le faites, cela signifie que cette même voix est revenue par la porte de service. Vous prendrez bientôt conscience qu'il y a la voix et qu'il y a quelqu'un qui l'écoute et qui l'observe. Cette prise de conscience que quelqu'un surveille, ce sens de votre propre présence, n'est pas une pensée. Cette réalisation trouve son origine au-delà du « mental ».

Ainsi, quand vous observez une pensée, vous êtes non seulement conscient de celle-ci, mais aussi de vous-même en temps que témoin de la pensée.

EXERCICE

Pendant que vous observez cette pensée, vous sentez pour ainsi dire une présence, votre moi profond, derrière elle ou sous elle. Elle perd alors son pouvoir sur vous et bat rapidement en retraite du fait que, en ne vous identifiant plus à elle, vous n'alimentez plus le mental. Ceci est le début de la fin de la pensée involontaire et compulsive.

Lorsqu'une pensée s'efface, il se produit une discontinuité dans le flux mental, un intervalle de « non-mental ». Au début, ces hiatus seront courts, peut-être de quelques secondes, mais ils deviendront peu à peu de plus en plus longs. Lorsque ces décalages dans la pensée se produisent, vous ressentez un certain calme et une certaine paix. C'est le début de votre état naturel de fusion consciente avec l'Être qui est, généralement, obscurcie par le mental.

Avec le temps et l'expérience, la sensation de calme et de paix s'approfondira et se poursuivra ainsi sans fin. Vous sentirez également une joie délicate émaner du plus profond de vous, celle de l'Être.

Dans cet état d'unité avec l'Être, vous êtes beaucoup plus alerte, beaucoup plus éveillé que dans l'état d'identification au mental. Vous êtes en fait totalement présent. Et cette condition élève les fréquences vibratoires du champ énergétique qui transmet la vie au corps physique.

Lorsque vous pénétrez de plus en plus profondément dans cet état de vide mental ou de « non-mental », comme on le nomme parfois en Orient, vous atteignez la conscience pure. Et dans cette situation, vous ressentez votre propre présence avec une intensité et une joie telles que toute pensée, toute émotion, votre corps physique ainsi que le monde extérieur deviennent relativement insignifiants en comparaison. Cependant, il ne s'agit pas d'un état d'égoïsme mais plutôt d'un état d'absence d'ego. Vous êtes transporté au-delà de ce que vous preniez auparavant pour « votre moi ». Cette présence, c'est vous en essence, mais c'est en même temps quelque chose d'inconcevablement plus vaste que vous. Ce que j'essaie de transmettre dans cette explication peut sembler paradoxal ou même contradictoire, mais je ne peux l'exprimer d'aucune autre façon.

EXERCICE

Au lieu « d'observer le penseur », vous pouvez également créer un hiatus dans le mental en reportant simplement toute votre attention sur le moment présent.

Vous en tirerez une profonde satisfaction. De cette façon, vous écartez la conscience de l'activité mentale et créez un vide mental où vous devenez extrêmement vigilant et conscient mais où vous ne pensez pas.

CECI EST L'ESSENCE MÊME DE LA MÉDITATION.

EXERCICE

Dans votre vie quotidienne, vous pouvez vous y exercer durant n'importe quelle activité routinière, qui n'est normalement qu'un moyen d'arriver à une fin, en lui accordant votre totale attention afin qu'elle devienne une fin en soi. Par exemple, chaque fois que vous montez ou descendez une volée de marches chez vous ou au travail, portez attention à chacune des marches, à chaque mouvement et même à votre respiration. Soyez totalement présent.

Ou bien lorsque vous vous lavez les mains, prenez plaisir à toutes les perceptions sensuelles qui accompagnent ce geste : le bruit et la sensation de l'eau sur la peau, le mouvement de vos mains, l'odeur du savon, ainsi de suite.

Ou bien encore, une fois monté dans votre voiture et la portière fermée, faites une pause de quelques secondes pour observer le mouvement de votre respiration. Remarquez la silencieuse mais puissante sensation de présence qui se manifeste en vous. Un critère certain vous permet d'évaluer si vous réussissez ou non dans cette entreprise : le degré de paix que vous ressentez alors intérieurement.

L'illumination, c'est s'élever au-delà de la pensée

Quand vous grandissez, vous vous faites une image mentale de qui vous êtes en fonction de votre conditionnement familial et culturel. On pourrait appeler ce « moi fantôme », l'ego. Il se résume à l'activité mentale et ne peut se perpétuer que par l'incessante pensée. Le terme « ego » signifie diverses choses pour différentes gens, mais quand je l'utilise ici, il désigne le faux moi créé par l'identification inconsciente au mental.

Aux yeux de l'ego, le moment présent n'existe quasiment pas, car seuls le passé et le futur lui importent. Ce renversement total de la vérité reflète bien à quel point le mental est dénaturé quand il fonctionne sur le mode « ego ». Sa préoccupation est de toujours maintenir le passé en vie, car sans lui qui seriez-vous ? Il se projette constamment dans le futur pour assurer sa survie et pour y trouver une forme quelconque de relâchement et de satisfaction. Il se dit : « Un jour, quand ceci ou cela se produira, je serai bien, heureux, en paix. »

Même quand l'ego semble se préoccuper du présent, ce n'est pas le présent qu'il voit. Il le perçoit de façon totalement déformée, car il le regarde à travers les yeux du passé. Ou bien il le réduit à un moyen pour arriver à une fin, une fin qui n'existe jamais que dans le futur projeté par lui. Observez votre mental et vous verrez qu'il fonctionne comme ça.

Le secret de la libération réside dans l'instant présent. Mais vous ne pourrez pas vous y retrouver tant et aussi longtemps que vous serez votre mental.

Atteindre l'illumination signifie s'élever au-delà de la pensée. Quand vous avez atteint ce degré d'éveil, vous continuez à vous servir de votre pensée au besoin. La seule différence, c'est que vous le faites de façon beaucoup plus efficace et pénétrante qu'avant. Vous vous servez de votre mental principalement pour des questions d'ordre pratique. Vous n'êtes plus sous l'emprise du dialogue intérieur involontaire, et une paix profonde s'est installée.

Lorsque vous employez le mental, en particulier quand vous devez trouver une solution créative à quelque chose, vous oscillez toutes les quelques minutes entre la pensée et le calme, entre le vide mental et le mental. Le vide mental, c'est la conscience sans la pensée.

C'est uniquement de cette façon qu'il est possible de penser de manière créative parce que c'est seulement ainsi que la pensée acquiert vraiment un pouvoir. Lorsqu'elle n'est plus reliée au très grand royaume de la conscience, la pensée seule devient stérile, insensée, destructrice.

Les émotions, une réaction du corps mental

Dans le sens selon lequel j'emploie le terme, le mental ne fait pas seulement référence à la pensée. Il comprend également vos émotions ainsi que tous les schèmes réactifs inconscients mettant en rapport pensées et émotions. Les émotions naissent au point de rencontre du corps et du mental

Plus vous vous identifiez à vos pensées, à vos goûts, à vos jugements et à vos interprétations, c'est-à-dire moins vous êtes présent en tant que conscience qui observe, plus grande sera la charge émotionnelle. Et ceci, que vous en soyez conscient ou non. Si vous ne réussissez pas à ressentir vos émotions, si vous en êtes coupé, vous en ferez l'expérience sur un plan purement physique, sous la forme d'un problème ou d'un symptôme physique.

EXERCICE

Si vous avez de la difficulté à ressentir vos émotions, commencez par centrer votre attention sur le champ énergétique de votre corps. Sentez votre corps de l'intérieur. Ceci vous mettra aussi en contact avec vos émotions

Si vous voulez vraiment apprendre à connaître votre mental, observez l'émotion, ou mieux encore, ressentez-la dans votre corps, car celui-ci vous donnera toujours l'heure juste. Si, apparemment, il y a un conflit entre les deux, la pensée mentira alors que l'émotion dira la vérité. Non pas la vérité ultime de votre essence, mais la vérité relative de votre état d'esprit à ce moment-là.

Mais si vous n'êtes pas encore capable de conscientiser l'activité mentale inconsciente sous la forme de pensées, celle-ci sera toujours reflétée dans le corps sous la forme d'une émotion. Et de cela vous pouvez prendre conscience.

Fondamentalement, on observe une émotion de la même façon qu'une pensée, comme je l'ai expliqué plus haut. La seule différence, c'est qu'une émotion est fortement reliée au physique et que vous la ressentirez principalement dans le corps, alors qu'une pensée se loge dans la tête. Vous pouvez alors permettre à l'émotion d'être là sans être contrôlé par elle. Vous n'êtes plus l'émotion : vous êtes le témoin, la présence qui observe.

Si vous vous exercez à cela, tout ce qui est inconscient en vous sera amené à la lumière de la conscience.

EXERCICE

Prenez l'habitude de vous poser la question suivante : « Qu'est-ce qui se passe en moi en ce moment ? » Elle vous indiquera la bonne direction. Mais n'analysez pas. Contentez-vous d'observer. Tournez votre attention vers l'intérieur. Sentez l'énergie de l'émotion. S'il n'y a aucune émotion, soyez encore plus profondément attentif à votre champ énergétique, à l'intérieur du corps. C'est la porte d'accès à l'Être.

CHAPITRE DEUX

L'origine de la peur

La peur psychologique n'a rien à voir avec la peur ressentie face à un danger concret, réel et immédiat. La peur psychologique se présente sous une multitude de formes : un malaise, une inquiétude, de l'anxiété, de la nervosité, une tension, de l'appréhension, une phobie, etc. Ce type de peur concerne toujours quelque chose qui pourrait survenir et non pas ce qui est en train d'arriver. Vous êtes dans l'ici-maintenant, tandis que votre mental est dans le futur. Cela crée un hiatus chargé d'anxiété. Et si vous êtes identifié à votre mental et que vous avez perdu contact avec la puissance et la simplicité de l'instant présent, ce hiatus sera votre fidèle compagnon. Vous pouvez toujours composer avec l'instant présent, mais vous ne pouvez pas le faire avec ce qui n'est qu'une projection du mental. Bref, vous ne pouvez pas composer avec le futur.

Tant que vous êtes identifié à votre mental, l'ego mène votre vie. À cause de sa nature fantomatique et en dépit de mécanismes de défense élaborés, l'ego est très vulnérable et inquiet. Il se sent constamment menacé. Ce qui est d'ailleurs le cas, même si, vu de l'extérieur, il donne l'impression d'être sûr de lui. Alors, rappelez-vous qu'une émotion est une réaction du corps à votre mental. Quel message le corps reçoit-il continuellement de l'ego, ce moi faux et artificiel? Danger, je suis menacé. Et quelle est l'émotion générée par ce message continuel? La peur, bien entendu.

La peur semble avoir bien des causes : une perte, un échec, une blessure, etc. Mais en définitive, toute peur revient à la peur qu'a l'ego de la mort, de l'anéantissement. Pour l'ego, la mort est toujours au détour du chemin. Dans cet état d'identification au mental, la peur de la mort se répercute sur chaque aspect de votre vie. Par exemple, même une chose apparemment aussi insignifiante et « normale » que le besoin compulsif d'avoir raison et de vouloir donner tort à l'autre – en défendant la position mentale à laquelle vous vous êtes identifié – est due à la peur de la mort. Si vous vous identifiez à cette position mentale et que vous ayez tort, le sens de votre moi, qui est fondé sur le mental, est sérieusement menacé d'anéantissement. En tant qu'ego, vous ne pouvez alors vous permettre d'avoir tort, puisque cela signifie mourir. Cet enjeu a engendré des guerres et d'innombrables ruptures.

Lorsque vous vous serez désidentifié de votre mental, avoir tort ou raison n'aura aucun impact sur le sens que vous avez de votre identité. Et le besoin si fortement compulsif et si profondément inconscient d'avoir raison, qui est une forme de violence, ne sera plus là. Vous pourrez énoncer clairement et fermement la façon dont vous vous sentez ou ce que vous pensez, mais sans agressivité ni en étant sur la défensive. Le sens de votre identité proviendra alors d'un espace intérieur plus profond et plus vrai que le mental.

LECTURE MÉDITATIVE

Prenez garde à toute manifestation de défensive chez vous. Que défendez-vous alors ? Une identité illusoire, une représentation mentale, une entité fictive ? En conscientisant ce scénario, en étant le témoin, vous vous désidentifierez de lui. À la lumière de votre conscience, le scénario inconscient disparaîtra alors rapidement. Ce sera la fin des querelles et des jeux de pouvoir, si corrosifs pour les relations. Le pouvoir sur les autres, c'est de la faiblesse déguisée en force. Le véritable pouvoir est à l'intérieur et il est déjà vôtre.

Le mental cherche continuellement à dissimuler l'instant présent derrière le passé et le futur. Par conséquent, lorsque la vitalité et le potentiel créatif infini de l'Être, indissociables du moment présent, sont jugulés par le temps, votre nature véritable est éclipsée par le mental. Une charge de temps de plus en plus lourde s'accumule sans cesse dans l'esprit humain. Tous les individus pâtissent sous ce fardeau, mais ils continuent aussi de l'étoffer chaque fois qu'ils ignorent ou nient ce précieux instant, ou le réduisent à un moyen d'arriver à quelque instant futur qui n'existe que dans le mental, jamais dans la réalité. L'accumulation de temps dans le mental humain, collectif et individuel comporte également, en quantité immense, des résidus de souffrance passée.

Si vous ne voulez plus créer de souffrance pour vous-même et pour d'autres, si vous ne voulez plus rien ajouter aux résidus de cette souffrance passée qui vit encore en vous, ne créez plus de temps, ou du moins, n'en créez pas plus qu'il ne vous en faut pour faire face à la vie de tous les jours. Comment cesser de créer du temps ?

LECTURE MÉDITATIVE

Prenez profondément conscience que le moment présent est toujours uniquement ce que vous avez. Faites de l'instant présent le point de mire principal de votre vie. Tandis qu'auparavant vous habitiez le temps et accordiez de petites visites à l'instant présent, faites du « maintenant » votre lieu de résidence principal et accordez de brèves visites au passé et au futur lorsque vous devez affronter les aspects pratiques de votre vie.

Dites toujours « oui » au moment présent.

Mettez fin à l'illusion qu'est le temps

La clé, c'est de mettre fin à l'illusion du temps, parce que le temps et le mental sont indissociables. Si vous éliminez le temps du mental, celui-ci s'arrête. Sauf si vous choisissez de vous en servir.

Quand vous êtes identifié au mental, vous êtes prisonnier du temps et une compulsion vous incite à vivre presque exclusivement en fonction de la mémoire et de l'anticipation. Ceci génère une préoccupation permanente face au passé et au futur, une indisponibilité à honorer et à accueillir l'instant présent, ainsi qu'une incapacité à lui permettre d'être. La compulsion naît du fait que le passé vous confère une identité et que le futur comporte une promesse de salut et de satisfaction, sous une forme ou une autre. Passé et futur sont tous deux des illusions.

Plus vous êtes axé sur le temps, c'est-à-dire le passé et le futur, plus vous ratez le présent, la chose la plus précieuse qui soit.

Et pourquoi l'est-elle ? Parce qu'elle est l'unique chose qui soit. Parce que c'est tout ce qui existe. L'éternel présent est le creuset au sein duquel toute votre vie se déroule, le seul facteur constant. La vie, c'est maintenant. Il n'y a jamais eu un moment où votre vie ne se déroulait pas « maintenant » et il n'y en aura d'ailleurs jamais.

De plus, l'instant présent est l'unique point de référence qui puisse vous transporter au-delà des frontières limitées du mental. Il est votre seul point d'accès au royaume intemporel et sans forme de l'Être.

Avez-vous jamais eu une expérience, fait, pensé ou senti quelque chose qui ne se situe pas dans le moment présent ? Pensez-vous que cela puisse vous arriver un jour ? Est-il possible que quelque chose soit en dehors de l'instant présent ? La réponse est évidente, n'est-ce pas ?

RIEN NE S'EST JAMAIS PRODUIT DANS LE PASSÉ : CELA S'EST PRODUIT DANS LE PRÉSENT.

RIEN NE SE PRODUIRA JAMAIS DANS LE FUTUR : CELA SE PRODUIRA DANS LE PRÉSENT.

Le mental ne peut pas comprendre l'essence de ce que je suis en train de dire. Toutefois, dès que vous la saisissez, il se produit un basculement de la conscience, du mental à l'Être, du temps à la présence. Tout d'un coup, tout semble vivant, irradie d'énergie, s'anime de l'Être.

CHAPITRE TROIS

Accéder au pouvoir du moment présent

La dimension de l'intemporel introduit une autre sorte de forme d'appréhension de la réalité qui ne « tue » pas l'esprit vivant en chaque créature et en chaque chose. Une appréhension de la réalité qui ne détruit pas le sacré et le mystère de la vie mais qui exprime plutôt un profond amour et une immense révérence pour tout ce qui est. Une appréhension de la réalité dont le mental ne sait rien.

EXERCICE

Brisez la vieille habitude qui vous fait nier le moment présent et y résister. Exercez-vous à soustraire votre attention du passé et du futur quand la nécessité ne se présente pas. Sortez de la dimension temporelle autant que vous le pouvez dans le quotidien.

Si vous éprouvez de la difficulté à accéder directement à l'instant présent, exercez-vous d'abord en observant la tendance habituelle de votre mental à vouloir fuir le moment présent. Vous constaterez qu'il imagine en général le futur comme étant meilleur ou pire que le présent. Dans le premier cas, il vous donne de l'espoir et du plaisir par anticipation. Dans le deuxième cas, il crée de l'anxiété. Chaque fois, il s'agit pourtant d'une illusion. En vous observant vous-même, vous pouvez automatiquement devenir plus présent dans votre vie. Dès l'instant où vous prenez conscience que vous n'êtes plus présent, vous l'êtes. Chaque fois que vous pouvez observer votre mental, vous n'êtes plus pris à son piège. Un autre facteur est entré en jeu, quelque chose qui n'appartient pas au mental, la présence-témoin.

Soyez présent en tant qu'observateur de votre mental, c'est-à-dire de vos pensées, de vos émotions et de vos réactions dans diverses situations. Accordez au moins autant d'attention à vos réactions qu'à la situation ou à la personne qui vous fait réagir.

Remarquez aussi la répétitivité avec laquelle votre attention se fixe sur le passé ou le futur. Ne jugez pas et n'analysez pas ce que vous observez. Regardez la pensée, sentez l'émotion, surveillez la réaction. N'en faites pas une problématique. Vous sentirez alors quelque chose de plus puissant que n'importe lequel de vos sujets d'observation : la présence calme qui observe de derrière le contenu du mental, le témoin silencieux.

Lorsque certaines situations déclenchent des réactions empreintes d'une forte charge émotionnelle, comme lorsque l'image de soi est menacée, qu'un défi se présente dans votre vie et suscite de la peur, que les choses vont mal ou qu'un nœud émotionnel du passé refait surface, la présence doit se faire intense. Dans de telles situations, vous avez tendance à devenir « inconscient ». La réaction ou l'émotion prend totalement possession de vous, vous devenez elle et agissez en fonction d'elle. Vous vous justifiez, vous accusez, vous attaquez, vous vous défendez... Sauf qu'il ne s'agit pas de vous, mais du scénario réactif, du mental dans son habituel mode de survie.

S'identifier au mental, c'est lui donner de l'énergie. Observer le mental, c'est lui enlever de l'énergie. S'identifier au mental accentue la dimension temporelle. Observer le mental donne accès à la dimension intemporelle. L'énergie économisée se transforme en présence. Une fois que vous savez d'expérience ce qu'être présent signifie, il est beaucoup plus aisé de simplement choisir de sortir de la dimension temporelle chaque fois que vous n'avez pas besoin du temps pour des raisons pratiques et de plonger davantage dans le présent.

Ceci n'amoindrit pas votre aptitude à vous servir de la dimension temporelle – le passé ou le futur – quand vous avez besoin d'y faire référence pour des questions d'ordre pratique. Cela n'amoindrit pas non plus votre capacité à employer votre mental. En fait, cela l'améliore. Quand vous utiliserez votre mental, celui-ci sera plus vif, plus pointu.

La personne illuminée maintient toujours son attention dans le présent, celle-ci est tout de même consciente du temps à la périphérie. Autrement dit, elle continue à se servir du « temps-horloge » mais elle est libérée du « temps psychologique ».

Comment se défaire du temps psychologique

Apprenez à utiliser le temps dans les aspects pratiques de votre vie – on pourrait appeler cela le « temps-horloge » –, mais revenez immédiatement à la conscience du moment présent quand les choses pratiques ont été réglées. De cette façon, il n'y aura aucune accumulation de « temps psychologique », qui est l'identification au passé et la perpétuelle projection compulsive dans le futur.

Si vous vous donnez un objectif et travaillez pour l'atteindre, vous vous servez du « temps-horloge ». Vous êtes conscient de la direction que vous voulez prendre, mais vous honorez le pas que vous faites dans le moment et lui accordez votre attention la plus totale. Si vous devenez trop axé sur l'objectif parce que, à travers lui, vous recherchez peut-être le bonheur, la satisfaction et une certaine complétude, vous n'honorez plus le présent. Celui-ci se réduit à un tremplin pour le futur, sans aucune valeur intrinsèque. Le « temps-horloge » se transforme alors en « temps psychologique ». Votre périple n'est plus une aventure, mais seulement un besoin obsessionnel d'arriver quelque part, d'atteindre quelque chose, de réussir. Vous ne voyez ni ne sentez plus les fleurs sur le bord du chemin et vous n'êtes plus conscient de la beauté et du miracle de la vie qui sont révélés partout autour de vous quand vous êtes dans l'instant présent.

Désirez-vous toujours être ailleurs que là où vous êtes ? Le « faire » est-il pour vous seulement un moyen d'arriver à une fin ? La satisfaction doit-elle toujours être imminente ou se réduit-elle à des plaisirs de courte durée comme le sexe, la nourriture, la boisson, les drogues, à des sensations fortes et à une certaine surexcitation ? Votre objectif est-il constamment d'atteindre, de devenir et d'accomplir ? Ou bien êtes-vous à la poursuite de nouvelles sensations, d'autres plaisirs ? Croyez-vous qu'en ayant davantage de possessions vous serez meilleur, plus satisfait ou psychologiquement plus complet ? Attendez-vous qu'un homme ou une femme donne un sens à votre vie ?

Dans l'état de conscience normal non éveillé, c'est-à-dire quand on s'identifie au mental, le pouvoir et l'infini potentiel créatif qui sont dissimulés dans le présent sont complètement éclipsés par le temps psychologique. Votre vie perd alors sa vitalité, sa fraîcheur et son sens de l'émerveillement. Les vieux scénarios de pensées, d'émotions, de comportements, de réactions et de désirs sont rejoués à l'infini. C'est là un script mental qui vous procure une sorte d'identité mais qui, en fait, déforme ou dissimule la réalité qu'est le présent. Et le mental fait alors du futur une obsession pour échapper à un présent insatisfaisant.

Ce que vous percevez comme le futur fait intrinsèquement partie de votre état de conscience dans le moment présent. Si votre mental traîne un lourd fardeau de passé, vous répéterez les mêmes expériences, car sans présence, le passé se perpétue de lui-même. La qualité de votre conscience dans cet instant-ci façonne votre futur, qui bien sûr ne pourra être vécu que comme le présent.

SI LA QUALITÉ DE VOTRE CONSCIENCE À CE MOMENT-CI DÉTERMINE LE FUTUR, QU'EST-CE QUI DÉTERMINE LA QUALITÉ DE VOTRE CONSCIENCE ? VOTRE DEGRÉ DE PRÉSENCE. PAR CONSÉQUENT, LE SEUL DOMAINE À PARTIR DUQUEL LE VÉRITABLE CHANGEMENT PEUT S'OPÉRER ET OÙ LE PASSÉ PEUT SE DISSOUDRE, C'EST LE PRÉSENT.

Il se peut qu'il vous soit difficile de reconnaître que le temps est à l'origine de votre souffrance ou de vos problèmes. Vous pensez en effet qu'ils sont occasionnés par des situations particulières dans votre vie, ce qui est vrai si on considère la chose d'un point de vue classique. Mais à moins que vous ne vous attardiez au dysfonctionnement du mental qui cause tous les problèmes, c'est-à-dire son attachement au passé et au futur ainsi que sa dénégation du présent, vos problèmes sont en fait interchangeables.

Si, par miracle, tous vos problèmes, ou tout ce que vous percevez comme étant la cause de vos souffrances ou de vos malheurs, étaient miraculeusement effacés aujourd'hui sans que vous soyez devenu plus présent et plus conscient, vous vous retrouveriez tôt ou tard avec un ensemble semblable de problèmes ou de souffrances, comme si une ombre vous suivait où que vous alliez. En fin de compte, il n'y a qu'un problème : le mental prisonnier des mailles du temps.

Le salut n'existe pas dans le temps. Vous ne pouvez être libre dans le futur.

LECTURE MÉDITATIVE

La clé de la liberté, c'est la présence, vous ne pouvez être libre que dans l'instant présent.

Comment découvrir votre vie derrière vos conditions de vie actuelles

Ce que vous appelez « votre vie » devrait plutôt s'appeler plus justement « vos conditions de vie ». Il s'agit de temps psychologique, du passé et du futur. Dans le passé, certaines choses ne se sont pas déroulées comme vous le vouliez. Vous résistez encore à ce qui s'est produit alors et à ce qui est maintenant. L'espoir vous fait vivre, mais il maintient votre attention sur le futur. Et c'est ce regard fixé sur le futur qui perpétue votre refus du présent et qui vous rend ainsi malheureux.

LECTURE MÉDITATIVE

Oubliez un peu vos conditions de vie pendant un instant et prêtez attention à votre vie.

Vos conditions de vie existent dans un cadre temporel.

Votre vie, c'est l'instant présent.

Vos conditions de vie sont le produit du mental.

Votre vie est réelle.

Trouvez le « passage étroit qui vous conduit à la vie ». On l'appelle l'instant présent. Ramenez votre vie au moment présent. Vos conditions de vie sont peut-être très problématiques, ce qui est le cas de la plupart des gens, mais essayez de voir si vous avez un problème en ce moment même. Pas demain ni dans dix minutes, mais maintenant. Avez-vous un problème maintenant ?

Lorsque vous êtes envahi par les problèmes, il ne reste aucune place pour la nouveauté ou les solutions. Alors, chaque fois que vous le pouvez, faites un peu de place à tout cela et vous trouverez votre vie, qui se cache derrière vos conditions de vie.

EXERCICE

Utilisez pleinement vos sens. Soyez véritablement là où vous êtes. Regardez autour de vous. Simplement, sans interpréter. Voyez la lumière, les formes, les couleurs, les textures. Soyez conscient de la présence silencieuse de chaque objet, de l'espace qui permet à chaque chose d'être.

Écoutez les bruits sans les juger. Entendez le silence qui les anime. Touchez quelque chose, n'importe quoi, et sentez et reconnaissez son essence.

Observez le rythme de votre respiration. Sentez l'air qui entre et qui sort de vos poumons, sentez l'énergie de vie qui circule dans votre corps. Laissez chaque chose être, au-dedans comme au-dehors.

Reconnaissez en chaque chose son « être-là ». Plongez totalement dans le présent.

De la sorte, vous laissez derrière vous le monde assourdissant de l'abstraction mentale, du temps. Vous sortez de la folie de ce mental qui vous dépouille de votre énergie vitale et qui empoisonne et détruit la Terre. Vous sortez du rêve qu'est le temps pour arriver dans le présent.

Tous les problèmes sont des illusions du mental

EXERCICE

Fixez votre attention sur le présent et dites-moi quel est votre problème maintenant.

Je n'obtiens aucune réponse de votre part parce qu'il est impossible d'avoir un problème lorsque votre attention est totalement dans le présent. Une situation a besoin d'être acceptée telle quelle ou d'être solutionnée. Bon. Pourquoi en faire un problème ? Pourquoi faire de quoi que ce soit un problème ? La vie ne vous met-elle pas suffisamment au défi comme ça ? À quoi vous servent les difficultés ?

Inconsciemment, le mental les adore parce qu'ils vous confèrent, disons, une sorte d'identité. Ceci est la norme mais c'est de la folie. Avoir un problème veut dire que vous vous appesantissez mentalement sur une situation sans qu'il y ait une véritable intention ou possibilité de passer immédiatement à l'action, et que vous l'assimilez au sens que vous avez de votre identité personnelle. Vous êtes tellement pris par vos conditions de vie que vous perdez le sens même de votre vie, de votre Être. Ou bien vous entretenez mentalement le fardeau malsain de la centaine de choses que vous ferez peut-être ou pas dans le futur au lieu de fixer votre attention sur « la » chose que vous pouvez faire maintenant.

LECTURE MÉDITATIVE

Quand vous créez un problème, vous créez de la souffrance. Tout ce qu'il faut, c'est simplement faire un choix, prendre une décision. C'est se dire, quoi qu'il arrive : je ne me créerai plus de souffrance. Je ne me créerai plus de difficultés.

Même s'il s'agit d'un choix simple, celui-ci est aussi très radical. Vous ne pourrez faire ce choix à moins d'en avoir vraiment ras le bol, d'en avoir vraiment assez. Et vous ne pourrez pas passer à travers si vous ne réussissez pas à accéder au pouvoir du moment présent. Si vous arrêtez de vous faire souffrir, vous arrêtez également de faire souffrir les autres, de polluer notre belle planète Terre, votre espace intérieur et la psyché humaine collective avec la négativité inhérente à la création de tout problème.

Si vous vous êtes déjà trouvé dans une situation de vie ou de mort, vous savez que celle-ci n'était pas un problème. En fait, le mental n'a pas eu le temps de tergiverser et d'en faire un problème. En cas de véritable urgence, le mental fige et vous devenez totalement disponible au moment présent.

La joie de l'être

Pour vous faire réaliser que vous avez permis au temps psychologique de prendre possession de vous, il vous suffit de faire référence à un critère simple.

EXERCICE

Demandez-vous s'il y a de la joie, de l'aisance et de la légèreté dans ce que vous entreprenez. S'il n'y en a pas, c'est que le temps a pris le dessus, que le moment présent est passé à l'arrière-plan et que la vie est perçue comme un fardeau ou un combat.

S'il n'y a ni joie, ni facilité, ni légèreté dans ce que vous entreprenez, cela ne veut pas nécessairement dire que vous devrez modifier ce que vous faites. Il suffit probablement d'en changer les modalités, le comment. Les modalités sont toujours plus importantes que l'action elle-même. Voyez si vous pouvez accorder plus d'attention au « faire » qu'au résultat que vous cherchez à atteindre. Accordez l'attention la plus totale à tout ce que l'instant présent peut offrir. Ceci sous-entend que vous acceptiez totalement ce qui est, parce que vous ne pouvez accorder votre totale attention à quelque chose et y résister.

Dès que vous honorez le moment présent, tout malheur et tout combat disparaissent, et la vie se met à couler dans la joie et la facilité.

Quand vous agissez en fonction de la conscience que vous avez dans le moment présent, tout ce que vous faites est imprégné d'une certaine qualité, d'un certain soin et d'un certain amour, même le plus simple des gestes.

LECTURE MÉDITATIVE

Ne vous préoccupez pas des résultats de vos actions, accordez simplement votre attention à l'action elle-même. Le résultat arrivera de lui-même. Ceci est un exercice spirituel puissant.

Lorsque la compulsion à fuir le présent cesse, la joie de l'Être afflue dans tout ce que vous entreprenez. Dès l'instant où votre attention se tourne vers le présent, vous sentez une présence, un calme, une paix en vous. Vous ne dépendez plus du futur pour vous sentir satisfait ou comblé, vous n'attendez plus de lui le salut. Par conséquent, vous n'êtes plus attaché aux résultats. Ni l'échec ni le succès n'ont le pouvoir de modifier votre état intérieur, votre Être. Vous avez alors découvert la vie qui se cachait derrière vos conditions de vie.

Une fois le temps psychologique disparu, le sens de votre moi provient de l'Être et non pas du passé de votre personnalité. Par conséquent, le besoin psychologique de devenir quelqu'un d'autre que ce que vous êtes déjà n'existe plus. Dans le monde extérieur, sur le plan de vos conditions de vie, vous pouvez bien sûr devenir quelqu'un de riche et d'érudit qui a réussi et qui s'est libéré de ceci ou de cela. Mais sur le plan profond de l'Être, vous êtes complet et entier maintenant.

La conscience intemporelle

Lorsque chaque cellule de votre corps est tellement présente que vous y sentez vibrer la vie et que, chaque instant, vous la ressentez comme la joie d'Être, on peut dire, alors, que vous êtes libéré du temps.

ÊTRE LIBÉRÉ DU TEMPS, C'EST PSYCHOLOGIQUEMENT NE PLUS AVOIR BESOIN DU PASSÉ POUR ASSUMER VOTRE IDENTITÉ NI DU FUTUR POUR VIVRE VOTRE PLÉNITUDE. VOUS NE POUVEZ IMAGINER TRANSFORMATION PLUS PROFONDE DE LA CONSCIENCE.

LECTURE MÉDITATIVE

Une fois que vous avez goûté fugitivement à l'état de conscience intemporel, vous commencez un aller-retour entre les dimensions du temps et de la présence. Vous prenez d'abord conscience du fait que votre attention est rarement dans l'instant présent. Et de savoir que vous n'êtes pas présent constitue déjà une grande réussite. Cette reconnaissance est, en soi, une forme de présence, même si, initialement, elle ne dure que quelques secondes de temps-horloge avant d'être reperdue. Puis, vous choisissez de plus en plus souvent de focaliser votre conscience sur l'instant présent plutôt que sur le passé ou le futur, et chaque fois que vous réaliserez que vous avez perdu de vue le présent, vous saurez y rester non seulement quelques secondes, mais plus longtemps du point de vue du temps-horloge. Alors, avant d'être fermement ancré dans l'état de présence, c'est-à-dire avant d'être totalement conscient, vous faites des allers-retours répétitifs pendant un certain temps entre la conscience et l'inconscience, entre la présence et l'identification au mental. Vous perdez de vue le présent et vous y retournez. Puis, la présence finit par devenir votre état prédominant.

CHAPITRE QUATRE

Éliminer l'inconscience

Il est donc essentiel d'introduire dans votre vie plus de conscience dans des situations ordinaires où tout se passe relativement en douceur. Ainsi, vous intensifierez votre capacité à être présent. Cette présence génère en vous et autour de vous un champ énergétique d'une fréquence vibratoire élevée. Aucune inconscience, négativité, discorde ou violence entrant dans ce champ ne peut y survivre, pas plus que l'obscurité ne peut résister à la lumière.

En apprenant à être le témoin de vos pensées et de vos émotions, ce qui fait essentiellement partie de la capacité à être présent, vous serez peut-être surpris de constater pour la première fois le « parasitage de fond » propre à la conscience ordinaire. Vous serez étonné aussi de noter la rareté des moments – sinon leur totale absence – où vous vous sentez véritablement bien.

Dans vos pensées, vous verrez beaucoup de résistance sous forme de jugement, d'insatisfaction et de projections mentales. Celles-ci vous éloigneront toutes du présent. Sur le plan émotionnel, il y aura un courant sous-jacent de malaise, de tension, d'ennui ou de nervosité. Ce sont deux des aspects du mental dans son mode de résistance habituel.

EXERCICE

Observez les nombreuses façons dont le malaise, l'insatisfaction et la tension se traduisent chez vous par le jugement inutile, la résistance à ce qui est et la dénégation du présent.

Tout ce qui est inconscient se résorbe lorsque vous envoyez la lumière de la conscience sur tout cela.

Quand vous saurez comment faire disparaître l'inconscience ordinaire, la lumière de votre présence brillera plus vivement et il vous sera beaucoup plus facile de faire face à l'inconscience profonde lorsque vous sentirez qu'elle vous happe. Toutefois, l'inconscience ordinaire peut ne pas être facile à détecter au départ, tant elle est normale.

EXERCICE

Prenez l'habitude de suivre de près votre état mental et émotionnel en vous observant. Il est bon de vous demander : « Suis-je à l'aise en ce moment ? » Ou bien : « Qu'est-ce qui se passe en moi en ce moment ? »

Soyez au moins aussi intéressé par ce qui se passe en vous que par ce qui se passe à l'extérieur. Si vous saisissez bien l'intérieur, tout ira bien à l'extérieur. La réalité première est à l'intérieur et la réalité secondaire, à l'extérieur.

EXERCICE

Mais ne vous précipitez pas pour répondre à ces questions. Dirigez votre attention vers l'intérieur. Jetez un coup d'œil en vous.

Quel genre de pensées votre mental est-il en train de produire ? Que ressentez-vous ?

Tournez votre attention vers le corps. Y a-t-il des tensions ? Une fois que vous avez déterminé qu'il y a effectivement en vous un certain degré de malaise, ce « parasitage de fond », essayez de trouver de quelle manière vous évitez ou niez la vie, ou y résistez. C'est-à-dire comment vous reniez le présent.

Les gens utilisent bien des façons de résister au moment présent. Je vais vous en donner quelques exemples. La pratique vous permettra d'aiguiser votre capacité à vous observer, à surveiller votre état intérieur.

Où que vous soyez, soyez-y totalement

Êtes-vous stressé ? Êtes-vous si pressé d'arriver au futur que le présent n'est plus qu'une étape ? Le stress est provoqué par le fait que l'on soit « ici » tout en voulant être « là », ou que l'on soit dans le présent tout en voulant être dans le futur. C'est une division qui vous déchire intérieurement.

Le passé retient-il une grande partie de votre attention ? Vous arrive-t-il souvent d'en parler et d'y penser, en bien ou en mal ? S'agit-il des grandes choses que vous avez accomplies, de vos aventures ou de vos expériences ? Ressassez-vous votre passé de victime et les affreuses choses que l'on vous a faites ou que vous avez faites à quelqu'un ?

Vos mécanismes mentaux sont-ils en train d'engendrer de la culpabilité, de l'orgueil, du ressentiment, de la colère, du regret ou de l'apitoiement sur vous-même ? Alors, non seulement vous renforcez un faux sentiment de moi, mais vous accélérez également le processus de vieillissement de votre corps en provoquant une accumulation de passé dans votre psyché. Vérifiez cela vous-même en observant autour de vous ceux qui ont une forte tendance à s'accrocher au passé.

LECTURE MÉDITATIVE

Laissez mourir le passé à chaque instant. Vous n'en avez pas besoin. N'y faites référence que lorsque c'est absolument de mise pour le présent. Ressentez le pouvoir de cet instant et la plénitude de l'Être.

Sentez votre présence.

Êtes-vous inquiet ? Avez-vous souvent des pensées anticipatoires ? Dans ce cas, vous vous identifiez à votre mental, qui se projette dans une situation future imaginaire et crée de la peur. Il n'y a aucun moyen de faire face à une telle situation, car celle-ci n'existe pas. C'est un ectoplasme mental.

Vous pouvez mettre fin à cette folie corrosive qui sape votre santé et votre vie : il vous suffit d'appréhender l'instant présent.

EXERCICE

Prenez conscience de votre respiration. Sentez le mouvement de l'air qui entre et sort de vos poumons. Ressentez le champ énergétique en vous. Tout ce que vous aurez jamais à affronter et à envisager dans la vie réelle, c'est cet instant. Alors que vous ne pouvez le faire dans le cas de projections mentales imaginaires.

Demandez-vous quel « problème » vous avez à l'instant, et non celui que vous aurez l'an prochain, demain ou dans cinq minutes. Qu'est-ce qui ne va pas en ce moment ?

Vous pouvez toujours composer avec le présent, mais vous ne pourrez jamais composer avec le futur. Et vous n'avez pas à le faire. La réponse, la force, l'action ou la ressource justes se présenteront lorsque vous en aurez besoin. Ni avant, ni après.

Êtes-vous quelqu'un qui attend généralement ? Quel pourcentage de votre vie passez-vous à attendre ? Ce que j'appelle « l'attente à petite échelle », c'est faire la queue au bureau de poste, être pris dans un bouchon de circulation, ou à l'aéroport. Ou encore anticiper l'arrivée de quelqu'un, la fin d'une journée de travail, etc. « L'attente à grande échelle », c'est espérer les prochaines vacances, un meilleur emploi, le succès, l'argent, le prestige, l'illumination. C'est attendre que les enfants grandissent et qu'une personne vraiment importante arrive dans votre vie. Il n'est pas rare que des gens passent leur vie à attendre pour commencer à vivre.

Attendre est un état d'esprit. En résumé, vous voulez le futur, mais non le présent. Vous ne voulez pas de ce que vous avez et désirez ce que vous n'avez pas. Avec l'attente, peu importe sa forme, vous suscitez inconsciemment un conflit intérieur entre votre ici-maintenant, où vous ne voulez pas être, et le futur projeté que vous convoitez. Cela réduit grandement la qualité de votre vie en vous faisant perdre le présent.

Par exemple, bien des gens attendent que la prospérité vienne. Mais celle-ci ne peut arriver dans le futur. Lorsque vous honorez, reconnaissez et acceptez pleinement votre réalité présente et ce que vous avez – c'est-à-dire le lieu où vous êtes, ce que vous êtes et ce que vous faites dans le moment –, vous éprouvez de la reconnaissance pour ce que vous avez, pour ce qui est, pour le fait d'Être. La gratitude envers le moment présent et la plénitude de la vie présente, voilà ce qu'est la vraie prospérité. Celle-ci ne peut survenir dans le futur. Alors, avec le temps, cette prospérité se manifeste pour vous de diverses façons.

Si vous êtes insatisfait de ce que vous avez, ou même frustré ou en colère face à un manque actuel, cela peut vous motiver à devenir riche. Mais même avec des millions, vous continuerez à éprouver intérieurement un manque et, en profondeur, l'insatisfaction sera toujours là. Vous avez peut-être vécu de nombreuses expériences passionnantes qui peuvent s'acheter, mais elles sont éphémères et vous laissent toujours un sentiment de vide et le besoin d'une plus grande gratification physique ou psychologique. Vous ne vivez donc pas dans l'Être et, par conséquent, ne sentez pas la plénitude de la vie maintenant, qui est la seule véritable prospérité.

EXERCICE

Cessez d'attendre, n'en faites plus un état d'esprit. Lorsque vous vous surprenez à glisser vers cet état d'esprit, secouez-vous. Revenez au moment présent. Contentez-vous d'être et dégustez ce fait d'être. Si vous êtes présent, vous n'avez jamais besoin d'attendre quoi que ce soit. Ainsi donc, la prochaine fois que quelqu'un vous dira : « Désolé de vous faire attendre », vous pourrez répondre : « Ça va. Je n'attendais pas. J'étais tout simplement là, à m'amuser ! »

Voilà seulement quelques-unes des stratégies habituelles qui font partie de l'inconscience ordinaire et que le mental utilise pour nier le moment présent. Elles font tellement partie de la vie normale, du « parasitage de fond » et de l'insatisfaction perpétuelle qu'il est facile de les ignorer. Mais plus on surveille son état mental et émotionnel intérieur, plus il est facile de savoir quand on s'est fait prendre au piège du passé ou du futur. Plus il est facile de se rendre compte qu'on a été inconscient et de sortir du rêve du temps pour revenir au présent.

Mais attention : le moi faux, tourmenté et fondé sur l'identification au mental vit du temps. Il sait que le moment présent signe son arrêt de mort et se sent de ce fait très menacé par lui. Il fera tout ce qu'il pourra pour vous en éloigner. Il essaiera de vous maintenir à tout prix dans le temps.

Dans un certain sens, l'état de présence peut se comparer à l'attente. Il existe une autre sorte d'attente dont la qualité est très différente et qui exige de votre part une vigilance totale. Quelque chose pourrait se manifester à n'importe quel moment, et si vous n'êtes pas totalement éveillé, totalement immobile, vous passerez à côté. Dans cet état, toute votre attention se trouve dans le présent. Il n'en reste rien pour rêvasser, penser, se souvenir et anticiper l'avenir. Il n'y a là aucune tension ni aucune peur : seulement une présence vigilante. Vous êtes présent à tout votre être, à chaque cellule de votre corps.

Dans cet état, le « vous » qui a un passé et un futur, la personnalité si vous voulez, n'est quasiment plus là. Et pourtant, rien de significatif n'est perdu. Vous êtes encore essentiellement vous-même. En fait, vous êtes plus totalement vous-même que vous ne l'avez jamais été, ou plutôt ce n'est que dans le « maintenant » que vous êtes véritablement vous-même.

Le passé ne peut survivre en votre présence

Tout ce que vous avez besoin de savoir au sujet de votre passé inconscient, les défis du présent vous l'apporteront. Si vous commencez à fouiller votre passé, ce sera un trou sans fond, car vous trouverez toujours autre chose. Vous croyez peut-être qu'il vous faut plus de temps pour comprendre le passé ou vous en libérer, donc que le futur finira par vous en délivrer. C'est là une illusion. Seul le présent peut vous amener à cela. Vous ne pouvez vous défaire du temps en y mettant du temps.

SACHEZ ACCÉDER AU POUVOIR DE L'INSTANT PRÉSENT. C'EST LA CLÉ. CE N'EST RIEN D'AUTRE QUE LE POUVOIR DE VOTRE PRÉSENCE, DE VOTRE CONSCIENCE LIBÉRÉE DES FORMES-PENSÉES.

Alors, faites face au passé à partir du présent. Plus vous accordez d'attention au passé, plus vous lui donnez d'énergie et plus vous êtes susceptible d'en faire un « moi ». Ne vous méprenez pas : il est essentiel d'être attentif, mais pas au passé en tant que tel. Accordez de l'attention au présent : à votre comportement, à vos réactions, à vos humeurs, à vos pensées, à vos émotions, à vos peurs et à vos désirs à mesure qu'ils se présentent dans l'instant présent. C'est cela votre passé. Si vous pouvez être suffisamment présent pour observer toutes ces choses, non pas avec un regard critique ou analytique mais sans les juger, alors vous faites face au passé et le dissipez par le pouvoir de votre présence.

Vous NE POUVEZ VOUS TROUVER EN RETOURNANT DANS LE PASSÉ, MAIS C'EST POSSIBLE EN REVENANT DANS LE PRESENT.

CHAPITRE CINQ

La beauté naît dans le calme de la présence

Il faut une certaine présence pour avoir conscience de la beauté, de la majestuosité et du sacré de la nature. Vous est-il jamais arrivé, par une belle nuit, de vous perdre du regard dans l'infini de l'espace et d'être ému par son immobilité absolue et son inconcevable immensité ? Avez-vous déjà vraiment écouté le murmure d'un torrent alpin dans la forêt ? Ou encore, le chant d'un merle en plein été, au crépuscule ?

Pour prendre conscience de telles choses, il faut que le mental se soit tu. Vous devez mettre momentanément de côté votre fardeau de problèmes, votre charge de passé et de futur, ainsi que toutes vos connaissances. Sinon, vous verrez mais sans vraiment voir, vous entendrez mais sans vraiment entendre. Vous devez être totalement présent.

LECTURE MÉDITATIVE

Au-delà de la beauté des formes extérieures, il y a plus. Il y a quelque chose d'indéfinissable qui n'a pas de nom. Il y a une essence intérieure, profonde et sacrée. Là où il y a de la beauté, cette essence transparaît d'une façon ou d'une autre. Elle ne vous est révélée que si vous êtes présent.

Serait-il possible que cette essence indicible et votre présence soient une seule et même chose ?

Cette essence indescriptible serait-elle là sans votre présence ? Sondez-la en profondeur et découvrez la réponse.

Atteindre la conscience pure

Chaque fois que vous observez le mental, vous dégagez votre conscience des formes du mental et celle-ci devient alors ce qu'on appelle l'observateur ou encore le témoin. Par conséquent, le témoin – conscience pure au-delà de toute forme – se renforce et les élaborations du mental faiblissent. En agissant de la sorte, vous personnalisez un événement qui a vraiment une portée cosmique : à travers vous, la conscience sort de son rêve d'identification à la forme et se dissocie d'elle. Ceci laisse présager un événement, déjà commencé en partie, mais encore dans un lointain futur du temps-horloge : LA FIN DU MONDE TEL QU'ON LE CONNAÎT.

LECTURE MÉDITATIVE

Pour rester présent dans la vie quotidienne, il faut être bien ancré en soi, bien enraciné. Sinon, le mental vous entraînera dans son flot comme une rivière en furie, car son mouvement d'entraînement est incroyable.

Je veux dire habiter votre corps totalement. Avoir constamment votre attention en partie fixée sur le champ énergétique de votre corps. Sentir votre corps de l'intérieur, pour ainsi dire. La conscience du corps vous fait rester présent et vous ancre dans le présent.

Le corps visible et tangible ne peut vous amener à l'Être. Ce n'est qu'une enveloppe, ou plutôt une perception limitée et déformée d'une réalité plus profonde. Dans votre état naturel de rapport intime avec l'Être, cette réalité plus profonde est ressentie à chaque instant : c'est le corps subtil et invisible, la présence qui vous anime. Alors, « habiter son corps », c'est sentir le corps de l'intérieur, sentir la vie en vous et, par conséquent, découvrir que vous êtes autre chose au-delà de la forme extérieure.

Tant que votre mental accapare toute votre attention, vous êtes coupé de votre Être. Lorsque c'est le cas – et pour la plupart des gens ça l'est continuellement –, vous n'êtes pas dans votre corps. Le mental absorbe toute votre conscience et la transforme en « balivernes mentales ». Vous ne pouvez cesser de penser.

Pour devenir conscient de l'Être, vous devez vous réapproprier votre conscience, au détriment du mental. C'est l'une des tâches les plus fondamentales de votre voyage spirituel. Ceci démobilisera toute la conscience auparavant mobilisée par la pensée compulsive et inutile. Une façon très efficace de le faire consiste tout simplement à détourner votre attention de la pensée pour la diriger vers le corps, là où vous pouvez d'emblée sentir l'Être sous la forme du champ énergétique invisible qui donne vie à ce que l'on perçoit comme le corps physique.

Comment entrer en contact avec votre corps subtil

Essayez tout de suite, s'il vous plaît. Fermez les yeux : cela pourra peut-être vous aider. Plus tard, quand il vous sera devenu facile et naturel d'être dans le corps, ceci ne sera plus nécessaire.

EXERCICE

Dirigez votre attention sur le corps. Sentez-le de l'intérieur. Est-il vivant ? Sentez-vous la vitalité dans vos mains, vos bras, vos jambes, vos pieds, votre abdomen, votre poitrine ?

Sentez-vous le subtil champ énergétique qui infuse tout votre corps et vitalise chaque organe et chaque cellule ? Le sentez-vous simultanément dans toutes les parties du corps comme un seul et unique champ énergétique ?

Maintenez votre attention sur votre corps subtil pendant quelques instants. Ne vous mettez pas à y penser. Sentez-le seulement.

Plus vous y accordez d'attention, plus la sensation se clarifie et s'intensifie. Vous aurez l'impression que chacune de vos cellules se vivifie et, si vous êtes très visuel, il se peut que vous perceviez votre corps sous la forme d'une image lumineuse. Même si une telle image peut temporairement vous aider, accordez davantage d'attention à la sensation qu'à toute image pouvant se présenter. Peu importe sa beauté ou sa force, une image a déjà une forme définie. Elle empêche donc la sensation de s'approfondir.

Habiter pleinement son corps

Faites-en une méditation. Cela n'a pas besoin d'être long. Dix à quinze minutes suffisent. Assurez-vous tout d'abord qu'aucune distraction extérieure – le téléphone ou des gens –, ne viendra vous déranger.

EXERCICE

Installez-vous sur une chaise sans vous renverser vers l'arrière. Gardez la colonne vertébrale bien droite. Ceci vous aidera à rester alerte. Ou bien alors, adoptez votre position préférée de méditation.

Assurez-vous que votre corps est détendu. Fermez les yeux et prenez quelques respirations profondes. Sentez-vous respirer dans la partie basse de l'abdomen, pour ainsi dire. Observez les légères expansion et contraction qui se produisent à l'inspiration et à l'expiration.

Puis prenez conscience du champ énergétique du corps tout entier. Ne réfléchissez pas à ce qui se passe ; ressentez-le plutôt. De cette manière, vous ne laissez pas le mental s'approprier votre conscience. Si cela peut vous être utile, servez-vous de la méditation de la lumière dont j'ai parlé déjà.

Quand vous arrivez à clairement sentir le corps subtil comme un seul champ énergétique, laissez aller, si c'est possible, toute image pour vous concentrer exclusivement sur la sensation. Si c'est possible aussi, abandonnez toute image mentale que vous pouvez encore avoir du corps physique. Ce qui reste alors, c'est une sensation de présence ou « d'être » qui englobe tout et l'impression que le corps énergétique n'a pas de frontière.

Puis concentrez votre attention encore plus profondément sur cette sensation. Ne faites plus qu'un avec elle, fusionnez avec votre champ énergétique afin d'éliminer toute dualité perceptuelle observateur-observé entre vous et votre corps. La distinction entre l'intérieur et l'extérieur se dissipe ; dorénavant, il n'y a plus de corps énergétique. En descendant profondément dans le corps, vous l'avez transcendé. Restez dans ce royaume de pur Être aussi longtemps que vous êtes à l'aise. Puis, reprenez conscience de votre corps physique, de votre respiration et de vos sens, et ouvrez les yeux.

Pendant quelques minutes, regardez autour de vous de façon méditative, c'est-à-dire sans étiquetage mental, tout en continuant à sentir votre corps énergétique.

Lorsque vous avez accès à ce royaume dépourvu de formes, vous êtes vraiment libéré du lien avec la forme et de toute identification à celle-ci. Il s'agit de la vie sous son aspect non particularisé, telle qu'elle existe avant sa fragmentation en la multiplicité. On pourrait l'appeler le non-manifeste, la source invisible de toutes choses, l'Être à l'intérieur de tous les êtres. C'est un royaume d'immobilité et de paix profonde, mais aussi de grande joie et d'intense vitalité. Chaque fois que vous faites preuve de présence, vous devenez dans une certaine mesure perméable à la lumière, à la conscience pure qui émane de cette source. Vous prenez également conscience que cette lumière n'est pas dissociée de ce que vous êtes et qu'elle constitue au contraire votre essence même.

Lorsque votre conscience est dirigée vers l'extérieur, le monde et le mental voient le jour. Lorsqu'elle est dirigée vers l'intérieur, elle actualise sa propre source et retourne à sa demeure originelle dans le non-manifeste.

Puis, quand votre conscience revient vers le monde manifeste, vous retrouvez l'identité de la forme que vous avez temporairement délaissée. De nouveau, vous avez un nom, un passé, des conditions de vie, un futur. Mais, essentiellement, vous n'êtes plus la même personne, car vous avez fugitivement eu un aperçu d'une réalité en vous qui n'est pas « de ce monde », bien qu'elle n'en soit pas dissociée, tout comme elle n'est pas dissociée de vous.

Laissez votre pratique spirituelle être la suivante :

EXERCICE

Quand vous vaquez à vos occupations, n'accordez pas toute votre attention au monde extérieur et à votre mental. Maintenez-en une partie vers l'intérieur. Il a déjà été question de cela précédemment.

Sentez votre corps subtil même quand vous êtes occupé par vos activités quotidiennes, en particulier dans le cadre de vos relations ou quand vous vous trouvez dans la nature. Sentez l'immobilité au plus profond de vous. Maintenez cette porte d'accès ouverte.

Il est tout à fait possible d'être conscient du non-manifeste dans votre vie. Il se présente comme une sensation profonde de paix à l'arrière-plan, une tranquillité qui ne vous quitte jamais, peu importe ce qui se produit dans le monde extérieur. Vous devenez un pont entre le non-manifeste et le manifeste, entre Dieu et le monde.

Ceci est l'état de rapport intime avec la Source que nous appelons illumination.

Créez en vous de profondes racines

La clé, c'est d'être en contact permanent avec votre corps subtil, de le sentir en tout temps. Ceci approfondira et transformera rapidement votre vie. Plus vous dirigez votre conscience sur le corps énergétique, plus la fréquence de ses vibrations s'amplifie, un peu comme augmente l'intensité lumineuse d'une ampoule quand vous tournez le rhéostat. À ce niveau vibratoire plus élevé, la négativité ne peut plus vous perturber et vous tendez naturellement à vous attirer des situations nouvelles qui reflètent cette fréquence vibratoire.

Si vous maintenez le plus possible votre attention sur votre corps énergétique, vous serez ancré dans le présent et ne vous égarerez ni dans le monde extérieur ni dans le mental. Les pensées et les émotions, les peurs et les désirs seront dans une certaine mesure encore présents, mais, du moins, ils ne prendront pas le dessus.

EXERCICE

Veuillez s'il vous plaît observer ce vers quoi est dirigée votre attention en ce moment. Vous êtes en train de m'écouter ou de me lire. C'est le point de mire de votre attention. Vous avez aussi une conscience périphérique du lieu où vous vous trouvez, des personnes qui vous entourent, etc. Il se peut en outre qu'une certaine activité mentale se joue autour de ce que vous entendez ou lisez, que votre mental émette des commentaires.

Il n'est cependant pas nécessaire que rien de ceci retienne toute votre attention. Voyez si vous pouvez en même temps être en contact avec votre corps subtil. Maintenez une partie de votre attention vers l'intérieur. Ne la laissez pas se tourner entièrement vers l'extérieur. Sentez votre corps entier de l'intérieur, comme un seul et unique champ énergétique. Comme si vous écoutiez ou lisiez avec tout votre corps. Exercez-vous à cela au cours des jours ou des semaines à venir.

N'accordez pas la totalité de votre attention au mental et au monde extérieur. Concentrez-vous sur ce que vous faites, bien sûr, mais sentez en même temps votre corps énergétique aussi souvent que possible. Restez en contact avec vos racines intérieures. Surveillez ensuite comment cela modifie l'état de votre conscience et la qualité de ce que vous faites.

S'il vous plaît, n'acceptez pas simplement ce que je vous dis. Faites-en l'essai vous-même.

Comment renforcer le système immunitaire

Il existe une méditation simple mais puissante d'autoguérison que vous pouvez faire à tout moment, quand vous sentez le besoin de renforcer votre système immunitaire. Elle s'avère particulièrement efficace si vous la pratiquez quand vous sentez les premiers symptômes d'une maladie. Mais elle fonctionne également dans le cas de maladies déjà installées si vous vous y adonnez à intervalles réguliers et avec intensité. Elle viendra aussi neutraliser toute perturbation occasionnée à votre champ énergétique par une quelconque forme de négativité. Cela ne remplace cependant pas la pratique, instant après instant, de la présence au corps. Sinon, cette méditation n'aura que des effets temporaires. Voici la méditation ou, si vous voulez, l'exercice :

EXERCICE

Quand vous avez quelques minutes de libre, particulièrement le soir juste avant de vous endormir et le matin juste après vous être réveillé et avant de vous lever, inondez votre corps de conscience.

Fermez les yeux. Étendez-vous à plat dos. Choisissez différentes parties de votre corps pour tout d'abord y centrer brièvement votre attention : les mains, les pieds, les bras, les jambes, l'abdomen, la poitrine, la tête, etc. Aussi intensément que vous le pouvez, sentez d'abord l'énergie vitale dans ces parties du corps, en restant environ quinze secondes sur chacune d'elles.

Puis, laissez votre attention parcourir à quelques reprises tout votre corps à la manière d'une vague, des pieds à la tête, et vice-versa. Cela ne prendra qu'une minute environ. Sentez ensuite votre corps énergétique dans sa totalité, comme un champ énergétique unique. Maintenez votre attention sur cette sensation durant quelques minutes.

Pendant toute la durée de l'exercice, soyez intensément présent dans chaque cellule de votre corps.

Ne vous inquiétez pas si le mental réussit de temps en temps à attirer votre attention sur autre chose que le corps et si vous vous perdez un peu dans vos pensées. Dès que vous le remarquez, dirigez de nouveau votre attention sur le corps énergétique.

Utilisation créative du mental

Si vous devez recourir à votre mental pour atteindre un objectif précis, faites-le de concert avec votre corps énergétique. C'est seulement quand vous êtes capable d'être conscient sans penser que vous pouvez employer votre mental de façon créative. Et la manière la plus simple de se retrouver dans cet état-là, c'est de passer par le corps.

LECTURE MÉDITATIVE

Chaque fois que vous avez besoin d'une réponse, d'une solution ou d'une idée originale, arrêtez-vous de penser pendant quelques instants en concentrant votre attention sur votre champ énergétique. Prenez conscience de votre calme intérieur. Lorsque vous reviendrez à la pensée, celle-ci sera fraîche et créative. Dans n'importe quelle activité intellectuelle, prenez l'habitude d'aller et de venir toutes les quelques minutes entre la pensée et l'écoute intérieure, le calme intérieur.

On pourrait dire aussi : ne pensez pas seulement avec votre tête, pensez avec tout votre corps.

Laisser la respiration vous amener dans le corps

Si, à n'importe quel moment, vous éprouvez de la difficulté à entrer en contact avec le corps énergétique, il est habituellement plus facile de vous concentrer en premier lieu sur la respiration. La respiration consciente, qui est une méditation puissante en elle-même, vous remettra graduellement en contact avec le corps.

EXERCICE

Suivez votre respiration en maintenant votre attention sur l'inspiration et l'expiration.

Respirez dans le corps et, à chaque inspiration et expiration, sentez comment votre abdomen se détend et se contracte légèrement.

Si vous avez de la facilité à visualiser, fermez les yeux et imaginez-vous entouré de lumière ou immergé dans une substance lumineuse, dans une mer de conscience.

Puis, respirez cette lumière. Sentez cette substance lumineuse emplir votre corps et le rendre également lumineux. Vous êtes maintenant dans votre corps. Vous avez accédé au pouvoir du moment présent.

DEUXIÈME PARTIE

Les relations en tant que pratique spirituelle

L'amour est un état.
L'amour n'est pas à l'extérieur
mais au plus profond de vous.
Il est en vous et indissociable de vous à tout jamais.
Il ne dépend pas de quelqu'un d'autre,
d'une forme extérieure.

CHAPITRE SIX

Dissiper le corps de souffrance

La plus grande partie de la souffrance humaine est inutile. On se l'inflige à soi-même aussi longtemps que, à son insu, on laisse le mental prendre le contrôle de sa vie.

La souffrance que vous créez dans le présent est toujours une forme de non-acceptation, de résistance inconsciente à ce qui est.

Sur le plan de la pensée, la résistance est une forme de jugement. Sur le plan émotionnel, c'est une forme de négativité. L'intensité de la souffrance dépend du degré de résistance au moment présent, et celle-ci, en retour, dépend du degré d'identification au mental. Le mental cherche toujours à nier le moment présent et à s'en échapper.

Autrement dit, plus on est identifié à son mental, plus on souffre. On peut également l'énoncer ainsi : PLUS ON EST À MÊME DE RESPECTER ET D'ACCEPTER LE MOMENT PRÉSENT, PLUS ON EST LIBÉRÉ DE LA DOULEUR, DE LA SOUFFRANCE ET DU MENTAL.

D'après certains enseignements spirituels, toute souffrance est en définitive une illusion, et c'est juste. Mais est-ce vrai pour vous ? Le simple fait d'y croire n'en fait pas une vérité. Voulez-vous éprouver de la souffrance pour le reste de votre vie en continuant de prétendre qu'elle est illusoire ? Cela vous libère-t-il de la souffrance ? Ce qui nous préoccupe ici, c'est comment actualiser cette vérité, c'est-à-dire comment en faire une réalité dans sa vie.

La douleur et la souffrance sont inévitables tant et aussi longtemps que vous êtes identifié à votre mental, c'est-à-dire inconscient spirituellement parlant. Je fais ici surtout référence à la souffrance émotionnelle, également la principale cause de la souffrance et des maladies corporelles. Le ressentiment, la haine, l'apitoiement sur soi, la culpabilité, la colère, la dépression, la jalousie, ou même la plus petite irritation sont sans exception des formes de souffrance. Et tout plaisir ou toute exaltation émotionnelle comportent en eux le germe de la souffrance, leur inséparable opposé, qui se manifestera à un moment donné.

N'importe qui ayant déjà pris de la drogue pour « décoller » sait très bien que le « planage » se traduit forcément par un « atterrissage », que le plaisir se transforme d'une manière ou d'une autre en souffrance. Beaucoup de gens savent aussi d'expérience avec quelles facilité et rapidité une relation intime peut devenir une source de souffrance après avoir été une source de plaisir. Si on considère ces polarités négative et positive en fonction d'une perspective supérieure, on constate qu'elles sont les deux faces d'une seule et même pièce, qu'elles appartiennent toutes deux à la souffrance sous-jacente à l'état de conscience dit de l'ego, à l'identification au mental, et que cette souffrance est indissociable de cet état.

Il existe deux types de souffrance : celle que vous créez maintenant et la souffrance passée qui continue de vivre en vous, dans votre corps et dans votre esprit. Maintenant, j'aimerais vous expliquer comment cesser d'en créer dans le présent et comment dissoudre celle issue du passé.

Tant que vous êtes incapable d'accéder au pouvoir de l'instant présent, chaque souffrance émotionnelle que vous éprouvez laisse derrière elle un résidu. Celui-ci fusionne avec la douleur du passé, qui était déjà là, et se loge dans votre mental et votre corps. Bien sûr, cette souffrance comprend celle que vous avez éprouvée enfant, causée par l'inconscience du monde dans lequel vous êtes né.

Cette souffrance accumulée est un champ d'énergie négative qui habite votre corps et votre mental. Si vous la considérez comme une entité invisible à part entière, vous n'êtes pas loin de la vérité. Il s'agit du corps de souffrance émotionnel.

Il a deux modes d'être : latent et actif. Un corps de souffrance peut être latent quatre-vingt-dix pour cent du temps. Chez une personne profondément malheureuse, cependant, il peut être actif tout le temps. Certaines personnes vivent presque entièrement dans leur corps de souffrance, tandis que d'autres ne le ressentent que dans certaines situations, par exemple dans les relations intimes ou les situations rappelant une perte ou un abandon survenus dans leur passé, au moment d'une blessure physique ou émotionnelle.

N'importe quoi peut servir de déclencheur, surtout ce qui fait écho à un scénario douloureux de votre passé. Lorsque le corps de souffrance est prêt à sortir de son état latent, une simple pensée ou une remarque innocente d'un proche peuvent l'activer.

Briser l'identification au corps de souffrance

LECTURE MÉDITATIVE

En somme, le corps de souffrance ne désire pas que vous l'observiez directement parce qu'ainsi vous le voyez tel qu'il est. En fait, dès que vous ressentez son champ énergétique et que vous lui accordez votre attention, l'identification est rompue. Et une dimension supérieure de la conscience entre en jeu. Je l'appelle la présence. Vous êtes dorénavant le témoin du corps de souffrance. Cela signifie qu'il ne peut plus vous utiliser en se faisant passer pour vous et qu'il ne peut plus se régénérer à travers vous. Vous avez découvert votre propre force intérieure.

Plusieurs corps de souffrance sont exécrables mais relativement inoffensifs, comme c'est le cas chez un enfant qui ne cesse de se plaindre. D'autres sont des monstres vicieux et destructeurs, de véritables démons. Certains sont physiquement violents, alors que beaucoup d'autres le sont sur le plan émotionnel. Ils peuvent attaquer les membres de leur entourage ou leurs proches, tandis que d'autres préfèrent assaillir leur hôte, c'est-à-dire vous-même. Les pensées et les sentiments que vous entretenez à l'égard de votre vie deviennent alors profondément négatifs et autodestructeurs. C'est ainsi que les maladies et les accidents sont souvent générés. Certains corps de souffrance mènent leur hôte au suicide.

Si vous pensiez connaître une personne, ce sera tout un choc pour vous que d'être soudainement confronté pour la première fois à cette créature étrangère et méchante. Il est cependant plus important de surveiller le corps de souffrance chez vous que chez quelqu'un d'autre.

LECTURE MÉDITATIVE

Remarquez donc tout signe de morosité, peu importe la forme qu'elle peut prendre. Ceci peut annoncer le réveil du corps de souffrance, celui-ci pouvant se manifester sous forme d'irritation, d'impatience, d'humeur sombre, d'un désir de blesser, de colère, de fureur, de dépression, d'un besoin de mélodrame dans vos relations, et ainsi de suite. Saisissez-le au vol dès qu'il sort de son état latent.

Le corps de souffrance veut survivre, tout comme n'importe quelle autre entité qui existe, et ne peut y arriver que s'il vous amène à vous identifier inconsciemment à lui. Il peut alors s'imposer, s'emparer de vous, « devenir vous » et vivre par vous.

Il a besoin de vous pour se « nourrir ». En fait, il puisera à même toute expérience entrant en résonance avec sa propre énergie, dans tout ce qui crée davantage de douleur sous quelque forme que ce soit : la colère, un penchant destructeur, la haine, la peine, un climat de crise émotionnelle, la violence et même la maladie. Ainsi, lorsqu'il vous aura envahi, le corps de souffrance créera dans votre vie une situation qui reflétera sa propre fréquence énergétique, afin de s'en abreuver. La souffrance ne peut soutenir qu'elle-même. Elle ne peut se nourrir de la joie, qu'elle trouve vraiment indigeste.

Lorsque le corps de souffrance s'empare de vous, vous en redemandez. Soit vous êtes la victime, soit vous êtes le bourreau. Vous voulez infliger de la souffrance ou vous voulez en subir, ou bien les deux. Il n'y a pas grande différence. Vous n'en êtes pas conscient, bien entendu, et vous soutenez avec véhémence que vous ne voulez pas de cette souffrance. Mais si vous regardez attentivement, vous découvrez que votre façon de penser et votre comportement font en sorte d'entretenir la souffrance, la vôtre et celle des autres. Si vous en étiez vraiment conscient, le scénario disparaîtrait de lui-même, car c'est folie pure que de vouloir souffrir davantage et personne ne peut être conscient et fou en même temps.

En fait, le corps de souffrance, qui est l'ombre de l'ego, craint la lumière de votre conscience. Il a peur d'être dévoilé. Sa survie dépend de votre identification inconsciente à celui-ci et de votre peur inconsciente d'affronter la douleur qui vit en vous. Mais si vous ne vous mesurez pas à elle, si vous ne lui accordez pas la lumière de votre conscience, vous serez obligé de la revivre sans arrêt. Le corps de souffrance peut vous sembler un dangereux monstre que vous ne pouvez supporter de regarder, mais je vous assure que c'est un fantôme minable qui ne fait pas le poids face au pouvoir de votre présence.

LECTURE MÉDITATIVE

Lorsque vous commencerez à vous désidentifier et à devenir l'observateur, le corps de souffrance continuera de fonctionner un certain temps et tentera de vous amener, par la ruse, à vous identifier de nouveau à lui. Même si la non-identification ne l'énergise plus, il gardera un certain élan, comme la roue de la bicyclette continue de tourner même si vous ne pédalez plus. À ce stade, il peut également créer des maux et des douleurs physiques dans diverses parties du corps, mais ceux-ci ne dureront pas.

Restez présent, restez conscient. Soyez en permanence le vigilant gardien de votre espace intérieur. Il vous faut être suffisamment présent pour pouvoir observer directement le corps de souffrance et sentir son énergie. Ainsi, il ne peut plus contrôler votre pensée.

Dès que votre pensée se met au diapason du champ énergétique de votre corps de souffrance, vous y êtes identifié et vous le nourrissez à nouveau de vos pensées.

Par exemple, si la colère en est la vibration énergétique prédominante et que vous avez des pensées de colère, que vous ruminez ce que quelqu'un vous a fait ou ce que vous allez lui faire, vous voilà devenu inconscient et le corps de souffrance est dorénavant « vous-même ». La colère cache toujours de la souffrance.

Lorsqu'une humeur sombre vous vient et que vous amorcez un scénario mental négatif en vous disant combien votre vie est affreuse, votre pensée s'est mise au diapason de ce corps et vous êtes alors inconscient et ouvert à ses attaques.

Le mot « inconscient », tel que je l'entends ici, veut dire être identifié à un scénario mental ou émotionnel. Il implique une absence complète de l'observateur.

Transformer la souffrance en conscience

L'attention consciente soutenue rompt le lien entre le corps de souffrance et les processus de la pensée. C'est ce qui amène la métamorphose. Comme si la souffrance alimentait la flamme de votre conscience qui, ensuite, brille par conséquent d'une lueur plus vive.

Voilà la signification ésotérique de l'art ancien de l'alchimie : la transmutation du vil métal en or, de la souffrance en conscience. La division intérieure est résorbée et vous redevenez entier. Il vous incombe alors de ne plus créer de souffrance.

EXERCICE

Concentrez votre attention sur le sentiment qui vous habite. Sachez qu'il s'agit du corps de souffrance. Acceptez le fait qu'il soit là. N'y pensez pas. Ne transformez pas le sentiment en pensée. Ne le jugez pas. Ne l'analysez pas. Ne vous identifiez pas à lui. Restez présent et continuez d'être le témoin de ce qui se passe en vous.

Devenez conscient non seulement de la souffrance émotionnelle, mais aussi de « celui qui observe », de l'observateur silencieux. Voici ce qu'est le pouvoir de l'instant présent, le pouvoir de votre propre présence consciente. Ensuite, voyez ce qui se passe.

Identification de l'ego au corps de souffrance

Le processus que je viens de décrire est profondément puissant, mais simple. On pourrait l'enseigner à un enfant, et espérons qu'un jour ce sera l'une des premières choses que les enfants apprendront à l'école. Lorsque vous aurez compris le principe fondamental de la présence, en tant qu'observateur, de ce qui se passe en vous – et que vous le

« comprendrez » par l'expérience –, vous aurez à votre disposition le plus puissant des outils de transformation.

Ne nions pas le fait que vous rencontrerez peut-être une très grande résistance intérieure intense à vous désidentifier de votre souffrance. Ce sera particulièrement le cas si vous avez vécu étroitement identifié à votre corps de souffrance la plus grande partie de votre vie et que le sens de votre identité personnelle y est totalement ou partiellement investi. Cela signifie que vous avez fait de votre corps de souffrance un moi malheureux et que vous croyez être cette fiction créée par votre mental. Dans ce cas, la peur inconsciente de perdre votre identité entraînera une forte résistance à toute désidentification. Autrement dit, vous préféreriez souffrir, c'est-à-dire être dans le corps de souffrance, plutôt que de faire un saut dans l'inconnu et de risquer de perdre ce moi malheureux mais familier.

EXERCICE

Examinez cette résistance. Regardez de près l'attachement à votre souffrance. Soyez très vigilant. Observez le plaisir curieux que vous tirez de votre tourment, la compulsion que vous avez d'en parler ou d'y penser. La résistance cessera si vous la rendez consciente. Vous pourrez alors accorder votre attention au corps de souffrance, rester présent en tant que témoin et ainsi amorcer la transmutation.

Vous seul pouvez le faire. Personne ne peut y arriver à votre place. Mais si vous avez la chance de trouver quelqu'un d'intensément conscient, si vous pouvez vous joindre à cette personne dans l'état de présence, cela pourra accélérer les choses. Ainsi, votre propre lumière s'intensifiera rapidement.

Lorsqu'une bûche qui commence à peine à brûler est placée juste à côté d'une autre qui flambe ardemment et qu'au bout d'un certain temps elles sont séparées, la première chauffera avec beaucoup plus d'ardeur qu'au début. Après tout, il s'agit du même feu. Jouer le rôle du feu, c'est l'une des fonctions d'un maître spirituel. Certains thérapeutes peuvent également remplir cette fonction, pourvu qu'ils aient dépassé le plan mental et qu'ils soient à même de créer et de soutenir un état intense de présence pendant qu'ils s'occupent de vous.

La première chose à ne pas oublier est la suivante : TANT ET AUSSI LONGTEMPS QUE VOUS VOUS CRÉEREZ UNE IDENTITÉ QUELCONQUE À PARTIR DE LA SOUFFRANCE, IL VOUS SERA IMPOSSIBLE DE VOUS EN LIBÉRER. Tant et aussi longtemps que le sens de votre identité sera investi dans la souffrance émotionnelle, vous saboterez inconsciemment toute tentative faite dans le sens de guérir cette souffrance ou y résisterez d'une manière quelconque. Pourquoi ? Tout simplement parce que vous voulez rester intact et que la souffrance est fondamentalement devenue une partie de vous. Il s'agit là d'un processus inconscient, et la seule façon de le dépasser est de le rendre conscient.

LECTURE MÉDITATIVE

Réaliser soudainement que vous êtes ou avez été attaché à votre souffrance peut être la cause d'un grand choc. Mais dès l'instant où cette prise de conscience a lieu, l'attachement est rompu.

Un peu comme une entité, le corps de souffrance est un champ énergétique qui se loge temporairement à l'intérieur de vous. C'est de l'énergie vitale qui est prise au piège et ne circule plus.

Bien entendu, le corps de souffrance existe en raison de certaines choses qui se sont produites dans le passé. C'est le passé qui vit en vous, et si vous vous identifiez au corps de souffrance, vous vous identifiez par la même occasion au passé. L'identité de victime est fondée sur la croyance que le passé est plus puissant que le présent, ce qui est contraire à la vérité. Que les autres et ce qu'ils vous ont fait sont responsables de ce que vous êtes maintenant, de votre souffrance émotionnelle ou de votre incapacité à être vraiment vous-même.

La vérité, c'est que le seul pouvoir qui existe est l'instant présent : c'est le pouvoir de votre présence à ce qui est. Une fois que vous savez cela, vous réalisez également que personne d'autre que vous n'est maintenant responsable de votre vie intérieure et que le passé ne peut pas l'emporter sur le pouvoir de l'instant présent.

L'inconscience le crée, la conscience le métamorphose. Saint Paul a exprimé ce principe universel de façon magnifique : « On peut tout dévoiler en l'exposant à la lumière, et tout ce qui est ainsi exposé devient lui-même lumière. » Tout comme vous ne pouvez vous battre contre l'obscurité, vous ne pouvez pas non plus vous battre contre le corps de souffrance.

Essayer de le faire créerait un conflit intérieur et, par conséquent, davantage de souffrance. Il suffit de l'observer et cela suppose l'accepter comme une partie de ce qui est en ce moment.

CHAPITRE SEPT

Des relations de dépendance aux relations éclairées

Les relations d'amour et de haine

À moins d'avoir atteint la fréquence vibratoire de la présence consciente ou jusqu'à ce que cela soit, toutes les relations, et en particulier les relations intimes, sont profondément faussées et en définitive dysfonctionnelles. Elles peuvent sembler parfaites pendant un certain temps, par exemple quand vous êtes amoureux, mais cette apparente perfection en vient invariablement à s'effriter quand les disputes, les conflits, l'insatisfaction et la violence émotionnelle ou même physique se produisent à un rythme de plus en plus fréquent.

Il semble que la plupart des relations amoureuses deviennent tôt ou tard des relations à la fois d'amour et de haine. Sans la moindre difficulté, l'amour se transforme en sauvage agressivité, en sentiment d'hostilité ou encore en un retrait complet de l'affection l'un envers l'autre. On considère ceci comme normal.

Si, dans vos relations, vous connaissez aussi bien l'amour que son opposé, c'est-à-dire l'hostilité, la violence émotionnelle, etc., il est alors fort probable que vous confondiez amour et attachement de l'ego, amour et dépendance affective. Il est impossible que vous aimiez votre partenaire à un moment et l'agressiez l'instant d'après. L'amour vrai n'a pas d'ennemi. Si votre « amour » en a un, c'est que ce n'est pas de l'amour mais plutôt un grand besoin de l'ego de se sentir plus complètement et plus profondément soi. Et ce besoin est temporairement comblé par l'autre. Pour l'ego, il s'agit d'un succédané de salut, et pendant un certain temps cela donne presque effectivement l'impression qu'il s'agit de cela.

Mais vient un moment où votre partenaire adopte des comportements qui ne réussissent pas à combler vos besoins, ou du moins ceux de votre ego. Les sentiments de peur, de souffrance et de manque qui font intrinsèquement partie de l'ego, mais qui étaient passés à l'arrière-plan grâce à la relation amoureuse, font de nouveau surface.

Comme avec toutes les autres dépendances, vous êtes au septième ciel quand vous avez de la drogue, mais vient invariablement le moment où celle-ci n'a plus d'effet sur vous. Quand ces émotions souffrantes refont surface, vous les sentez donc avec encore plus d'acuité qu'avant. Qui plus est, vous percevez maintenant votre partenaire comme étant à leur origine. Cela veut dire que vous les projetez à l'extérieur et que vous agressez l'autre avec toute la violence sauvage que votre douleur contient.

Cette agressivité peut éveiller la souffrance de votre partenaire, qui contre-attaquera. Rendu à ce point-là, l'ego espère encore inconsciemment que son agressivité ou ses tentatives visant à manipuler constitueront une punition suffisante qui amènera l'autre à changer de comportement. Ceci lui permettra de se servir à nouveau de ces comportements pour occulter votre souffrance.

Toute dépendance naît d'un refus inconscient de faire face à votre propre souffrance et de la vivre. Celle-ci commence et finit dans la souffrance. Quelle que soit la substance à laquelle vous êtes accroché – l'alcool, la nourriture, les drogues légales ou illégales – ou bien la personne, vous vous servez de quelque chose ou de quelqu'un pour dissimuler votre douleur. C'est pour cette raison qu'après l'euphorie initiale il y a tellement de tourments et de souffrance dans les relations intimes. Mais ces dernières n'en sont pourtant pas la cause. Elles font simplement ressortir la souffrance et le tourment qui se trouvent déjà en vous. Toutes les dépendances agissent ainsi. Toutes les dépendances atteignent un point où elles n'ont plus d'effet sur vous et vous ressentez alors la souffrance plus intensément que jamais.

D'ailleurs, la plupart des gens essaient toujours d'échapper au présent et cherchent le salut dans le futur, quel qu'il soit. La première chose sur laquelle ils pourraient buter s'ils concentraient leur attention sur le moment présent, c'est leur propre souffrance. Et c'est justement ce dont ils ont peur. Si seulement ils savaient combien il est facile de trouver dans le présent le pouvoir qui dissipe le passé et la souffrance, la réalité qui met un terme à l'illusion. Si seulement ils savaient à quel point ils sont près de leur propre réalité, de Dieu.

La réponse n'est pas non plus d'éviter les relations afin d'éviter la souffrance. Celle-ci est là de toute façon. Trois relations qui n'ont pas fonctionné en autant d'années vous amèneront fort probablement plus à vous réveiller que trois années sur une île déserte ou reclus dans votre chambre. Par contre, si vous réussissiez à être intensément présent à votre solitude, cette solution fonctionnerait peut-être pour vous.

Des relations de dépendance aux relations éclairées

LECTURE MÉDITATIVE

Que vous viviez seul ou avec un partenaire, ceci reste la clé : pour que l'amour puisse fleurir, la lumière de votre présence doit être suffisamment forte pour que vous ne vous laissiez plus contrôler par le penseur ou le corps de souffrance et que vous n'assimiliez plus ceux-ci à ce que vous êtes.

Vous connaître comme étant l'Être derrière le penseur, le calme derrière le parasitage du mental, l'amour et la joie derrière la souffrance, c'est cela la liberté, le salut, l'illumination.

Se désidentifier du corps de souffrance, c'est devenir présent à la souffrance et ainsi la transformer. Se dissocier de la compulsion à réfléchir, c'est être le témoin silencieux des pensées et des comportements, en particulier des scénarios mentaux qui se répètent et des rôles joués par l'ego.

Si vous cessez d'insuffler une existence au mental, celui-ci perd son aspect compulsif, qui est fondamentalement l'obligation de juger et, par conséquent, de résister à ce qui est. Ceci crée conflits, mélodrames et nouveaux chagrins. En fait, dès l'instant où le jugement cesse par l'acceptation de ce qui est, vous êtes libéré du mental. Vous avez fait de la place pour accueillir l'amour, la joie, la paix.

LECTURE MÉDITATIVE

En premier lieu, vous cessez de vous juger vous-même, et vous arrêtez ensuite de juger votre partenaire. Le plus grand déclencheur de changement dans une relation, c'est l'acceptation totale de votre partenaire tel qu'il est, sans aucun besoin de le juger ou de le changer de façon quelconque.

Cette acceptation vous transporte immédiatement au-delà de l'ego. Tous les jeux du mental et les dépendances profondes sont alors révolus. Il n'y a plus ni tyran ni victime, ni accusateur ni accusé.

Ceci met aussi un terme à toutes les dépendances et au fait que vous êtes attiré par les scénarios inconscients d'une autre personne et que vous leur permettez ainsi de se perpétuer. Soit vous vous séparez dans l'amour, soit vous plongez encore plus profondément dans le présent ensemble, dans l'Être. Cela peut-il être aussi simple que ça? Oui, ça l'est.

L'amour est un état. L'amour n'est pas à l'extérieur, mais au plus profond de vous. Il est en vous et indissociable de vous à tout jamais. Il ne dépend pas de quelqu'un d'autre, d'une forme extérieure.

LECTURE MÉDITATIVE

L'immobilité de la présence intérieure vous permet de sentir votre propre réalité intemporelle et sans forme, c'est-à-dire la vie non manifeste qui anime votre forme matérielle. Elle vous permet aussi de sentir cette même vie au plus profond de chaque autre être humain et de toute autre créature. Vous voyez dorénavant au-delà du voile de la forme et de la division. Ceci est la réalisation de l'unicité. CECI EST L'AMOUR.

Bien que de brèves incursions de l'amour soient possibles, celui-ci ne peut fleurir à moins que vous ne soyez définitivement libéré de l'identification au mental et que vous soyez intensément et suffisamment présent pour avoir pu dissiper le corps de souffrance. Ou encore à moins que vous puissiez rester présent en tant qu'observateur. Ainsi le corps de souffrance ne peut plus prendre possession de vous et détruire l'amour.

Les relations en tant que pratique spirituelle

Comme les humains sont devenus de plus en plus identifiés à leur mental, la plupart des relations ne sont pas ancrées dans l'Être et se transforment donc en source de souffrance du fait qu'elles sont régentées par les problèmes et les conflits.

Si les relations attisent et amplifient les schèmes mentaux et activent le corps de souffrance, comme c'est le cas présentement, pourquoi ne pas accepter cet état de fait au lieu d'essayer d'y échapper ? Pourquoi ne pas coopérer au lieu d'éviter les relations ou de continuer à poursuivre le fantôme du partenaire idéal qui doit prétendument solutionner tous vos problèmes ou vous combler ?

Reconnaître et accepter les faits amène aussi un certain degré de libération par rapport à eux.

Par exemple, quand vous reconnaissez qu'il y a un manque d'harmonie et que vous vous appropriez cette prise de conscience, un nouveau facteur entre en jeu grâce à celle-ci, et le manque d'harmonie ne peut rester tel que.

LECTURE MÉDITATIVE

Quand vous reconnaissez que vous n'êtes pas en paix avec vous-même, cette reconnaissance crée une atmosphère de calme qui accueille le désaccord dans un mouvement tendre et aimant et le convertit par la suite en paix. En ce qui concerne la transformation intérieure, vous ne pouvez rien faire. Vous ne pouvez pas vous transformer vous-même à volonté, pas plus que vous ne pouvez changer votre partenaire ou quelqu'un d'autre. Tout ce que vous pouvez faire, c'est ménager un espace au sein duquel la métamorphose peut se produire, afin que la grâce et l'amour puissent venir.

Alors, chaque fois que la relation entre vous et votre partenaire ne fonctionne pas, qu'elle suscite en vous deux la « folie », réjouissez-vous, car ce qui était inconscient vient d'être amené à la lumière. C'est là une occasion d'accéder au salut.

LECTURE MÉDITATIVE

À chaque instant, appropriez-vous la reconnaissance de ce moment, en particulier celle de votre état intérieur. S'il y a de la colère, reconnaissez-la. S'il y a en vous de la jalousie, une attitude défensive, une pulsion à vouloir vous disputer, un besoin d'avoir raison, si votre enfant intérieur exige amour et attention, ou bien si vous ressentez une quelconque souffrance émotionnelle, peu importe ce que c'est, reconnaissez la réalité de ce moment et appropriez-vous-la.

La relation devient alors votre *sadhana*, votre pratique spirituelle. Si vous identifiez chez votre partenaire un comportement inconscient, sachez vous approprier cette prise de conscience dans une attitude d'amour afin de ne pas réagir.

L'inconscience et la reconnaissance de ce qui est ne peuvent pas cohabiter longtemps, même si la reconnaissance se produit chez l'autre et non pas chez la personne qui agit par inconscience. Pour la forme d'énergie qui sous-tend l'hostilité et l'agressivité, la présence de l'amour est absolument intolérable. Si vous réagissez d'une façon quelconque aux attitudes inconscientes de votre partenaire, vous devenez vous-même inconscient. Mais si vous vous rappelez de reconnaître votre réaction, alors rien n'est perdu.

Jamais auparavant les relations n'ont été aussi problématiques et conflictuelles qu'elles le sont actuellement. Comme vous avez peut-être pu le remarquer, elles ne sont pas là pour vous rendre heureux ni pour vous combler. Si vous continuez à utiliser les relations pour trouver le salut, vous serez constamment déçu. Par contre, si vous acceptez qu'elles existent pour vous rendre conscient et non pas heureux, elles vous amèneront effectivement le salut et vous serez alors en harmonie avec la conscience supérieure désireuse de voir le jour dans ce monde.

Pour ceux qui s'accrochent aux vieux scénarios, il y aura une intensification de la souffrance, de la violence, de la confusion et de la folie.

Combien de personnes vous faut-il pour faire de votre vie une pratique spirituelle ? Peu importe que votre partenaire coopère ou pas. La conscience et la santé mentale ne peuvent advenir dans ce monde que par vous. Pas besoin d'attendre que le monde soit sensé ou que quelqu'un d'autre devienne conscient pour vous réaliser. Vous pourriez attendre indéfiniment.

Ne vous accusez pas réciproquement d'être inconscients. Dès l'instant où vous commencez à vous disputer, c'est que vous venez de vous identifier à une position du mental et que vous défendez non seulement cette position mais également le sens de votre identité. C'est l'ego qui prend les choses en main, et vous tombez alors dans l'inconscience. Il est parfois approprié de faire remarquer à votre partenaire certains aspects de son comportement. Si vous restez très vigilant, très présent, vous pouvez y arriver sans faire entrer en jeu l'ego, sans proférer de reproches, sans accuser l'autre ou lui donner tort.

Lorsque votre partenaire se comporte avec inconscience, renoncez à tout jugement. Car, d'un côté, le jugement amène à associer le comportement inconscient d'une personne avec ce qu'elle est en réalité ou, de l'autre, à projeter votre propre inconscience sur l'autre personne et à prendre cette projection pour ce que cette personne est en réalité.

Renoncer au jugement ne signifie pas que vous ne sachiez pas reconnaître une dysfonction ou l'inconscience quand vous les voyez. Cela veut dire que vous êtes « celui ou celle qui reconnaît » au lieu d'être « celui ou celle qui réagit » et qui juge. Vous serez alors totalement libéré de la réaction ou vous réagirez en reconnaissant que vous le faites, créant ainsi un espace où vous observerez la réaction et lui permettrez d'être. Au lieu de vous battre contre l'obscurité, vous faites la lumière. Au lieu de réagir à l'illusion, vous la voyez et, en même temps, vous voyez à travers elle.

Quand vous êtes celui ou celle qui reconnaît, vous ménagez un espace d'ouverture et de présence aimante qui permet à toute chose et à toute personne d'être telles qu'elles sont. Il n'existe aucun catalyseur aussi puissant que celui-ci pour aller vers la transformation. Si vous vous entraînez à agir ainsi, votre partenaire ne pourra pas rester avec vous tout en restant dans l'inconscience.

Tant mieux si vous tombez tous les deux d'accord pour faire de votre relation une pratique spirituelle. Cela vous permettra l'un l'autre d'exprimer vos pensées, vos sentiments et vos réactions aussitôt qu'ils se présentent. De la sorte, vous ne créerez pas le décalage temporel qui amène une émotion ou une doléance non exprimée ou non reconnue à s' envenimer et à grandir.

EXERCICE

Apprenez à dire ce que vous ressentez sans faire de reproches. Sachez écouter votre partenaire de façon ouverte et non défensive. Laissez-lui l'occasion de s'exprimer. Soyez présent. Accuser, attaquer, se défendre, tous ces scénarios destinés à protéger et à renforcer l'ego ou à combler ses besoins deviendront alors désuets. Il est vital de faire de la place aux autres et à soi-même. L'amour ne peut s'épanouir sans cela.

Une fois que vous aurez éliminé les deux facteurs de destruction d'une relation, c'est-à-dire que le corps de souffrance sera métamorphosé et que vous ne serez plus identifié à votre mental et à ses positions, et que votre partenaire aura fait de même, vous connaîtrez tous deux l'extase que représente l'épanouissement d'une relation. Au lieu de vous refléter l'un l'autre votre souffrance et votre inconscience, au lieu de satisfaire les besoins mutuels de vos ego dépendants, vous vous refléterez l'un l'autre l'amour que vous sentez au plus profond de vous, celui qui advient avec la réalisation que vous ne faites qu'un avec le Grand Tout.

ET CECI EST L'AMOUR QUI N'A PAS D'OPPOSÉ.

Si votre partenaire est encore identifié au mental et au corps de souffrance alors que vous en êtes déjà libéré, ceci représentera un défi de taille. Non pas pour vous, mais pour votre partenaire. Il n'est pas facile de vivre avec une personne illuminée, ou plutôt, c'est si facile que l'ego trouve cela extrêmement menaçant.

N'oubliez pas que l'ego a besoin de problèmes, de conflits et d'ennemis pour renforcer le sentiment de division dont dépend son identité. Le mental du partenaire qui ne s'est pas réalisé sera profondément frustré parce que plus rien ne s'opposera à ses positions fixes, ce qui voudra dire que celles-ci deviendront « chambranlantes » et affaiblies. Elles courent même le risque de « s'effondrer » complètement, ceci se traduisant par la perte du sens de soi.

Le corps de souffrance exige une réaction et ne l'obtient pas. Son besoin de disputes, de mélodrames et de conflits n'est pas satisfait.

Renoncez à la relation que vous entretenez avec vous-même

Illuminé ou pas, vous êtes soit un homme, soit une femme. Donc, sur le plan de l'identité par la forme, vous n'êtes pas complet. Vous êtes la moitié d'un tout. Cette incomplétude se fait sentir sous la forme de l'attirance homme-femme, l'attirance vers la polarité énergétique opposée, peu importe le niveau de conscience. Mais quand vous êtes en état d'harmonie intérieure, vous ressentez que cette fascination se produit plutôt à la périphérie de votre vie et non dans le centre.

D'ailleurs, quand vous êtes dans cet état de conscience réalisée, tout ce qui vous arrive se ressent à la périphérie. Le monde entier ne semble plus qu'ondulations ou vagues à la surface d'un vaste et profond océan. Vous êtes cet océan, mais vous êtes aussi une vague qui a réalisé sa véritable identité comme étant celle de l'océan. Et comparativement à l'immensité et à cette profondeur, le monde des ondulations et des vagues n'est pas si important que ça.

Ceci ne veut pas dire que vous n'entrez pas profondément en relation avec les autres ou avec votre partenaire. En fait, vous ne pouvez y arriver que si vous êtes conscient de l'Être. Comme vous « fonctionnez » à partir de l'Être, vous pouvez voir au-delà du voile qu'est la forme. Chez l'Être, masculin et féminin ne font plus qu'un. Il se peut que la forme ait certains besoins, mais l'Être, lui, n'en a point. Il est en soi complet et entier. Si les besoins de la forme sont comblés, tant mieux. Mais qu'ils le soient ou pas, cela ne fait aucune différence pour votre état intérieur profond.

Il est donc parfaitement possible chez une personne réalisée, si le besoin de contacter la polarité féminine ou masculine n'est pas comblé, de sentir un manque ou une incomplétude à la périphérie de son être et d'être en même temps totalement complète, comblée et intérieurement en paix.

Si vous ne réussissez pas à vous sentir bien avec vous-même quand vous êtes seul, vous chercherez à établir une relation avec une autre personne pour masquer le malaise. Mais vous pouvez être sûr que le malaise refera surface sous une forme ou une autre dans la relation et que vous en rendrez probablement votre partenaire responsable.

LECTURE MÉDITATIVE

Tout ce dont vous avez vraiment besoin, c'est d'accepter totalement l'instant présent. Vous êtes alors bien dans l'ici-maintenant et avec vous-même.

Mais avez-vous absolument besoin d'être en relation avec vous-même ? Pourquoi ne pouvez-vous être simplement vous-même ? Quand vous êtes en relation avec vous-même, vous êtes divisé : d'un côté, il y a le « je » et de l'autre, le « moi-même », soit le sujet et l'objet. Cette dualité créée de toutes pièces par le mental est la cause de toute complexité superflue, de tous les problèmes et conflits qui surgissent dans votre vie. Quand vous êtes réalisé, vous êtes vous-même. Autrement dit, le « vous » et le « vous-même » ne font plus qu'un. Vous ne vous jugez pas, vous ne vous prenez pas en pitié, vous n'êtes pas fier de vous, vous ne vous aimez pas, vous ne vous détestez pas, etc. La division causée par la conscience qui revient sur elle-même est résorbée, et sa malédiction, éliminée. Il n'y a plus de « moi » à protéger, à défendre ou à sustenter. Quand vous êtes réalisé, vous n'entretenez plus cette relation avec vous-même. Une fois que vous y avez renoncé, toutes les autres relations deviennent des relations d'amour.

TROISIÈME PARTIE

Acceptation et lâcher-prise

Lorsque vous lâchez prise face à ce qui est
et que vous devenez donc totalement présent,
le passé perd tout pouvoir.
Le royaume de l'Être, qui était masqué
par le mental, se révèle.
Tout d'un coup, un grand calme naît en vous,
une insondable sensation de paix.
Et au cœur de cette paix, il y a une grande joie.
Et au cœur de cette joie, il y a l'amour.
Et au cœur de tout cela, il y a le sacré, l'incommensurable.
Ce à quoi on ne peut attribuer de nom.

CHAPITRE HUIT

Acceptation de l'instant présent

Les cycles de la vie et l'impermanence des choses

Il y a les cycles de succès au cours desquels tout semble vous sourire et bien aller, et les cycles de l'échec quand tout ce que vous avez entrepris s'étiole et se désintègre et que vous devez tout laisser aller afin de faire place à la nouveauté ou à la transformation.

Si vous vous accrochez et résistez à ce moment-là, cela veut dire que vous refusez de suivre le courant de la vie, et vous en souffrirez.

L'involution est nécessaire pour qu'une nouvelle croissance puisse se produire. L'une ne peut exister sans l'autre.

Le cycle de l'involution est absolument essentiel à la réalisation spirituelle. Vous devez avoir connu un grand échec sur un certain plan, une grande perte ou une profonde souffrance pour que la dimension spirituelle vous interpelle. Ou peut-être est-ce le succès lui-même qui a perdu son sens, devenant ainsi un échec ?

Derrière tout succès, il y a l'échec et derrière tout échec, le succès. Dans ce monde-ci, c'est-à-dire sur le plan de la forme, tout le monde « échoue » tôt ou tard bien entendu et tout accomplissement revient éventuellement au rien. Aucune forme n'est permanente.

Dans un état de conscience réalisée, vous êtes toujours actif et prenez plaisir à créer de nouvelles formes et circonstances, mais vous n'êtes pas identifié à elles. Telle est la différence. Vous n'avez pas besoin d'elles pour trouver le sens de votre moi. Elles ne constituent pas votre vie, seulement vos conditions de vie.

Un cycle peut durer de quelques heures à plusieurs années. Et dans les cycles longs, des cycles plus courts s'intercalent. De nombreuses maladies proviennent de la résistance aux cycles où l'énergie est basse, cycles pourtant essentiels à la régénération. La compulsion à passer à l'action et la tendance à vouloir tirer le sens de votre valeur personnelle et de votre identité à partir de facteurs externes comme l'accomplissement constituent une illusion inévitable aussi longtemps que vous restez identifié au mental.

Et c'est précisément cette identification qui rend l'acceptation des cycles bas difficile. Sans parler de les laisser être. Par conséquent, et comme mesure d'autoprotection, l'intelligence innée de l'organisme prendra les choses en main et créera une maladie pour vous obliger à vous arrêter, afin que la régénération nécessaire à l'organisme puisse s'opérer.

Aussi longtemps que vous qualifiez mentalement une situation de bonne, qu'il s'agisse d'une relation, d'une possession, d'un rôle social, d'un lieu ou de votre corps physique, votre mental s'y attache et s'identifie à elle. Cette situation vous rend heureux, vous fait vous sentir bien face à vous-même et peut même devenir en partie ce que vous êtes ou pensez être.

Mais rien ne dure dans cette dimension où les mites et la rouille détruisent. Soit les choses se terminent, soit elles changent. Ou bien encore elles subissent une inversion de polarité : la situation qui était positive hier ou l'an passé est soudainement ou graduellement devenue négative. La même situation qui vous comblait alors de bonheur, vous rend maintenant malheureux. La prospérité d'aujourd'hui devient la course à la consommation vide de demain. Les heureuses célébration nuptiale et lune de miel cèdent la place aux tourments du divorce ou de la coexistence malheureuse.

Ou bien alors une situation donnée prend fin et c'est son absence qui vous rend triste. Quand une circonstance ou une situation à laquelle l'esprit s'est attaché et identifié se modifie ou prend fin, l'esprit ne peut pas l'accepter. Il voudra s'y accrocher et résistera au changement, comme si on lui arrachait un bras ou une jambe.

Ceci veut donc dire que le bonheur et le malheur ne font qu'un. Seule l'illusion du temps les sépare.

LECTURE MÉDITATIVE

Quand on n'offre aucune résistance à la vie, on se retrouve dans un état de grâce et de bien-être. Et cet état ne dépend plus des circonstances, bonnes ou mauvaises.

Cela peut sembler presque paradoxal. Pourtant, lorsque vous êtes intérieurement libéré de votre dépendance à la forme, les conditions générales de votre vie, c'est-à-dire les formes extérieures, tendent à s'améliorer grandement. Les choses, les gens ou les circonstances dont vous pensiez avoir besoin pour être heureux vous arrivent sans que vous jouiez des coudes ou ayez à fournir d'efforts. Et aussi longtemps qu'ils sont là, vous êtes libre de les goûter et de les apprécier.

Tout cela prendra fin bien sûr, les cycles viendront et iront, mais la peur de perdre ne sera plus là puisque la dépendance aura disparu. Et la vie se metra alors à couler facilement.

Le bonheur qui provient d'une source secondaire quelconque n'est jamais bien profond. Ce n'est qu'un pâle reflet de la joie de l'Être, de l'intense paix que vous trouvez en vous quand vous ne résistez plus. L'Être vous transporte au-delà des contraires polarisés du mental et vous libère de votre dépendance aux formes. Même si tout venait à s'écrouler et à être réduit en miettes autour de vous, vous sentiriez toujours ce profond noyau de paix intérieure. Vous ne seriez peut-être pas heureux, mais en paix.

Comment utiliser la négativité et y renoncer

Toute résistance intérieure se vit comme de la négativité, sous une forme ou une autre. Toute négativité est résistance. Dans ce contexte, les deux termes sont presque synonymes.

La négativité va de l'irritation ou de l'impatience à la colère féroce, d'une humeur dépressive ou d'un sombre ressentiment au désespoir suicidaire. Parfois, la résistance déclenche le corps de souffrance et, dans ce cas-là, celui-ci peut générer une puissante négativité comme la colère, la dépression ou un profond chagrin, même si le catalyseur est infime.

L'ego croit qu'il peut manipuler la réalité par la négativité et obtenir ainsi ce qu'il veut. Il croit que par ce biais, il peut créer une situation avantageuse ou dissiper une situation désavantageuse.

Si « vous » – le mental – ne croyiez pas que le malheur fonctionne, pourquoi alors le créeriez-vous ? Bien entendu, la négativité ne fonctionne pas. Au lieu de créer une situation favorable, elle l'empêche au contraire de se manifester. Au lieu de dissiper une situation défavorable, elle la maintient. Sa seule fonction « utile » est de renforcer l'ego, et c'est pour cette raison que l'ego l'aime tant.

Une fois que vous vous êtes identifié à une forme quelconque de négativité, vous ne voulez pas vous en départir et, à un niveau inconscient profond, vous ne désirez aucun changement positif, puisque cela menacerait votre identité de personne déprimée, en colère ou traitée injustement. Par conséquent, vous ignorerez, nierez ou saboterez ce qui est positif dans votre vie. C'est là un phénomène très commun. Et aussi dément.

EXERCICE

Observez n'importe quelle plante ou n'importe quel animal et laissez-lui vous enseigner ce qu'est l'acceptation, l'ouverture totale au présent, l'Être. Laissez-lui vous enseigner l'intégrité, c'est-à-dire comment ne faire qu'un, être vous-même, être vrai. Comment vivre, mourir et ne pas faire de la vie et de la mort un problème.

Les émotions négatives contiennent parfois un message, comme les maladies. Mais les changements que vous effectuerez, qu'ils soient reliés à votre travail, à vos relations ou à votre milieu de vie, ne sont en fin de compte « qu'esthétiques », à moins d'être le fruit d'une modification de niveau de conscience. Et ceci ne peut vouloir dire qu'une seule chose : devenir plus présent. Quand vous avez atteint un certain degré de présence, la négativité n'est plus nécessaire pour savoir ce dont vous avez besoin dans votre vie.

Mais aussi longtemps qu'elle est là, servez-vous-en. Utilisez-la comme une sorte de signal qui vous rappelle d'être plus présent.

LECTURE MÉDITATIVE

Chaque fois que vous remarquerez que la négativité se manifeste en vous, sous une forme ou une autre, ne la voyez pas comme un échec dans votre démarche mais plutôt comme un précieux signal qui vous dit : « Réveille-toi ! Sors de ta tête ! Sois présent ! »

En fait, la moindre irritation est significative et doit être reconnue et approfondie. Sinon, il y aura une accumulation de réactions passées sous silence.

Il se peut que vous puissiez laisser tomber la négativité une fois que vous aurez réalisé que vous ne voulez pas de ce champ énergétique en vous et qu'il ne sert à rien. Dans ce cas, assurez-vous de mettre cette négativité définitivement de côté. Si vous n'y réussissez pas, acceptez simplement qu'elle soit là et centrez-vous sur la sensation.

EXERCICE

L'autre solution, si vous n'arrivez pas à éliminer une réaction négative, c'est de la faire disparaître en vous imaginant devenir « perméable » à la cause externe de la réaction.

Je vous recommande de vous y exercer tout d'abord avec de petites choses banales.

Disons, par exemple, que vous êtes tranquillement assis chez vous. Tout d'un coup, le son strident du système antivol d'une voiture vous parvient de l'autre côté de la rue. L'irritation monte en vous. Quelle est la raison d'être de cette irritation ? Il n'y en a absolument aucune. Pourquoi l'avez-vous créée ? Ce n'est pas vous qui l'avez créée, mais le mental. Cela s'est fait automatiquement, de façon totalement inconsciente.

Pourquoi le mental a-t-il engendré cette irritation ? Parce qu'il porte la croyance inconsciente que la résistance qu'il installe et que vous expérimentez sous la forme de négativité ou de tourment viendra d'une manière ou d'une autre dissiper la situation non désirée. Bien entendu, ceci est une illusion. La résistance que le mental crée, de l'irritation ou de la colère dans ce cas, est beaucoup plus dérangeante que la cause originale qu'il essaie de faire disparaître.

Utilisez ce genre de situation pour en faire une pratique spirituelle.

EXERCICE

Sentez que vous devenez transparent, pour ainsi dire, comme si vous étiez dénué de la solidité de la matière corporelle. Permettez ensuite au bruit, ou à tout ce qui cause une réaction négative, de passer à travers vous. Ce bruit ne heurte plus de mur « solide » en vous.

Comme je l'ai spécifié, entraînez-vous d'abord avec de petites choses. L'alarme de la voiture, le chien qui aboie, les enfants qui hurlent, les bouchons de circulation. Au lieu de maintenir en vous un mur de résistance sur lequel viennent constamment et douloureusement se heurter les choses « qui ne devraient pas se produire », laissez tout cela passer à travers vous.

Quelqu'un vous dit quelque chose de grossier ou destiné à vous blesser ? Laissez ses paroles passer à travers vous au lieu de vous mettre en mode réactif négatif et inconscient. Agressivité, défensive ou retenue, laissez aller tout cela. N'offrez aucune résistance à ce qui est proféré, comme s'il n'y avait plus personne à blesser. LE PARDON, C'EST ÇA. DE CETTE FAÇON, VOUS DEVENEZ INVULNÉRABLE.

Cela ne vous empêche pas de rappeler à la personne que son comportement est inacceptable, si c'est ce que vous choisissez de faire. Chose certaine, elle n'aura plus le pouvoir de contrôler votre état intérieur. Vous êtes alors sous votre pouvoir, pas sous celui de quelqu'un d'autre, et votre mental ne mène plus le bal. Qu'il s'agisse du système d'alarme d'une voiture, d'une personne grossière, d'une inondation, d'un tremblement de terre ou de la perte de toutes vos possessions, le mécanisme de la résistance est toujours le même.

Vous êtes encore en train de chercher à l'extérieur et vous ne réussissez pas à vous extirper du mode « recherche ». Peut-être le prochain atelier vous donnera-t-il la réponse, ou bien cette nouvelle technique !

LECTURE MÉDITATIVE

Ne pas chercher la paix. Ne cherchez pas à trouver un quelconque autre état que celui dans lequel vous êtes dans l'instant présent. Sinon, vous instaurerez un conflit intérieur et une résistance inconsciente.

Pardonnez-vous de ne pas être en paix. Dès l'instant où vous acceptez totalement l'absence de paix, celle-ci se métamorphose en paix. Tout ce que vous acceptez totalement vous conduit à la paix. C'est le miracle du lâcher-prise.

Quand vous acceptez ce qui est, chaque quartier de viande, chaque moment est le meilleur qui soit. C'EST CELA L'ILLUMINATION.

La nature de la compassion

LECTURE MÉDITATIVE

Après avoir dépassé le système des opposés créé par le mental, vous êtes semblable à un lac profond. Les circonstances extérieures et tout ce qui peut se passer dans votre vie sont comme la surface du lac. Parfois calme, parfois ventée et agitée, selon les cycles et les saisons. En profondeur, cependant, l'eau du lac reste impassible. Vous êtes le lac tout entier et non seulement la surface. Vous demeurez en contact avec votre propre profondeur, qui est absolument paisible en tout temps.

Vous ne résistez pas au changement puisque vous ne vous accrochez pas à quelque situation que ce soit. Votre paix intérieure ne dépend d'aucune condition. Vous évoluez sur le plan de l'Être – immuable, intemporel, immortel – et vous ne dépendez plus du monde extérieur des formes en perpétuelle fluctuation pour vous sentir comblé ou heureux. Vous pouvez certes les apprécier, jouer avec elles, en créer de nouvelles et goûter la beauté de tout cela. Mais vous n'aurez pas besoin de vous attacher à quoi que ce soit.

Aussi longtemps que vous n'êtes pas conscient de l'Être, la réalité des autres humains vous échappe puisque vous n'avez pas encore trouvé la vôtre. Leur forme plaira ou déplaira à votre mental, non seulement sur le plan du corps mais aussi sur celui de l'esprit. Les véritables relations deviennent possibles seulement lorsqu'il y a conscience de l'Être.

En somme, quand vous existez à partir de l'Être, vous percevez le corps et l'esprit d'une autre personne comme un écran, pour ainsi dire, derrière lequel vous pouvez sentir sa véritable réalité, tout comme vous sentez la vôtre. Donc, quand vous êtes confronté à la souffrance ou au comportement inconscient d'une autre personne, vous restez présent et en contact avec l'Être, et êtes ainsi en mesure de voir au-delà de la forme et d'apercevoir cette pure étincelle chez l'autre à travers votre Être.

À ce niveau, toute souffrance se conçoit comme une illusion. La souffrance est le fruit de l'identification à la forme. Des guérisons miraculeuses se produisent parfois chez les autres, s'ils sont prêts, lorsqu'un être réalisé vient éveiller leur conscience.

La compassion, c'est la conscience que vous avez un lien profond qui vous unit à toutes les créatures. La prochaine fois que vous affirmerez ne rien avoir en commun avec telle ou telle personne, rappelez-vous que vous avez au contraire beaucoup en commun avec elle : d'ici à quelques années – deux ans ou soixante-dix ans, peu importe –, vous serez tous les deux des cadavres en décomposition, puis simplement un amas de poussière et, à la fin, plus rien du tout. Cette prise de conscience vous fait humblement redescendre sur terre et ne laisse pas grand place à l'orgueil.

Est-ce pour autant une pensée négative ? Non, c'est un fait. Pourquoi fermer les yeux dessus ? Dans ce sens-là, vous et toutes les autres créatures êtes sur un pied d'égalité totale.

EXERCICE

Un des plus puissants exercices spirituels consiste à méditer profondément sur la mortalité des formes matérielles, la vôtre y compris. Cela s'appelle « mourir avant de mourir ».

Absorbez-vous profondément dans cette méditation. Votre forme matérielle se dissipe, n'existe plus. Puis arrive le moment où toutes les formes-pensées s'éteignent également. Pourtant, vous êtes encore là, en tant que cette divine présence, radieuse et totalement éveillée.

Ce qui a toujours été réel reste, et seuls les noms, les formes et les illusions meurent.

À ce niveau profond, la compassion devient une forme de guérison dans le sens le plus large. Dans un état de compassion, votre influence guérissante s'exerce surtout sur l'être, non sur le faire. Chacune des personnes avec qui vous entrerez en contact sera touchée par votre présence et par la paix qui émanera de vous, que vous en soyez conscient ou pas.

Quand vous êtes totalement présent et que les gens autour de vous adoptent des comportements inconscients, vous ne sentez pas le besoin de réagir, ne leur accordant ainsi aucune substance. La paix en vous est si vaste et si profonde que tout ce qui n'est pas paix est absorbé par elle comme si rien d'autre n'avait jamais existé. Ceci met fin au cycle karmique de l'action et de la réaction.

Les animaux, les arbres, les fleurs sentiront eux aussi la paix qui est en vous et y seront sensibles. Votre enseignement se fait en étant, en vivant la paix de Dieu.

Vous devenez la « lumière du monde », une émanation de la conscience pure, et faites aussi disparaître la souffrance sur le plan de la cause. Vous éliminez l'inconscience du monde.

La sagesse du lâcher-prise

C'est la qualité de la conscience chez vous, à cet instant même, qui est le principal agent déterminant du genre de futur que vous connaîtrez. Lâcher prise est donc la chose la plus importante que vous puissiez faire pour amener un changement positif. Tout geste que vous posez par la suite n'est que secondaire. Aucune action véritablement positive ne peut provenir d'un état de conscience qui n'est pas fondé sur le lâcher-prise.

Pour certaines personnes, ce terme peut avoir des connotations négatives. Il peut vouloir dire défaite, renoncement, incapacité d'être à la hauteur des défis de la vie, léthargie, etc. Cependant, le véritable détachement est quelque chose d'entièrement différent. Cela ne signifie pas endurer passivement une situation dans laquelle vous vous trouvez sans tenter quoi que ce soit pour l'améliorer. Et cela ne signifie pas non plus que vous devez cesser d'établir des plans pour transformer votre vie ou de poser des gestes positifs.

LECTURE MÉDITATIVE

Le lâcher-prise est la simple mais profonde sagesse qui nous porte à laisser couler le courant de la vie plutôt que d'y résister. Et le seul moment où vous pouvez sentir ce courant, c'est dans l'instant présent. Par conséquent, lâcher prise, c'est accepter le moment présent inconditionnellement et sans réserve. C'est renoncer à la résistance intérieure qui s'oppose à ce qui est.

Résister intérieurement, c'est dire non à ce qui est, par le jugement de l'esprit et la négativité émotionnelle. Cette résistance s'accentue particulièrement quand les choses vont mal, montrant par là qu'il y a un décalage entre les exigences ou les attentes rigides du mental et ce qui est. Ce décalage est celui de la souffrance.

Si vous avez vécu suffisamment longtemps, vous saurez que les choses « vont mal » relativement souvent. Et c'est précisément dans ces moments-là qu'il vous faut mettre en pratique le lâcher-prise si vous voulez éliminer la souffrance et le chagrin de votre vie. Quand vous acceptez ce qui est, vous êtes instantanément libéré de l'identification au mental et vous reprenez par conséquent contact avec l'Être. La résistance, c'est le mental.

Le lâcher-prise est un phénomène purement intérieur. Cela ne veut pas dire que, sur le plan concret de la dimension extérieure, vous ne passiez pas à l'action pour changer telle ou telle situation.

En fait, quand vous lâchez prise, ce n'est pas la situation dans sa globalité que vous devez accepter, mais juste ce minuscule segment appelé instant présent.

Par exemple, si vous étiez pris dans la boue quelque part, vous ne diriez pas : « OK, je me résigne au fait d'être pris dans la boue. » La résignation n'a rien à voir avec le lâcher-prise.

LECTURE MÉDITATIVE

Il n'est pas nécessaire que vous acceptiez une situation indésirable ou désagréable. Il n'est pas nécessaire non plus que vous vous racontiez des histoires en vous disant qu'il n'y a rien de mal à être pris dans la boue. Au contraire, vous reconnaissez alors totalement que vous voulez vous en sortir. Puis, vous ramenez votre attention sur le moment présent sans mentalement l'étiqueter d'une façon ou d'une autre.

En somme, vous ne portez aucun jugement sur le présent. Par conséquent, il n'y a ni opposition ni négativité émotionnelle. Vous acceptez le moment tel qu'il est. Puis vous passez à l'action et faites tout ce qui est en votre pouvoir pour vous en sortir.

Voici ce que j'appelle une action positive. C'est de loin beaucoup plus efficace qu'une action négative, qui est le fruit de la colère, du désespoir ou de la frustration. Continuez à mettre en pratique le lâcher-prise en vous retenant d'étiqueter le présent, et ce, jusqu'à l'obtention du résultat voulu.

Laissez-moi vous donner une analogie visuelle afin d'illustrer ce que je tente de vous expliquer. Vous marchez le long d'un sentier la nuit, entouré d'un épais brouillard. Toutefois, vous disposez d'une puissante torche électrique qui fend ce brouillard et trace devant vous un passage étroit mais dégagé. Disons que ce brouillard représente vos conditions de vie du passé et du futur et que la torche électrique symbolise la présence consciente, le passage dégagé, le présent.

Le fait de ne pas lâcher prise endurcit la forme psychologique, la carapace de l'ego, et crée un fort sens de dissociation. Vous percevez le monde autour de vous et les gens en particulier comme une menace. Ceci s'accompagne de la compulsion inconsciente de détruire les autres par le jugement, ainsi que du besoin de rivaliser et de dominer. Même la nature devient votre ennemi et c'est la peur qui gouverne vos perceptions et vos interprétations. La maladie mentale que l'on appelle la paranoïa n'est qu'une forme légèrement plus aiguë de cet état normal, mais dysfonctionnel, de conscience.

Ce n'est pas seulement votre forme psychologique qui s'endurcit, mais également votre corps physique, qui devient dur et rigide en raison de la résistance. De la tension se crée dans diverses parties du corps, et celui-ci tout entier se contracte. La libre circulation de l'énergie dans le corps, essentielle à un fonctionnement sain, est grandement restreinte.

Le massage et certaines formes de physiothérapie peuvent certes aider à restituer cette circulation. Mais, à moins que vous ne fassiez du lâcher-prise une pratique quotidienne, ces choses ne peuvent vous procurer qu'un soulagement temporaire des symptômes puisque la cause, c'est-à-dire le comportement de résistance, n'a pas été résolue.

En vous existe quelque chose qui n'est pas affecté par les circonstances changeantes de votre vie et vous ne pouvez y avoir accès que par le lâcher-prise. Ce quelque chose, c'est votre vie, votre Être même, qui se trouve éternellement dans le royaume intemporel du présent.

LECTURE MÉDITATIVE

Si vous estimez que les circonstances de votre vie sont insatisfaisantes ou même intolérables, ce n'est que tout d'abord en lâchant prise que vous pouvez rompre le comportement inconscient de résistance qui perpétue justement ces circonstances.

Le lâcher-prise est parfaitement compatible avec le passage à l'action, l'instauration de changements ou l'atteinte d'objectifs. Mais dans l'état de lâcher-prise, le « faire » est mû par une qualité autre, une énergie totalement différente qui vous remet en contact avec l'énergie première de l'Être. Et si ce que vous faites en est imprégné, cela devient une célébration joyeuse de l'énergie vitale qui vous ramène encore plus profondément dans le présent.

Quand il y a absence de résistance, la qualité de la conscience chez vous et, par conséquent, la qualité de tout ce que vous entreprenez ou créez est grandement augmentée. Les résultats viendront d'eux-mêmes et refléteront cette qualité. On pourrait appeler cela « l'action par le lâcher-prise ».

LECTURE MÉDITATIVE

Quand vous êtes dans un état de lâcher-prise, vous voyez clairement ce qui doit être fait et vous passez à l'action. Vous vous concentrez sur une seule chose à la fois pour ensuite bien l'accomplir. Tirez des leçons de la nature : observez de quelle manière tout s'accomplit et comment le miracle de la vie se déroule sans insatisfaction ni tourment.

C'est pour cela que Jésus a dit : « Regardez comment les lys poussent : ils ne s'affolent ni ne peinent. »

EXERCICE

Si votre situation globale est insatisfaisante ou déplaisante, reconnaissez d'abord l'instant présent et lâchez prise face à ce qui est. C'est la torche électrique qui fend le brouillard. Votre état de conscience cesse alors d'être contrôlé par les circonstances extérieures. Vous n'êtes plus mû par la réaction et la résistance. Ensuite, envisagez la situation en détail et demandez-vous : « Est-ce que je peux faire quelque chose pour changer la situation ou l'améliorer, ou pour m'en dégager ? » Dans l'affirmative, posez le geste approprié.

Ne concentrez pas votre attention sur les mille et une choses que vous ferez ou aurez peut-être à effectuer à un moment donné, mais plutôt sur LA chose que vous pouvez faire maintenant. Ceci ne veut pas dire que vous ne devriez pas planifier. C'est peut-être justement LA chose à faire. Assurez-vous cependant de ne pas commencer à vous « passer mentalement des films », à vous projeter dans le futur : cela vous ferait perdre le contact avec le présent. Peu importe le geste que vous posez, il ne portera peut-être pas fruit immédiatement. Ne résistez pas à ce qui est jusqu'à ce que cela se produise.

LECTURE MÉDITATIVE

Si vous ne pouvez poser aucun geste ni vous soustraire à la situation, utilisez celle-ci pour lâcher prise encore plus profondément, pour être encore plus intensément dans le présent, dans l'Être.

Quand vous pénétrez dans la dimension intemporelle du présent, le changement arrive souvent d'étrange façon, sans que vous ayez besoin de faire vous-même grand-chose. La vie elle-même se met de la partie. Si des facteurs intérieurs comme la peur, la culpabilité ou l'inertie vous empêchaient jusque-là de passer à l'action, ils se dissiperont à la lumière de votre présence consciente.

Ne confondez pas le lâcher-prise avec l'attitude je-m'en-foutiste du genre « ça m'est égal ». Si vous y regardez de plus près, vous découvrirez qu'une telle attitude est teintée d'une négativité ayant la forme du ressentiment caché. Ce n'est donc pas du lâcher-prise mais bel et bien une résistance déguisée.

Au moment où vous lâchez prise, tournez votre attention vers l'intérieur pour vérifier s'il reste de la résistance en vous. Soyez très vigilant à ce moment-là, sinon un restant de résistance pourrait encore se cacher dans quelque coin sombre sous la forme d'une pensée ou d'une émotion non conscientisée.

De l'énergie mentale à l'énergie spirituelle

EXERCICE

Commencez par reconnaître qu'il y a résistance. Soyez présent lorsque cela arrive. Observez la façon dont votre mental la crée, comment il étiquette la situation, vous-même ou les autres. Attardez-vous au mental qui entre en jeu. Sentez l'énergie de l'émotion.

En vous faisant le témoin de cette résistance, vous verrez qu'elle ne sert à rien. En concentrant toute votre attention sur le présent, la résistance inconsciente est conscientisée et c'en est fait d'elle.

Il vous est impossible d'être conscient et malheureux, conscient et dans la négativité. Peu importe leur forme, la négativité, le tourment et la souffrance veulent dire résistance, et la résistance est toujours inconsciente.

Choisiriez-vous vraiment le tourment ? Si vous ne le choisissez pas, alors comment se produit-il ? Quelle est sa raison d'être ? Qui le maintient en vie ?

Vous dites être conscient de vos émotions tourmentées, mais la vérité, c'est que vous êtes identifié à elles et que vous entretenez ce processus par la pensée compulsive. Et tout cela est inconscient. Si vous étiez conscient, c'est-à-dire totalement présent à l'instant, toute négativité disparaîtrait presque instantanément. Celle-ci ne pourrait pas survivre en votre présence. Elle ne peut y arriver qu'en votre absence.

Même le corps de souffrance ne peut survivre longtemps en votre présence. Vous maintenez donc votre tourment en vie par le temps. C'est son oxygène. Remplacez le facteur temps par la conscience intense du moment présent, et le temps meurt. Mais voulez-vous vraiment qu'il meure ? En avez-vous vraiment eu assez ? Qui voudrait s'en passer ?

À moins de mettre en pratique le lâcher-prise, la dimension spirituelle est quelque chose qu'on lit dans les manuels, dont on parle, qui nous enthousiasme, sur lequel on écrit des livres, on réfléchit, auquel on croit ou non, selon le cas. Cela ne fait aucune différence.

LECTURE MÉDITATIVE

Du moins pas avant que le lâcher-prise devienne une réalité concrète dans votre vie. Quand c'est le cas, l'énergie qui émane de vous et mène votre vie a une fréquence vibratoire beaucoup plus élevée que l'énergie mentale qui contrôle encore notre monde, c'est-à-dire l'énergie à l'origine des structures sociales, politiques et économiques de notre civilisation. Cette énergie mentale est aussi celle qui se perpétue en permanence par l'intermédiaire des médias et de l'éducation. C'est ainsi que l'énergie spirituelle entre dans ce monde.

Cette énergie n'occasionne aucune souffrance pour vous, les autres humains, ou n'importe quelle autre forme de vie planétaire.

Le lâcher-prise dans les relations interpersonnelles

Il est vrai que seule une personne inconsciente essaiera d'utiliser ou de manipuler les autres. Mais il est également vrai que seule une personne inconsciente peut être utilisée ou manipulée. Si vous offrez de la résistance au comportement inconscient des autres ou luttez contre cela, vous tombez vous-même dans l'inconscience.

Mais lâcher prise ne veut pas dire se laisser exploiter par les gens inconscients. Pas du tout. Il est parfaitement possible de dire « non » fermement et clairement à quelqu'un ou de se dissocier d'une situation tout en restant en même temps dans un état intérieur d'absence totale de résistance.

EXERCICE

Lorsque vous dites « non » à quelqu'un ou à une situation, faites en sorte que votre choix origine non pas d'une réaction, mais d'une prise de conscience, d'un discernement clair de ce qui est juste ou pas pour vous dans le moment. Que ce « non » ne soit pas une réaction.

Qu'il soit un « non » de grande qualité, libre de toute négativité, qui ne créera donc pas de souffrance ultérieure.

Si vous ne réussissez pas à lâcher prise, passez immédiatement à l'action : dites le fond de votre pensée aux personnes concernées, faites quelque chose qui modifiera la situation ou bien encore, dissociez-vous totalement de la situation. Assumez la responsabilité de votre vie.

Ne polluez pas votre beau et radieux Être intérieur ni la Terre avec de la négativité. Ne laissez pas le tourment s'immiscer en vous sous quelque forme que ce soit.

EXERCICE

Si vous ne pouvez pas passer à l'action, parce que vous êtes en prison par exemple, alors il vous reste deux choix : résister ou lâcher prise. L'esclavage ou la libération intérieure devant les circonstances externes. La souffrance ou la paix intérieure.

Le lâcher-prise viendra profondément modifier vos relations. Si vous ne réussissez jamais à accepter ce qui est, ceci sous-entend que vous ne pourrez jamais accepter les autres tels qu'ils sont. Vous jugerez, critiquerez, étiquetterez, rejetterez les gens ou essaierez de les changer.

Par ailleurs, si vous faites continuellement du moment présent un moyen pour arriver à une fin dans le futur, vous ferez de même avec tous les gens que vous rencontrerez ou avec qui vous serez en rapport. La relation – l'être humain – revêt une importance secondaire pour vous ou pas d'importance du tout. Ce que vous retirez de la relation est de nature primaire, c'est-à-dire un gain matériel, un sentiment de pouvoir, du plaisir physique ou une forme quelconque de gratification de l'ego.

Laissez-moi vous expliquer de quelle façon le lâcher-prise peut fonctionner dans les relations :

EXERCICE

Quand vous commencez à vous disputer ou à entrer en conflit avec votre partenaire ou un proche, observez d'abord à quel point vous vous tenez sur la défensive lorsque l'autre attaque votre position ou sentez la force de votre propre agressivité lorsque vous attaquez la position de l'autre personne. Remarquez votre attachement à vos points de vue et à vos opinions.

Percevez bien l'énergie mentale et émotionnelle derrière votre besoin d'avoir raison et de donner tort à l'autre. C'est l'énergie de l'ego. Vous la conscientiserez en la reconnaissant, en la sentant le plus totalement possible. Puis, un jour, vous réaliserez soudainement au beau milieu d'une dispute que vous avez le choix et déciderez peut-être tout simplement de ne pas réagir, juste pour voir ce qui se passe.

AINSI, VOUS LÂCHEZ PRISE.

Je ne veux pas dire que vous devez mettre de côté la réaction en disant juste : « Bon, tu as raison » avec une expression qui sous-entend : « Moi, je suis au-dessus de ces enfantillages inconscients. » Ceci ne fait que transposer la résistance sur un autre plan : celui du mental, toujours actif, qui prétend être supérieur. Je parle ici de laisser tomber tout le champ énergétique mental et émotionnel qui luttait en vous pour avoir le pouvoir.

L'ego est rusé. Il vous faut donc être très vigilant, très présent et totalement honnête avec vous-même pour voir si vous avez véritablement renoncé à l'identification à une position.

LECTURE MÉDITATIVE

Si vous vous sentez soudainement très léger, dégagé et profondément en paix, c'est le signe indiscutable que vous avez vraiment lâché prise.

Regardez alors de près ce qui se passe chez l'autre personne, quant à la position qu'elle défendait, lorsque vous ne donnez plus d'énergie à cette dernière en lui résistant. Quand l'identification aux prises de position est éliminée, une véritable communication s'instaure.

La non-résistance n'est pas nécessairement synonyme d'inaction. Tout ce que cela veut dire, c'est que toute action n'est plus forcément une réaction. Souvenez-vous de la profonde sagesse qui sous-tend la pratique des arts martiaux : ne pas offrir de résistance à la force de l'adversaire. Céder pour mieux lui triompher.

Cela étant dit, « ne rien faire » quand vous êtes dans un état de présence intense est un puissant outil de transformation et de guérison, qu'il s'agisse de situations ou de personnes. Dans le taoïsme, il existe un terme chinois, *wuwei*, que l'on traduit habituellement par « activité sans action » ou par « être tranquillement assis sans rien faire ». Dans la Chine d'autrefois, ceci était considéré comme un des plus importants accomplissements ou une des plus grandes vertus.

C'est radicalement différent de l'inactivité dans l'état de conscience ordinaire, ou si vous préférez de l'inconscience, qui résulte de la peur, de l'inertie ou de l'indécision. Le véritable « non-faire » sous-entend l'absence de résistance intérieure et un état de vigilance intense.

D'un autre côté, si l'action est nécessaire, vous ne réagirez plus en fonction de votre conditionnement mental, mais agirez selon votre présence consciente. Dans cet état de présence, votre mental est libre de tout concept, y compris celui de la non-violence. Alors, qui peut prévoir ce que vous ferez ?

L'ego croit que votre force se trouve dans la résistance, alors qu'en vérité la résistance vous coupe de l'Être, le seul véritable pouvoir. La résistance, c'est de la faiblesse et de la peur qui se font passer pour de la force. Ce que l'ego voit comme de la faiblesse dans votre Être, ce sont sa pureté, son innocence et sa force. Et ce qu'il juge comme de la force est de fait une faiblesse. L'ego existe donc sur un perpétuel mode de résistance et joue de faux rôles pour masquer votre prétendue « faiblesse », qui est en vérité votre force.

Jusqu'à ce qu'il y ait lâcher-prise, les jeux de rôle inconscients constituent en grande partie l'interaction entre humains. Avec le lâcher-prise, vous n'avez plus besoin des défenses de l'ego et de faux masques. Vous devenez très simple, très vrai. « C'est dangereux, dit l'ego. Tu vas te faire blesser. Tu seras vulnérable. »

Mais ce que l'ego ne sait pas, bien entendu, c'est que c'est seulement en renonçant à la résistance, en devenant vulnérable, que vous pouvez découvrir votre véritable et essentielle invulnérabilité.

CHAPITRE NEUF

Transformer la maladie et la souffrance

Comment transformer la maladie en illumination

Lâcher prise, c'est accepter intérieurement ce qui est sans réserve. Ce dont il est question ici, c'est de votre vie – en cet instant – et non des circonstances ou de ce que j'appelle vos conditions de vie.

La maladie fait partie de vos conditions de vie. Elle a un passé et un futur qui se perpétuent sans fin, sauf si l'instant présent, qui a le pouvoir de racheter, est activé par votre présence consciente. Comme vous le savez, derrière les diverses circonstances qui constituent vos conditions de vie – présentes dans le temps –, il y a quelque chose de plus profond, de plus essentiel : votre vie, votre Être même dans l'éternel présent.

Comme il n'y a aucun problème dans le moment présent, il n'y a pas de maladie non plus. Quand quelqu'un adopte une croyance vis-à-vis de votre état et vous colle ainsi une étiquette sur le dos, celle-ci amène l'état à s'installer pour de bon, lui donne du pouvoir et fait d'un déséquilibre temporaire une réalité apparemment immuable. La croyance confère non seulement réalité et consistance à la maladie, mais aussi une continuité temporelle qu'elle n'avait pas auparavant.

EXERCICE

En vous concentrant sur l'instant et en vous retenant de l'étiqueter mentalement, la maladie est réduite à un ou à plusieurs des facteurs suivants : la douleur physique, la faiblesse, l'inconfort ou l'invalidité. C'est ce face à quoi vous lâchez prise maintenant, et non pas à l'idée de la maladie.

Permettez à la souffrance de vous ramener de force dans le « maintenant », dans un état d'intense et consciente présence. Utilisez-la pour arriver à l'éveil.

Le lâcher-prise ne transforme pas ce qui est, du moins pas directement. Il vous transforme, vous. Et quand vous êtes transformé, c'est tout votre monde qui l'est. Pourquoi ? Parce que le monde n'est qu'un reflet. Nous avons déjà parlé de cela. Le problème, ce n'est pas la maladie, c'est vous, aussi longtemps que le mental contrôle les choses.

LECTURE MÉDITATIVE

Lorsque vous êtes malade ou invalide, n'ayez pas le sentiment d'avoir échoué d'une manière ou d'une autre, ne vous sentez pas coupable. Ne reprochez pas à la vie de vous avoir traité injustement et ne vous faites pas non plus de réprimandes. Tout cela, c'est de la résistance.

Si vous avez une maladie grave, servez-vous-en pour atteindre l'illumination. Tout ce qui peut arriver de « mal » dans votre vie doit vous amener vers cet état.

Dissociez le temps de la maladie. Ne conférez ni passé ni futur à la maladie. Laissez-la vous ramener de force dans l'intense conscience du moment présent et observez ce qui se passe.

Devenez un alchimiste. Transformez le vulgaire métal en or, la souffrance en conscience, le malheur en une occasion d'éveil.

Êtes-vous gravement malade et ce que je viens de dire vous met-il en colère ? Alors, c'est le signe flagrant que votre maladie a fini par faire partie du sens que vous avez de vous-même et que vous protégez votre identité, en même temps que vous protégez votre maladie.

La circonstance qui porte l'étiquette « maladie » n'a rien à voir avec ce que vous êtes vraiment.

Quand le malheur frappe ou que quelque chose va très « mal » – maladie, invalidité, perte d'un chez-soi, d'une fortune ou d'une identité sociale, rupture d'une relation intime, décès ou souffrance d'une personne chère, ou imminence de votre propre mort –, sachez qu'il y a un revers à cette médaille, que vous n'êtes qu'à un pas de quelque chose d'incroyable, de la transformation alchimique totale du vulgaire métal de la douleur et de la souffrance en or. Et ce pas, c'est le lâcher-prise.

Je ne dis pas que vous serez heureux dans une telle situation. Non, vous ne le serez pas. Par contre, la peur et la douleur se transformeront en cette paix et cette sérénité intérieures qui proviennent d'une profondeur insondable, du non-manifeste lui-même. Il s'agit de « la paix de Dieu, qui dépasse tout entendement ». Comparativement à elle, le bonheur est plutôt superficiel.

Cette paix radieuse s'accompagne de la réalisation que vous êtes indestructible, immortel. Et cette réalisation s'effectue non pas sur le plan du mental mais au plus profond de votre être. Ce n'est pas une croyance ; c'est une certitude absolue qui n'exige aucune preuve extérieure.

Comment transformer la souffrance en paix

Dans certaines situations extrêmes, il vous sera peut-être toujours impossible d'accepter le présent. Mais pour le lâcher-prise, vous avez toujours une seconde chance.

LECTURE MÉDITATIVE

Votre première chance, c'est de lâcher prise chaque instant devant la réalité du présent. Sachant que ce qui est ne peut être défait – puisque cela est déjà –, vous dites oui à ce qui est ou vous acceptez ce qui n'est pas.

Ensuite, vous faites ce que vous avez à faire, selon les exigences de la situation. Si vous vous maintenez dans cet état d'acceptation, vous ne créez plus de négativité, de souffrance ou de tourment. Par conséquent, vous vivez dans un état de non-résistance, de grâce et de légèreté, libre de toute lutte intérieure.

Quand vous ne réussissez pas à vivre ainsi, c'est-à-dire quand vous laissez passer cette première chance parce que la présence de votre conscience n'est pas suffisamment intense pour empêcher des schèmes de résistance automatiques et inconscients de se produire ou parce que les circonstances sont tellement extrêmes qu'elles vous sont totalement inacceptables, vous créez alors une forme quelconque de douleur ou de souffrance. Vous pouvez avoir l'impression que ce sont les circonstances qui créent la souffrance, alors que, en fin de compte, ce n'est pas le cas. En réalité, c'est votre résistance.

EXERCICE

La seconde chance à votre portée pour lâcher prise, c'est d'accepter ce qui est en vous à défaut d'accepter ce qui est extérieur à vous. S'il vous est impossible d'admettre les circonstances extérieures, alors acceptez la situation intérieure.

Autrement dit, vous ne devez pas résister à la souffrance. Donnez-lui la permission d'être là. Lâchez prise face au chagrin, au désespoir, à la peur, à la solitude ou à toute autre forme adoptée par la souffrance. Soyez-en le témoin sans l'étiqueter mentalement. Accueillez-la.

Par la suite, observez la façon dont le miracle du lâcher-prise transforme la souffrance profonde en paix profonde. Cette situation est votre crucifixion. LAISSEZ-LA DEVENIR VOTRE RÉSURRECTION ET VOTRE ASCENSION.

Quand la souffrance est profonde, vous ressentez sans doute une forte pulsion à vouloir y échapper plutôt que de vouloir lâcher prise. Vous ne voulez pas sentir ce que vous sentez. Quoi de plus normal? Mais il n'y a aucune échappatoire, aucune issue de secours.

Il y a par contre de fausses échappatoires comme le travail, l'alcool, les drogues, la colère, les projections, la répression, etc. Mais celles-ci ne vous libèrent pas de la douleur. La souffrance ne diminue pas en intensité quand vous la rendez inconsciente. Quand vous niez la douleur émotionnelle, tout ce que vous entreprenez ou pensez est contaminé par elle. Même vos relations. Pour ainsi dire, vous diffusez cette vibration de souffrance par l'énergie qui émane de vous, et les autres la sentent intuitivement. S'ils sont dans l'inconscience, il se peut qu'ils se sentent poussés à vous agresser ou à vous blesser d'une manière ou d'une autre. Ou bien alors c'est vous qui les blesserez par une projection inconsciente de votre souffrance. Vous attirez vers vous tout ce qui peut correspondre à votre état intérieur.

EXERCICE

Quand il n'y a plus moyen de s'en sortir, il y a toujours moyen de passer à travers. Alors, ne vous détournez pas de la souffrance. Faites-lui face et sentez-la pleinement. Je dis bien de la sentir, non pas d'y réfléchir ! Exprimez-la si nécessaire, mais ne rédigez pas mentalement de scénario à son sujet. Accordez toute votre attention à l'émotion et non pas à la personne, à l'événement ou à la situation qui semble l'avoir déclenchée.

Ne laissez pas le mental utiliser la souffrance pour en confectionner une identité de victime. Vous prendre en pitié et raconter votre histoire aux autres vous maintiendra dans la souffrance. Puisqu'il est impossible de se dissocier de l'émotion, la seule possibilité qui reste pour changer les choses, c'est de passer à travers la souffrance. Autrement, rien ne bougera.

Alors, accordez toute votre attention à ce que vous sentez et retenez-vous de l'étiqueter mentalement. Soyez très vigilant quand vous plongez dans l'émotion.

Tout d'abord, vous aurez peut-être l'impression d'être dans un lieu sombre et terrifiant. Et quand un besoin pressant se fera sentir de lui tourner le dos, restez là à l'observer sans passer à l'action. Continuez à maintenir votre attention sur la souffrance, à sentir le chagrin, la peur, la terreur, la solitude ou toute autre chose. Restez alerte et présent. Présent avec tout votre être, avec chacune des cellules de votre corps. En faisant cela, vous laissez entrer un peu de lumière dans toute cette obscurité. Vous y amenez la flamme de votre conscience.

À ce stade-là, vous n'avez plus besoin de vous préoccuper du lâcher-prise. Il s'est déjà produit. Comment ? Être totalement attentif, c'est accepter totalement. En accordant entièrement votre attention à ce qui est, vous recourez au pouvoir de l'instant présent, celui de votre propre présence.

Aucune résistance cachée ne peut survivre à une telle présence, car celle-ci élimine le temps. Et sans le temps, aucune souffrance, aucune négativité, ne peut être.

LECTURE MÉDITATIVE

Accepter la souffrance, c'est cheminer vers la mort. Faire face à la souffrance profonde, lui donner la permission d'être, lui accorder votre attention, c'est entrer consciemment dans la mort. Quand vous avez connu cette mort, vous prenez conscience que la mort n'existe pas et qu'il n'y a rien à craindre. Seul l'ego meurt.

Imaginez qu'un rayon de soleil ait oublié qu'il fait inséparablement partie du soleil et qu'il se fasse des illusions en croyant devoir lutter pour survivre, devoir se façonner une identité autre que le soleil, et qu'il y tienne dur comme fer. Ne pensez-vous pas que la mort de cette illusion serait incroyablement libératrice ?

LECTURE MÉDITATIVE

Voulez-vous une mort facile ? Préféreriez-vous mourir sans souffrir, sans agoniser ? Alors laissez le passé mourir à chaque instant et laissez la lumière de votre présence faire disparaître le moi lourd et pris dans le piège du temps que vous pensiez être « vous ».

Le chemin de croix – l'illumination à travers la souffrance

Le chemin de croix que vous avez mentionné est l'ancienne façon d'arriver à la réalisation et jusqu'à récemment, c'était la seule. Mais ne l'écartez pas ou n'en sous-estimez pas l'efficacité. Cela fonctionne encore.

Le chemin de croix est un renversement total des choses. En d'autres termes, ce qu'il y a de pire dans votre vie, votre croix, s'avère la meilleure chose qui ait pu vous arriver dans la vie. C'est quelque chose qui vous contraint à lâcher prise, à « mourir », à devenir rien, à devenir Dieu, parce que Dieu est également le néant.

Se réaliser par la souffrance – le chemin de croix – veut dire être forcé d'entrer dans le royaume des cieux à cor et à cri. Vous lâchez prise en fin de compte parce que vous ne pouvez plus supporter la souffrance, mais il se peut que la souffrance dure longtemps avant que cela ne se produise.

LECTURE MÉDITATIVE

Choisir consciemment l'éveil correspond à renoncer à l'attachement au passé et au futur et à faire du présent le point de mire principal de votre vie.

Cela veut dire choisir de se maintenir dans l'état de présence plutôt que dans le temps. Cela signifie dire oui à ce qui est. Il n'est plus nécessaire alors de souffrir.

De combien de temps pensez-vous avoir besoin encore avant de pouvoir affirmer : « Je ne créerai plus de douleur ou de souffrance » ? Jusqu'à quand vous faudra-t-il souffrir avant de pouvoir effectuer ce choix ?

Si vous pensez qu'il vous faut encore plus de temps, alors vous en aurez et vous aurez aussi plus de souffrance. Car le temps et la souffrance sont indissociables.

Avoir le pouvoir de choisir

Le choix sous-entend de la conscience, un degré élevé de conscience. Sans elle, vous n'avez pas de choix. Le choix existe à partir du moment où vous vous désidentifiez du mental et de ses schèmes de conditionnement, à partir du moment où vous devenez présent.

Et avant d'atteindre ce moment, vous êtes inconscient, spirituellement parlant. Ceci veut dire que vous êtes contraint de penser, de sentir et d'agir en fonction du conditionnement de votre mental.

Personne ne choisit le dysfonctionnement, le conflit ou la douleur. Personne ne choisit la folie. Ceux-ci adviennent parce qu'il n'y a pas suffisamment de présence en vous pour dissoudre le passé, pas assez de lumière pour dissiper l'obscurité. Vous n'êtes pas totalement ici. Vous n'êtes pas encore tout à fait éveillé. Et entre-temps, c'est le mental conditionné qui gère votre vie.

De la même façon, si vous êtes une de ces nombreuses personnes à avoir une problématique parentale, si vous ressassez encore du ressentiment envers vos parents pour quelque chose qu'ils ont fait ou n'ont pas fait, c'est que vous croyez encore qu'ils avaient le choix, qu'ils auraient pu agir différemment. On a toujours l'impression que les gens avaient le choix : c'est une illusion. Tant et aussi longtemps que votre mental et son conditionnement gèrent votre vie, aussi longtemps que vous êtes votre mental, quel choix avez-vous ? Aucun. Vous n'êtes même pas là. L'identification au mental est un état hautement dysfonctionnel. C'est une forme de démence.

Presque tout le monde en souffre à des degrés variables. Dès l'instant où vous prenez conscience de cela, il ne peut plus y avoir de ressentiment. Comment pouvez-vous éprouver du ressentiment vis-à-vis de la maladie de quelqu'un ? La seule attitude possible est la compassion.

Si c'est votre mental qui mène votre vie, bien que vous n'ayez aucun choix, vous souffrirez encore des conséquences de votre inconscience et créerez davantage de souffrance. Vous aurez à porter le fardeau de la peur, du conflit, des problèmes et de la douleur. La souffrance ainsi créée vous forcera, à un moment ou à un autre, à sortir de votre état d'inconscience.

LECTURE MÉDITATIVE

Vous ne pouvez pas vraiment vous pardonner, ainsi qu'aux autres, aussi longtemps que vous cherchez votre identité dans le passé. C'est seulement en accédant au pouvoir de l'instant présent, qui est votre pouvoir propre, qu'il peut y avoir un véritable pardon. Cela rend le passé impuissant et vous permet de réaliser profondément que rien de ce que vous avez fait ou de ce qu'on vous a fait n'a pu le moins du monde toucher l'essence radieuse de votre Être.

Et dans cet esprit, le concept du pardon devient alors entièrement inutile

Lorsque vous lâchez prise face à ce qui est et que vous devenez donc totalement présent, le passé perd tout pouvoir. Vous n'en avez plus besoin. LA PRÉSENCE EST LA CLÉ. LE PRÉSENT L'EST AUSSI.

Étant donné que la résistance et le mental sont indissociables, le renoncement à la résistance – le lâcher-prise – met fin au règne du mental comme maître absolu, comme l'imposteur qui prétend être « vous », le faux Dieu. Tout jugement et toute négativité disparaissent.

Le royaume de l'Être, qui était masqué par le mental, se révèle. Tout d'un coup, un grand calme naît en vous, une insondable sensation de paix…

Et au cœur de cette paix, il y a une grande joie.

Et au cœur de cette joie, il y a l'amour.

Et au cœur de tout cela, il y a le sacré, l'incommensurable. Ce à quoi on ne peut attribuer de nom.

Remerciements

Je suis reconnaissant envers Victoria Ritchie, Connie Kellough, Marc Allen ainsi qu'envers toute l'équipe de New World Library pour leur appui et la rédaction de ce livre.

Des remerciements particuliers vont à tous ceux qui ont, depuis le début, participé à la promotion du livre *Le pouvoir du moment présent*. Seulement quelques personnes sont mentionnées ici : Cathy Bordi, Marina Borusso, Randall Bradley, Ginna Bell-Bragg, Tommy Chan, Greg Clifford, Steve Coe, Barbara Dempsey, Kim Eng, Doug France, Joyce Franzee, Remi Frumkin, Wilma Fuchs, Stephen Gawtry, Pat Gordon, Matthew et Joan Greenblatt, Jane Griffith, Surati Haarbrucker, Marilyn Knipp, Nora Morin, Karen McPhee, Sandy Neufeld, Jim Nowak, Carey Parder, Carmen Priolo, Usha Raetze, Joseph Roberts, Steve Ross, Sarah Runyen, Nikki Sachdeva, Spar Street, Marshall et Barbara Thurber, Brock Tully.

Recommandations

Freeing Yourself from Your Identification with Your Mind. Une vidéocassette par Eckhart Tolle (Namaste Publishing, 2001).

L'homme est le reflet de ses pensées, par James Allen (Un monde différent, 1997). Un livre phare sur la transformation.

The Bhagavad Gita: A Walkthrough for Westerners, par Jack Hawley (New World Library, 2001). Un grand livre traitant de la spiritualité. Aussi puissant et moderne que *Le pouvoir du moment présent*.

Techniques de visualisation créatrice, par Shakti Gawain. Un autre ouvrage qui a enseigné à des millions de personnes comment améliorer non seulement leur vie mais aussi le monde qui les entoure.

Les sept lois spirituelles du succès, par Deepak Chopra. (Éd. du Rocher, 1995). Un ouvrage brillant, simple, mais en même temps puissant.

Quiétude

À l'écoute de sa nature essentielle

Introduction

Un maître spirituel authentique n'a rien à enseigner au sens conventionnel du terme, rien à vous donner ni à vous remettre ressemblant de près ou de loin à de l'information, des croyances ou des règles de conduite. Un tel enseignant a pour seule fonction de vous aider à éliminer ce qui vous sépare de la vérité, de votre nature véritable, de ce que vous savez déjà au fond de votre être. Le maître spirituel a pour rôle de dévoiler et de vous révéler cette dimension de profondeur intérieure, qui est également la paix.

Si vous recourez à un tel être (ou à ce livre) parce que vous êtes en quête de stimulation sous forme d'idées, de théories, de croyances, d'exposés intellectuels, vous serez déçu. Autrement dit, si vous cherchez matière à réflexion, vous n'en trouverez pas et passerez à côté de l'essence même de l'enseignement, de ces pages, qui ne se trouve pas dans les mots, mais en vous. Il serait bon, au fil de votre lecture, de vous remémorer, de le sentir. Les mots ne sont que des panneaux indicateurs. Ce qu'ils montrent n'est pas du domaine de la pensée, mais appartient à une dimension de vous qui est plus profonde et infiniment plus vaste que la pensée. Cette dimension est notamment empreinte d'une paix intensément vivante. Ainsi, chaque fois que vous ressentez une paix intérieure pendant votre lecture, c'est que ce livre accomplit sa fonction d'enseignant : il vous rappelle qui vous êtes et vous indique le chemin du bercail.

Ce n'est pas le genre d'ouvrage à lire d'un bout à l'autre avant de le ranger. Vivez avec, ouvrez-le souvent et, surtout, refermez-le souvent, ou passez plus de temps à le tenir entre vos mains qu'à le lire. Bien des lecteurs seront naturellement enclins à s'arrêter après chaque passage, pour faire une pause, réfléchir, retrouver la quiétude. Il est toujours plus utile et important d'arrêter que de poursuivre la lecture. Laissez ces pages faire leur œuvre, vous éveiller des vieux sillons de la pensée répétitive et conditionnée.

On peut considérer l'aspect de ce livre comme un retour actuel à la forme la plus ancienne d'enseignements spirituels qui nous soit parvenue : les soutras millénaires de l'Inde. Ceux-ci font ressortir la vérité d'une manière fort efficace, sous forme d'aphorismes ou de courts préceptes, sans grande élaboration conceptuelle. Les Védas et les Upanishads constituent les premiers enseignements sacrés consignés sous forme de soutras, tels les paroles du Bouddha. Les paroles et paraboles de Jésus peuvent également être vues comme des soutras lorsqu'on les extrait de leur contexte narratif, tout comme les profonds enseignements que renferme le Tao-tö-king, le livre ancien de la sagesse chinoise. Dans sa forme, le soutra offre l'avantage de la brièveté. Il ne sollicite pas le mental outre mesure. Ce qu'il ne dit pas compte davantage que ce qu'il dit : il ne fait qu'indiquer une direction. Les textes qui suivent ressemblent à des soutras, particulièrement au premier chapitre « Le silence et la quiétude », qui contient les passages les plus brefs. Celui-ci renferme déjà l'essence du livre entier, et pour certains lecteurs cette seule lecture suffira. Les autres chapitres sont destinés à ceux qui ont besoin de quelques « panneaux indicateurs » supplémentaires.

Tout comme les soutras anciens, les textes présentés ici sont sacrés : *ils proviennent d'un état de conscience qu'on peut appeler la quiétude*. À la différence des soutras anciens, toutefois, ils n'appartiennent à aucune religion ou tradition spirituelle, et sont immédiatement accessibles à tous. Ils comportent également un sentiment d'urgence. La transformation de la conscience humaine n'est plus, en somme, un luxe réservé à quelques individus isolés, mais une nécessité, si l'humanité ne veut pas céder à l'autodestruction. À l'heure actuelle, la dysfonction de la vieille conscience et la montée de la nouvelle s'accélèrent en même temps. Paradoxalement, la situation empire et s'améliore à la fois, bien que le « pire » soit plus apparent, étant plus bruyant.

Évidemment, ces écrits utilisent des mots qui, pendant la lecture, deviennent des pensées dans votre esprit. Mais ce ne sont pas des paroles ordinaires – vous n'y trouverez ni répétition tapageuse, ni clameur opportuniste destinée à attirer l'attention. Tout comme chaque véritable enseignant spirituel et les soutras anciens, les pensées de ce livre ne disent pas « Regarde-moi », mais « Regarde plus loin que moi ». Comme elles émanent du calme, elles ont un pouvoir – celui de vous ramener au calme dont elles sont issues. Cette quiétude est aussi la paix intérieure, et les deux constituent l'essence de qui vous êtes. Et c'est cet état d'être qui sauvera et transformera le monde.

Eckhart Tolle

Chaque fois qu'un silence
vous entoure, écoutez-le.
Remarquez-le, tout simplement.

CHAPITRE UN

Le silence et la quiétude

En perdant contact avec sa quiétude intérieure, c'est avec soi-même que l'on perd contact. En perdant contact avec soi-même, on se perd dans le monde.

Le sentiment le plus intime de soi, de son essence, est inséparable du calme intérieur. C'est le JE SUIS, plus profond que le nom et la forme.

La quiétude est votre nature essentielle. Quelle est-elle, en fait ? C'est l'espace intérieur, ou la conscience dans laquelle les mots de cette page sont perçus et deviennent des pensées. Sans cette conscience, il n'y aurait ni perception, ni pensées, ni monde.

Vous êtes cette conscience dissimulée sous l'apparence d'une personne.

L'équivalent du bruit extérieur, c'est le bruit intérieur de la pensée. L'équivalent du silence extérieur, c'est le calme intérieur.

Chaque fois qu'un silence vous entoure, écoutez-le. Remarquez-le, tout simplement. Accordez-y votre attention. L'écoute du silence éveille en vous la dimension du calme, car ce n'est qu'en toute tranquillité que l'on prend conscience du silence.

Voyez : dès que vous remarquez le silence alentour, vous ne pensez pas. Vous êtes conscient, sans penser.

❁

Lorsque vous prenez conscience du silence, cette vigilance intérieure est immédiate. Vous voilà présent. Vous voilà sorti de millénaires de conditionnement humain collectif.

❁

Regardez un arbre, une fleur, une plante. Laissez votre conscience s'y reposer. Sentez la paix mystique de cet être, profondément enraciné dans l'Être. Laissez la nature vous enseigner la paix de l'âme.

❁

Si, en regardant un arbre, vous en percevez le calme, vous devenez calme à votre tour. Vous voilà en relation sur un plan très profond. Vous ressentez l'unité avec tout ce que vous percevez dans et par ce calme. Se sentir uni à tout, c'est aimer.

❁

Le silence est utile, mais non indispensable, pour trouver la quiétude. Même dans le bruit, vous pouvez porter attention au calme de fond, à l'espace dans lequel survient ce bruit. Cet espace intérieur de pure vigilance, c'est la conscience même.

❁

Vous pouvez devenir attentif à la conscience qui soutient toutes vos perceptions sensorielles, toute votre pensée. Dès lors apparaît la tranquillité de l'âme.

Tout bruit dérangeant peut être aussi utile que le silence. Comment ? Si vous abandonnez votre résistance intérieure au bruit, si vous laissez celui-ci être comme il est, cette acceptation vous amène aussi à ce domaine de paix intérieure qu'est le calme.

Chaque fois que vous acceptez profondément ce moment tel qu'il est – quelle que soit sa forme –, vous êtes calme, paisible.

Accordez votre attention à l'écart – l'écart entre deux pensées, l'espace bref et silencieux entre les paroles d'une conversation, entre les notes d'un piano ou d'une flûte, ou l'écart entre l'inspiration et l'expiration.

Alors, la conscience « de quelque chose » devient... la simple conscience. La dimension informe de la conscience pure surgit en vous et remplace l'identification à la forme.

L'intelligence véritable agit dans le silence. Le calme est l'espace de la créativité et des solutions.

Le calme est-il une simple absence de bruit et de contenu ? Non, il est l'intelligence même – la conscience sous-jacente où naît chaque forme. Et comment pourrait-il être séparé de votre être ? La forme que vous croyez être en provient et est soutenue par lui.

C'est l'essence de toutes les galaxies et de tous les brins d'herbe ; de toutes les fleurs, de tous les arbres, de tous les oiseaux et de toutes les autres formes.

Le calme est la seule chose qui soit sans forme en ce monde. Mais ce n'est pas vraiment une chose et il transcende ce monde.

Lorsqu'on regarde dans le calme un arbre ou un être humain, qui regarde ? Quelque chose de plus profond que la personne. C'est la conscience qui regarde sa création.

Dans la Bible, il est dit que Dieu créa le monde et vit que cela était bon. C'est ce que l'on voit en regardant depuis le calme dépourvu de pensée.

Avez-vous besoin d'en savoir davantage ? Le monde sera-t-il sauvé par un surcroît d'information, par des ordinateurs plus rapides ou par une nouvelle analyse scientifique ou intellectuelle ? N'est-ce pas de sagesse que l'humanité a le plus grand besoin, maintenant ?

Mais qu'est-ce que la sagesse, et où peut-on en trouver ? La sagesse accompagne la capacité d'être calme. Il suffit de regarder et d'écouter. Rien de plus. Le calme, le regard et l'écoute activent en vous l'intelligence non conceptuelle. Laissez la quiétude diriger vos paroles et vos gestes.

La prochaine étape

de l'évolution humaine

consistera à transcender la pensée.

CHAPITRE DEUX

Au-delà du mental

La condition humaine, c'est d'être immergé dans la pensée.

La plupart des gens restent toute leur vie prisonniers des limites de leurs pensées. Ils ne dépassent jamais un sentiment de soi personnalisé, construit par le mental et conditionné par le passé.

Tout comme en chaque être humain, votre conscience comporte une dimension beaucoup plus profonde que la pensée. C'est votre essence même. On peut l'appeler présence, attention, conscience inconditionnée. Dans les enseignements anciens, c'est le Christ intérieur, votre nature de Bouddha.

Découvrir cette dimension vous libère, ainsi que le monde, de la souffrance que vous vous infligez, de même qu'aux autres, lorsque le « petit moi » définit tout votre bagage et mène votre vie. L'amour, la joie, l'expansion créatrice et la paix intérieure durable ne peuvent pénétrer dans votre vie qu'à travers cette dimension inconditionnée de la conscience.

Si vous reconnaissez, même par instants, que les pensées traversant votre esprit ne sont que des pensées, si vous observez vos schémas réactionnels à mesure qu'ils se produisent, alors cette dimension émerge déjà en vous : c'est la conscience dans laquelle surviennent les pensées et les émotions, c'est l'espace intérieur intemporel où se déploie le contenu de votre vie.

❁

Le flux de la pensée a une force énorme qui peut aisément vous emporter. Chaque pensée se donne tellement d'importance ! Elle veut attirer toute votre attention.

Voici une nouvelle pratique spirituelle à votre intention : *ne prenez pas vos pensées trop au sérieux.*

❁

Comme il est facile de se prendre au piège de ses propres prisons conceptuelles !

Le mental humain, dans son désir de connaître, de comprendre et de contrôler, prend ses opinions et points de vue pour la vérité. Il dit : c'est ainsi que cela fonctionne. Vous devez dépasser la pensée pour vous apercevoir que, peu importe comment vous interprétez « votre vie », celle d'un autre ou son comportement, et peu importe le jugement que vous portez sur une condition, ce n'est qu'un point de vue parmi maintes possibilités. Ce n'est qu'un amas de pensées. Mais la réalité est un ensemble unifié dans lequel tout est entrelacé, où rien n'existe en soi ni isolément. La pensée fait éclater la réalité ; elle la découpe en fragments conceptuels.

Le mental, cet instrument utile et puissant, devient fort contraignant s'il s'empare totalement de votre vie, si vous ne voyez pas qu'il constitue un aspect négligeable de la conscience que vous êtes.

❁

La sagesse n'est pas un produit de la pensée. La profonde *certitude* qu'est la sagesse naît d'un simple geste, celui d'accorder toute votre attention à un être. L'attention, c'est l'intelligence primordiale, la conscience même. Elle dissout les barrières de la pensée conceptuelle et s'accompagne de la reconnaissance que rien n'existe en soi ni séparément. Elle fond le sujet et l'objet de la perception en un champ de conscience unifié. Elle guérit la séparation.

Chaque fois que vous êtes plongé dans la pensée compulsive, vous évitez ce qui *est*. Vous ne voulez pas être là où vous êtes. Ici. Maintenant.

❂

Les dogmes – religieux, politiques, scientifiques – naissent de la croyance erronée selon laquelle la pensée peut englober la réalité ou la vérité. Ils sont des prisons conceptuelles collectives. Le plus curieux, c'est que les gens adorent leur cellule, car elle leur donne un sentiment de sécurité et la fausse impression de savoir.

Rien n'a infligé à l'humanité plus de souffrance que ses dogmes. Tout dogme finit tôt ou tard par s'effondrer, oui, car la réalité finit par révéler sa fausseté ; mais si l'on n'en voit pas l'illusion fondamentale, il sera remplacé par d'autres.

Quelle est cette illusion fondamentale ? L'identification à la pensée.

❂

S'éveiller sur le plan spirituel, c'est s'éveiller du rêve de la pensée.

Le domaine de la conscience est trop vaste pour être saisi par la pensée. Lorsque vous ne croyez plus tout ce que vous pensez, vous sortez de la pensée pour voir clairement que le penseur n'est pas votre être essentiel.

❂

Comme le mental dépend de l'insuffisance, il est toujours avide d'avoir davantage. En vous identifiant au mental, vous tombez très facilement dans l'ennui et l'agitation. L'ennui signifie que le mental a faim de stimuli, de stimulations intellectuelles, et que son appétit n'est pas satisfait.

Lorsque vous vous ennuyez, vous pouvez satisfaire la faim du mental en ouvrant un magazine, en faisant un appel téléphonique, en allumant votre téléviseur, en naviguant sur le Web, en vous rendant dans une boutique ou – ce qui n'est pas rare – en transférant sur le corps cette impression mentale de manque et ce besoin d'avoir *plus*, que vous comblez brièvement par l'ingestion d'aliments.

Vous pouvez rester dans l'ennui et l'impatience, tout en observant ce sentiment d'ennui et d'impatience. Lorsque vous portez votre conscience sur ce sentiment, il s'entoure soudainement d'espace et de calme, pour ainsi dire. D'abord un peu, puis, à mesure que grandit ce sentiment d'espace intérieur, l'ennui diminue en importance et en intensité. Ainsi, même l'ennui peut vous enseigner qui vous êtes et qui vous n'êtes pas.

Vous découvrez que cette « personne qui s'ennuie » n'est pas votre nature essentielle. L'ennui n'est qu'un mouvement d'énergie conditionné qui vous habite. Vous n'êtes pas non plus cette personne en colère, triste ou craintive. L'ennui, la colère, la tristesse ou la peur ne sont pas « à vous » ; ils n'ont rien de personnel. Ce sont des états d'esprit. Ils vont et viennent.

Rien de ce qui va et vient n'est vous.

« Je m'ennuie. » Qui sait cela ?

« Je suis en colère, je suis triste, j'ai peur. » Qui sait cela ?

Vous êtes le fait de connaître et non l'état connu.

✿

Tout préjugé implique l'identification au mental. Il signifie que vous ne voyez plus l'autre humain, mais seulement l'idée que vous en avez. Ramener à un concept la vitalité d'un autre humain constitue déjà une forme de violence.

Si elle n'est pas enracinée dans la conscience, la pensée devient égoïste et dysfonctionnelle. L'ingéniosité dépourvue de sagesse est extrêmement dangereuse et destructrice. C'est l'état actuel de la majeure partie de l'humanité. L'amplification de la pensée par la science et la technologie, ni bonne ni mauvaise en soi, est elle aussi devenue destructrice, car, souvent, la pensée initiale n'est pas enracinée dans la conscience.

La prochaine étape de l'évolution humaine consistera à transcender la pensée. C'est notre tâche urgente. Cela ne veut pas dire cesser de penser, mais tout simplement ne pas être identifié à la pensée, ni possédé par elle.

❁

Sentez l'énergie de votre corps intérieur. Le bruit du mental ralentit alors ou cesse immédiatement. Sentez-la dans vos mains, vos pieds, votre abdomen, votre poitrine. Sentez la vie que vous êtes, la vie qui anime ce corps.

Ce corps devient alors une ouverture, en quelque sorte : il donne accès à un sentiment plus profond de vitalité, sous les émotions fluctuantes et l'activité mentale.

Il y a en vous une vitalité que vous pouvez sentir de tout votre Être et non uniquement dans la tête. Chaque cellule vit dans cette présence qui vous dispense de penser. Cet état n'exclut pas la pensée si elle est nécessaire à des fins pratiques. Le mental fonctionne encore, et d'une façon magnifique, quand l'intelligence supérieure que vous êtes l'utilise et s'exprime par lui.

❁

Vous ne l'avez peut-être pas remarqué, mais de brèves périodes de « conscience sans pensée » se produisent déjà d'une manière naturelle et spontanée dans votre vie. En vous livrant à une activité manuelle, en traversant une pièce, en attendant au comptoir de la ligne aérienne, vous pouvez être si complètement présent que les parasites mentaux habituels se calment pour laisser place à une présence consciente. Vous pouvez aussi regarder le ciel ou écouter quelqu'un sans faire de commentaire mental intérieur. Vos perceptions deviennent claires comme du cristal, limpides et dépourvues de pensée.

Pour le mental, cela ne compte pas, car il a d'autres chats à fouetter. De plus, comme ce ne sont pas des moments mémorables, vous ne les avez pas remarqués.

En réalité, c'est ce qui vous arrive de plus important. C'est le début du passage de la pensée à la présence consciente.

❁

Acclimatez-vous avec aisance à l'état de « non-savoir ». Il vous permet de dépasser le mental, qui essaie toujours de conclure et d'interpréter, craignant de ne pas savoir. Ainsi, lorsque vous êtes à l'aise dans le non-savoir, vous dépassez déjà le mental. De cet état surgit alors une certitude plus profonde, non conceptuelle.

❁

La création artistique, le sport, la danse, l'enseignement, l'aide aux personnes : la maîtrise de n'importe quel champ d'activité implique que le mental n'est plus engagé ou, du moins, qu'il occupe une place secondaire. Il devient une force et une intelligence plus grandes que vous, et pourtant essentiellement unies à vous. Il n'y a plus de processus décisionnel ; la bonne action s'exerce spontanément, sans que « vous » en soyez l'acteur.

La maîtrise de la vie est le contraire du contrôle. Vous vous alignez sur la conscience supérieure, qui agit, parle, effectue le travail.

❁

Un instant de danger peut susciter une cessation temporaire du flux de la pensée et, ainsi, vous donner un aperçu de ce que veulent dire la présence, l'éveil, ou la conscience.

❁

La Vérité dépasse largement ce que le mental peut comprendre. Nulle pensée n'englobe la Vérité. Au mieux, elle peut l'indiquer. Par exemple, celle-ci : « Toutes choses sont intrinsèquement Une. » C'est là une indication, non une explication. Comprendre ces paroles, c'est *sentir* au fond de vous la vérité qu'elles indiquent.

Savoir qu'on est

la conscience derrière la voix,

c'est être libre.

CHAPITRE TROIS

Le soi égoïque

Le mental cherche constamment non seulement de quoi réfléchir, mais de quoi alimenter son identité, son sentiment de soi. C'est ainsi que l'ego naît et se recrée continuellement.

En pensant ou en référant à vous-même, par l'emploi du « je », vous désignez habituellement « moi et mon histoire ». C'est le « je » de vos préférences et de vos aversions, de vos peurs et de vos désirs, le « je » qui n'est jamais longtemps satisfait. Ce sentiment d'identité, construit par le mental et conditionné par le passé, cherche à s'accomplir dans l'avenir.

Voyez-vous combien ce « je » est fugace, une formation temporaire semblable à celle des vagues à la surface de l'eau ?

Qui *voit* cela ? Qui est *attentif* au caractère fugace de votre forme physique et psychologique ? Je le Suis. C'est le « je » profond, qui n'a rien à voir avec le passé ou l'avenir.

Que restera-t-il de toute la peur et de tous les désirs associés à votre condition de vie problématique, qui accapare chaque jour la majeure partie de votre attention ? Un tiret de quelques centimètres entre votre date de naissance et celle de votre décès, sur votre pierre tombale.

Pour le soi égoïque, c'est une pensée déprimante. Pour vous, elle est libératrice.

❁

Lorsque chaque pensée absorbe votre attention, c'est que vous vous identifiez à la voix dans votre tête. La pensée devient alors investie d'un sentiment de soi. C'est l'ego, c'est-à-dire un « soi » créé par le mental. Ce soi de construction mentale se sent incomplet et précaire. C'est pourquoi la peur et le désir sont ses émotions et ses forces motivantes prédominantes.

Lorsque vous reconnaissez dans votre tête une voix qui prétend être vous et ne cesse de parler, vous vous éveillez de votre identification inconsciente au flux de la pensée. En remarquant cette voix, vous vous apercevez que vous n'êtes pas le penseur, mais la conscience.

Savoir qu'on est la conscience derrière la voix, c'est être libre.

❁

Le soi égoïque est toujours engagé dans la quête. Il cherche à acquérir *davantage* pour se donner l'impression d'être plus complet. Cela explique l'inquiétude compulsive de l'ego quant à l'avenir.

Chaque fois que vous prenez conscience de « vivre pour l'instant prochain », vous voilà déjà sorti de ce schéma du mental égoïque, et surgit aussitôt la possibilité d'un choix, celui d'accorder toute votre attention à cet instant.

Une intelligence beaucoup plus grande que le mental égoïque pénètre alors dans votre vie.

❁

En vivant selon l'ego, vous réduisez toujours l'instant présent à un moyen. Vous vivez pour l'avenir et, lorsque vous atteignez vos buts, ils ne vous satisfont pas, du moins pas longtemps.

Lorsque vous accordez plus d'attention à ce que vous êtes en train de faire qu'au résultat final escompté, vous interrompez le vieux conditionnement égoïque. Votre action devient alors non seulement beaucoup plus efficace, mais infiniment plus épanouissante et joyeuse.

Presque tout ego renferme au moins un élément de ce que l'on pourrait appeler l'« identité de victime ». Certaines personnes ont d'elles-mêmes une image de victime tellement forte que celle-ci devient le noyau central de leur ego. Le ressentiment et les griefs forment une part essentielle de leur sentiment de soi.

Même si vos griefs sont complètement « justifiés », vous vous êtes construit une identité comparable à une prison dont les barreaux sont constitués de formes-pensées. Voyez ce que vous êtes en train de vous faire, ou plutôt ce que votre mental est en train de vous faire. Sentez votre attachement émotionnel à l'égard de votre récit de victime et prenez conscience de votre tendance compulsive à y penser ou à en parler. Soyez présent en tant que témoin de votre état intérieur. Vous n'avez rien à faire. Avec la conscience vient la transformation et la liberté.

Les plaintes et la réactivité sont les schémas mentaux par lesquels l'ego se renforce le plus volontiers. Chez bien des gens, l'activité mentale et émotionnelle consiste largement à se plaindre et à réagir à ceci ou à cela. Ce faisant, ils donnent « tort » aux autres ou à une condition, et « raison » à eux-mêmes. En se donnant « raison », on se sent supérieur, et en se sentant supérieur, on renforce son sentiment de soi. En réalité, bien sûr, on ne fait que renforcer l'illusion de l'ego. Pouvez-vous observer ces tendances en vous et reconnaître pour ce qu'elle est la voix qui se plaint dans votre tête ?

Le sentiment de soi égoïque a besoin de conflits, car son sentiment de séparation tire sa force de la lutte, en démontrant que ceci est « moi » mais que cela n'est pas « moi ».

Il n'est pas rare que des tribus, des nations et des religions renforcent leur sentiment d'identité collective au moyen d'ennemis. Que serait le « croyant » sans l' « incroyant » ?

Dans vos rapports avec les gens, décelez-vous en vous-même de subtils sentiments de supériorité ou d'infériorité à leur égard ? Vous voilà en face de l'ego, qui vit de comparaisons.

L'envie est un sous-produit de l'ego, qui se sent diminué si quelque chose de bon arrive à un autre ou si quelqu'un a plus de biens, de connaissances ou de capacités. L'identité de l'ego, qui dépend de la comparaison, se nourrit du fait d'avoir plus. Il peut s'accrocher à n'importe quoi. Si tout le reste échoue, on peut renforcer un sentiment de soi fictif en s'estimant traité injustement par la vie, ou plus malade qu'un autre.

Quelles sont les histoires, les fictions dont vous tirez votre sentiment de soi ?

❁

La structure même du soi égoïque comporte un besoin d'opposition, de résistance et d'exclusion destiné à maintenir le sentiment de séparation dont dépend sa survie. C'est donc « moi » contre « l'autre », « nous » contre « eux ».

L'ego a besoin d'un conflit avec quelque chose ou quelqu'un. Cela explique pourquoi on recherche la paix, la joie et l'amour, sans pouvoir les tolérer très longtemps. On prétend vouloir le bonheur, mais on est accroché au malheur.

En définitive, votre malheur ne vient pas de votre condition de vie, mais du conditionnement de votre esprit.

❁

Entretenez-vous des sentiments de culpabilité à propos d'une chose que vous avez faite – ou non – dans le passé ? Une chose est sûre : vous avez agi en fonction de votre conscience, ou plutôt inconscience, de l'époque. Une plus grande conscience vous aurait permis d'agir différemment.

La culpabilité est un autre exemple des efforts de l'ego en vue de créer une identité, un sentiment de soi. Que ce dernier soit positif ou négatif importe peu à l'ego. Ce que vous avez fait ou non était une manifestation de l'inconscience – l'inconscience humaine. Mais l'ego la personnalise en disant « J'ai fait cela », et vous en retenez une « mauvaise » image mentale de vous.

Tout au long de l'histoire, les humains se sont mutuellement infligé d'innombrables actes de violence, cruels et blessants, et continuent ainsi. Faut-il les condamner, sont-ils tous coupables ? Ou ces gestes sont-ils de simples expressions de l'inconscience, un stade de l'évolution que nous sommes à dépasser ?

Les paroles de Jésus « pardonnez-leur, car ils ne savent ce qu'ils font » s'appliquent aussi à vous-même.

❁

Si vous vous fixez des buts égoïques afin de vous libérer, de vous améliorer ou d'accroître votre sentiment d'importance, même si vous les atteignez, ils ne vous satisferont pas.

Établissez des buts, mais sachez qu'ils n'ont pas tellement d'importance. Lorsque tout résulte de la présence, cela signifie que ce moment n'est pas un simple moyen, que le geste en soi comble chaque instant. Vous n'êtes plus en train de réduire le Présent à un moyen, c'est-à-dire à la conscience égoïque.

« Sans le soi, pas de problème », dit le maître bouddhiste lorsqu'on lui demanda d'expliquer la signification profonde du bouddhisme

Porter son attention au Présent,

ce n'est pas nier ce qui est nécessaire ;

c'est reconnaître l'essentiel.

CHAPITRE QUATRE

Le Présent

En surface, le Présent ressemble à un moment parmi d'autres. Chaque jour de votre vie semble composé de milliers d'instants au cours desquels ont lieu divers événements. Mais à y regarder de plus près, n'y a-t-il pas qu'un seul moment ? La vie n'est-elle pas « ce moment », toujours ?

Ce moment unique – le Présent – est le seul dont vous ne pourrez jamais vous échapper, l'unique facteur constant de votre vie. Quels que soient les événements ou les changements de votre vie, une chose est certaine : *c'est toujours maintenant.*

Puisqu'on ne peut échapper au Présent, pourquoi ne pas l'accueillir, s'en faire un ami ?

Lorsque vous devenez l'ami du moment présent, vous voilà à l'aise partout. Lorsque vous ne vous sentez pas à l'aise dans le Présent, où que vous alliez, vous portez ce malaise avec vous.

Le moment présent est comme il est. Toujours. Pouvez-vous le lui permettre ?

La division de la vie en passé, présent et futur est une construction mentale et, en définitive, illusoire. Le passé et le futur sont des formes-pensées, des abstractions mentales. On ne peut se rappeler le passé que Maintenant. Ce que vous vous rappelez est un événement survenu dans le Présent, que vous vous rappelez Maintenant. Le futur, lorsqu'il arrive, est le Présent. Donc, tout ce qui est réel, la seule chose à jamais se produire, c'est *vraiment* le Présent.

❁

Porter son attention au Présent, ce n'est pas nier ce qui est nécessaire ; c'est reconnaître l'essentiel. On peut alors fort aisément s'occuper de l'accessoire. Il ne s'agit pas de dire : « Je ne m'occupe plus de rien, car il n'y a que le Présent. » Non. Trouvez d'abord l'essentiel et faites-vous un ami, plutôt qu'un ennemi, du Présent. Reconnaissez-le, respectez-le. Lorsque le Présent est le fondement et le point de mire essentiel de votre vie, celle-ci se déroule avec aisance.

En rangeant la vaisselle, en établissant une stratégie commerciale, en préparant un voyage, qu'y a-t-il de plus important : le geste ou le résultat visé ? Ce moment-ci ou un moment futur ?

Traitez-vous *ce moment* comme un obstacle à surmonter ? Avez-vous l'impression de devoir atteindre un moment futur qui serait plus important ?

Presque tout le monde vit ainsi, la plupart du temps. Puisque l'avenir n'est jamais là, sauf sous la forme d'un Présent, ce mode de vie reste dysfonctionnel. Il engendre un constant courant sous-jacent de malaise, de tension et de mécontentement. Il ne respecte pas la vie, qui est le Présent et rien d'autre.

❁

Sentez la vitalité de votre corps. Elle vous ancre dans le Présent.

❁

En définitive, vous ne devenez responsable de la vie qu'en assumant la responsabilité de *cet instant* – maintenant. Voilà pourquoi le Présent est le seul espace de vie.

Prendre la responsabilité de cet instant, c'est ne pas s'opposer intérieurement à la forme qu'adopte le Présent, ne pas discuter avec ce qui est, mais bien plutôt s'aligner sur la vie.

Le Présent est ainsi parce qu'il ne peut en être autrement. Ce que les bouddhistes ont toujours su, les physiciens le confirment à présent : il n'y a ni objets ni événements isolés. Sous l'apparence superficielle, tout est interrelié, tout fait partie de la totalité du cosmos, qui a suscité la forme que prend cet instant.

En acquiesçant à ce qui est, vous vous alignez sur le pouvoir et l'intelligence de la Vie même. Alors, seulement, vous pouvez devenir un agent de changement positif dans le monde.

❁

Une pratique spirituelle simple mais radicale consiste à accepter tout ce qui survient dans le Présent – en soi et en dehors.

❁

Lorsque votre attention est concentrée sur le Présent, une vigilance s'enclenche. C'est comme lorsque vous vous éveillez d'un rêve : celui de la pensée, du passé et du futur. Tant de clarté, de simplicité ! Aucune possibilité de créer des problèmes. Juste cet instant, tel quel.

❁

Dès que vous entrez dans le Présent avec votre attention, vous réalisez que la vie est sacrée. Lorsque vous êtes présent, tout ce que vous percevez a un caractère sacré. Plus vous vivez dans le Présent, plus vous ressentez la joie simple mais profonde de l'Être et du caractère sacré de toute vie.

❁

La plupart des gens confondent le Présent avec *ce qui s'y passe*, mais ce n'est pas le cas. Le Présent est plus profond que ce qui s'y déroule : *c'est l'espace dans lequel cela se déroule.*

Ne confondez donc pas le contenu de cet instant avec le Présent. Le Présent est plus profond que tout ce qu'il renferme.

Lorsque vous entrez dans le Présent, vous sortez du contenu de votre mental. L'incessant flux mental ralentit. Les pensées n'absorbent plus toute votre attention, ne vous aspirent pas complètement. Des écarts surviennent entre les pensées – ampleur, calme. Vous commencez à voir que vous êtes plus vaste et plus profond que vos pensées.

Les pensées, les émotions, les perceptions sensorielles et toutes vos expériences composent le contenu de votre vie. « Ma vie », c'est ce dont vous tirez votre sentiment de soi, et « ma vie », c'est du contenu, ou du moins ce que vous croyez.

Vous négligez continuellement l'évidence même : votre sens le plus intime du Je Suis n'a rien à voir avec ce qui *se passe* dans votre vie, ni avec son contenu. Ce sentiment de Je Suis est uni au Présent. Il est toujours le même. Dans l'enfance et la vieillesse, la santé ou la maladie, le succès ou l'échec, le Je Suis – l'espace du Présent – demeure inchangé en profondeur. Comme vous le confondez habituellement avec le contenu, vous ne le vivez, comme le Présent, que d'une manière faible et indirecte, par le contenu de votre vie. Autrement dit, votre sentiment d'être est obscurci par les circonstances, le flux de votre pensée et les mille choses de ce monde. Le Présent est assombri par le temps.

Vous oubliez donc votre enracinement dans l'Être, votre réalité divine, et vous vous perdez dans le monde. La confusion, la colère, la dépression, la violence et le conflit surviennent lorsque les humains oublient qui ils sont.

Pour retourner chez soi, il est facile de se rappeler la vérité :

Je ne suis ni mes pensées, ni mes émotions, ni mes perceptions sensorielles, ni mes expériences. Je ne suis pas le contenu de ma vie. Je suis la vie. Je suis l'espace dans lequel tout se produit. Je suis la conscience. Je suis le Présent. Je Suis.

Vous ne trouverez pas la paix

en réorganisant votre condition de vie,

mais en prenant conscience

de qui vous êtes sur le plan plus profond.

CHAPITRE CINQ

Votre nature véritable

Le Présent est inséparable de votre nature la plus profonde.

Votre vie comprend bien des choses importantes, mais une seule a une importance absolue.

Votre réussite aux yeux du monde a de l'importance. Votre santé aussi, de même que votre éducation. Le fait d'être riche ou pauvre a de l'importance – cela établit certainement une différence dans votre vie. Oui, tout cela a une importance relative, mais aucune importance absolue.

Une chose compte plus que tout cela : le fait de découvrir votre essence par-delà cette éphémère entité, ce fugace sentiment de soi personnalisé.

Vous ne trouverez pas la paix en réorganisant votre condition de vie, mais en prenant conscience de qui vous êtes sur le plan le plus profond.

La réincarnation ne réglera rien si, au cours de votre prochaine vie, vous ne savez pas encore qui vous êtes.

Tout le malheur du monde vient d'un sentiment personnalisé du « moi » ou du « nous », qui cache votre nature essentielle. Lorsque vous n'avez pas conscience de cette essence intérieure, vous finissez toujours par engendrer le malheur. C'est aussi simple que cela. Lorsque vous ne savez pas qui vous êtes, vous construisez un soi mental à la place de votre magnifique être divin, et vous vous accrochez à ce soi craintif et indigent.

La protection et l'amélioration de ce faux sentiment de soi deviennent alors votre principale force motivante.

❁

Maintes expressions courantes, et parfois la structure même du langage, révèlent que les gens ne savent pas qui ils sont. Vous dites : « Il a perdu sa vie » ou « Ma vie », comme si vous pouviez la posséder ou la perdre. En réalité, vous n'*avez pas* de vie, vous *êtes* la vie. La seule vie qui soit, la conscience unique qui englobe l'univers et prend une forme temporaire pour faire l'expérience d'elle-même en tant que pierre ou brin d'herbe, comme animal, personne, étoile ou galaxie.

Sentez-vous, au fond de vous-même, que vous savez déjà cela ? Que vous êtes déjà cela ?

❁

La plupart des choses de la vie exigent du temps : apprendre une nouvelle technique, construire une maison, devenir un expert, préparer une tasse de thé… Mais le temps est inutile à la chose la plus essentielle de la vie, la seule qui importe vraiment : l'accomplissement, soit le fait de savoir qui vous êtes par-delà l'être de surface – par-delà votre nom, votre forme physique, votre passé, votre histoire.

Vous ne pouvez vous trouver ni dans le passé ni dans le futur. Cela n'est possible que dans le Présent.

❁

Les personnes en quête spirituelle cherchent l'accomplissement et l'illumination dans l'avenir. Une quête spirituelle implique le fait d'avoir besoin du futur. Si c'est ce que vous croyez, cela s'avérera pour vous : vous aurez *vraiment* besoin du temps, jusqu'à ce que vous voyiez que vous n'en avez pas besoin pour être qui vous êtes.

En regardant un arbre, vous avez conscience de cet arbre. En ayant une pensée ou un sentiment, vous avez conscience de cette pensée ou de ce sentiment. En vivant une expérience agréable ou pénible, vous avez conscience de cette expérience.

Ces affirmations semblent vraies et évidentes, mais en les examinant de très près, vous découvrirez que, d'une façon subtile, leur structure même renferme une illusion fondamentale, qui est inévitable lorsque vous recourez au langage. La pensée et le langage créent une dualité apparente, une personne séparée qui n'existe pas. En vérité, vous n'êtes pas quelqu'un qui a conscience de l'arbre, de la pensée, du sentiment ou de l'expérience. Vous êtes la conscience dans et par laquelle ces choses apparaissent.

Au fil de vos occupations, avez-vous conscience d'être cette conscience dans laquelle se déploie tout le contenu de votre vie ?

Vous dites : « Je veux me connaître. » Pourtant, le « je » est *vous*, comme le fait de connaître. *Vous* êtes la conscience par laquelle tout est connu. Et cela ne peut se *connaître* ; cela *est* cela.

On ne peut rien connaître d'extérieur à cela, mais toute connaissance en provient. Le « je » ne peut faire de soi un objet de connaissance, de conscience.

Ainsi, vous ne pouvez devenir un objet à vos propres yeux. C'est précisément pour cette raison qu'est survenue l'illusion de l'identité égoïque : parce que vous vous êtes mentalement changé en objet.

« C'est moi », vous dites-vous. Vous entamez une relation avec vous-même, vous vous montez une histoire et la racontez aux autres.

Si vous vous considérez comme la conscience dans laquelle se produit l'existence phénoménale, vous vous libérez, vous n'êtes plus dépendant du phénomène, ni de la quête de soi, peu importent les situations, les lieux et les conditions. En d'autres mots : ce qui se passe ou non n'a plus d'importance. Les choses perdent leur lourdeur, leur sérieux. Un esprit enjoué pénètre votre vie. Vous voyez ce monde comme une danse cosmique, celle de la forme – ni plus, ni moins.

Lorsque vous savez qui vous êtes vraiment, un sentiment de paix durable et vivant s'installe. On pourrait l'appeler la joie, car c'est bien la nature de celle-ci : une paix vivante et vibrante. C'est la joie de reconnaître en soi l'essence de la vie, celle qui précède la forme. C'est la joie d'Être – d'être qui on est vraiment.

Tout comme l'eau peut être solide, liquide ou gazeuse, on peut considérer que la conscience est « gelée » sous forme de matière physique, « liquide » sous forme de mental et de pensée, ou sans forme, en tant que conscience pure.

La conscience pure, c'est la Vie avant sa manifestation, et cette Vie regarde le monde de la forme à travers « vos » yeux, car la conscience est votre nature. Lorsque vous savez que c'est ce que vous êtes, vous vous reconnaissez en tout. C'est un état de clarté perceptuelle complète. Vous n'êtes plus une entité chargée d'un lourd passé qui devient une grille conceptuelle à partir de laquelle chaque expérience est interprétée.

C'est en percevant sans interprétation que l'on peut sentir ce qui perçoit. Le mieux que l'on puisse exprimer par le langage, c'est que la perception entre en action dans un champ de calme éveillé.

Grâce à « vous », la conscience sans forme a pris conscience d'elle-même.

La vie de la plupart des gens est menée par le désir et la peur.

Le désir, c'est le besoin de *vous donner* quelque chose qui vous permettra *d'être* davantage vous-même. Toute peur est celle de *perdre*, donc de subir une diminution, *d'être* amoindri.

Ces deux mouvements occultent le fait que l'Être ne peut ni s'ajouter ni se soustraire. L'Être dans sa plénitude est déjà en vous, maintenant.

Le lâcher-prise

est la transition intérieure

de la résistance à l'acceptation.

CHAPITRE SIX

L'acceptation et le lâcher-prise

Chaque fois que vous le pouvez, « regardez » en vous pour voir si vous êtes en train de créer inconsciemment un conflit entre l'intérieur et l'extérieur, entre votre condition extérieure à cet instant – où vous êtes, avec qui vous êtes ou ce que vous faites – et vos pensées et sentiments. Sentez-vous à quel point il est pénible de s'opposer intérieurement à ce qui *est* ?

En le reconnaissant, vous vous voyez maintenant libre de laisser tomber ce conflit futile, cet état de guerre intérieur.

Si vous deviez verbaliser votre réalité intérieure à cet instant, combien de fois par jour vous diriez-vous : « Je ne veux pas être ici » ? Comment vous sentez-vous lorsque vous ne voulez pas vous trouver là où vous êtes : dans un bouchon de circulation, à votre lieu de travail, à la salle d'attente de l'aéroport, parmi les gens qui vous entourent ?

Bien entendu, il est bon de sortir de certains endroits – c'est parfois le geste le plus approprié. Mais dans bien d'autres cas, vous n'avez pas le choix. Ce « je ne veux pas être ici » est alors inutile et dysfonctionnel. Il vous rend, vous et les autres, malheureux.

Quelqu'un a dit : « Où que vous soyez, il y a vous. » En définitive, vous *êtes* ici. Toujours. Est-il si difficile de l'accepter ?

Est-il vraiment nécessaire d'étiqueter chaque perception et expérience sensorielle ? A-t-on vraiment besoin d'une relation réactive d'attirance ou d'aversion avec la vie, de conflits presque continus avec des situations et des gens ? Ou bien n'est-ce qu'une habitude mentale que l'on peut rompre ? Non pas en faisant quelque chose, mais en laissant ce moment être comme il est.

❁

Le « non » habituel et réactif renforce l'ego. Le « oui » l'affaiblit. Votre identité de forme, l'ego, ne peut survivre au lâcher-prise.

❁

« J'ai tellement de choses à faire ! » Oui, mais quelle est la qualité de vos gestes ? En vous rendant au travail, en parlant à des clients, en travaillant à l'ordinateur, en effectuant des courses, en vous occupant des innombrables composantes de votre quotidien – êtes-vous pleinement dans ce que vous faites ? Vos agissements sont-ils marqués par le lâcher-prise ou par la rigidité ? C'est cela qui détermine votre succès dans la vie, et non la quantité de vos efforts. L'effort implique le stress et la tension, le *besoin* d'atteindre un stade futur ou d'accomplir un certain résultat.

Détectez-vous en vous la moindre *absence de désir* de ce que vous êtes en train de faire ? Comme vous êtes à nier la vie, aucun résultat heureux n'est possible.

Si vous détectez cet état en vous, pouvez-vous également le laisser tomber et vous plonger entièrement dans ce que vous faites ?

« Une chose à la fois », c'est ainsi qu'un maître zen définissait l'essence du zen.

Faire une chose à la fois, c'est vous plonger entièrement dans ce que vous faites à l'instant, y accorder toute votre attention. C'est agir dans le lâcher-prise – dans la maîtrise.

❁

Votre acceptation de ce qui *est* vous amène à un plan plus profond où votre état intérieur, de même que votre sentiment de soi, ne dépend plus des jugements moraux du mental.

Lorsque vous dites oui à la vie « telle qu'elle est », lorsque vous acceptez ce moment tel qu'il est, vous éprouvez un sentiment d'ampleur imprégné d'une paix profonde.

En surface, vous êtes peut-être encore heureux lorsqu'il fait beau, et pas autant lorsqu'il pleut ; vous pouvez être heureux de gagner un million et malheureux de perdre tous vos biens. Toutefois, ni le bonheur ni le malheur ne vont jusqu'à cette profondeur. Ce sont des vaguelettes à la surface de votre Être. La paix sous-jacente demeure imperturbable en vous, quelle que soit la nature de la condition extérieure.

Le oui à ce qui est révèle en vous une dimension de profondeur qui ne dépend ni des conditions extérieures, ni des conditions intérieures de pensées et d'émotions en constante fluctuation.

❁

Il est tellement plus facile de lâcher prise en voyant la nature fugace de toutes les expériences et le fait que le monde ne peut rien vous procurer de durable. Vous continuez alors de rencontrer des gens, de vous engager dans des expériences et des activités, mais sans les désirs et les peurs du soi égoïque. En somme, vous n'exigez plus qu'une situation, une personne, un lieu ou un événement vous satisfasse ou vous rende heureux. Sa nature transitoire et imparfaite a le droit d'exister.

Et le miracle, c'est que lorsque vous n'exigez plus rien, chaque situation, personne, endroit ou événement devient non seulement satisfaisant, mais aussi plus harmonieux, plus paisible.

❁

Lorsque vous acceptez complètement ce moment, lorsque vous n'argumentez plus avec ce qui est, le besoin compulsif de penser diminue et laisse place à un calme éveillé. Vous êtes pleinement conscient, mais l'esprit n'appose à cet instant aucune espèce d'étiquette. Cet état de non-résistance intérieure vous ouvre à la conscience inconditionnée, qui est infiniment plus grande que le mental humain. Cette vaste intelligence peut alors s'exprimer par votre intermédiaire et vous aider, de l'intérieur comme de l'extérieur. En abandonnant la résistance intérieure, vous voyez souvent la situation changer pour le mieux.

Suis-je en train de dire : « Appréciez cet instant. Soyez heureux. » ? Non.

Laissez simplement cet instant être comme il est. Cela suffit.

Lâcher prise, c'est s'abandonner à *cet instant*, et non à une histoire au moyen de laquelle vous *interprétez* ce dernier pour ensuite tenter de vous y résigner.

Par exemple, il se peut qu'un handicap vous empêche de marcher. Cette condition est ce qu'elle est. Votre mental est-il en train de créer une histoire où vous vous dites : « Ma vie en est vraiment là ! J'ai abouti dans un fauteuil roulant. La vie m'a traité avec dureté et d'une façon injuste. Je ne mérite pas cela. » ?

Pouvez-vous accepter que ce moment soit *comme il est*, sans le confondre avec une histoire dont le mental l'a enrobé ?

Le lâcher-prise vient lorsque vous ne demandez plus : « Pourquoi cela m'arrive-t-il ? »

Un bien profond se cache même dans la situation la plus inacceptable et la plus pénible en apparence, et tout désastre renferme le germe de la grâce.

Au cours de l'histoire, des hommes et des femmes ont, devant une grande perte, une maladie, une incarcération ou une mort imminente, accepté ce qui semblait inacceptable, découvrant ainsi « la paix insondable ».

Accepter l'inacceptable est la plus grande source de grâce en ce monde.

Dans certaines situations, toutes les réponses et les explications échouent. La vie n'a plus aucun sens. Ou quelqu'un en détresse vous demande de l'aide et vous ne savez pas que faire ou dire.

Lorsque vous acceptez pleinement de ne pas savoir, vous cessez de lutter pour trouver des réponses dans les limites du mental, et c'est alors qu'une intelligence plus vaste peut agir par votre intermédiaire. Même la pensée est susceptible d'en bénéficier, car l'intelligence plus vaste peut y affluer pour l'inspirer.

Parfois, lâcher prise signifie cesser de comprendre et se sentir à l'aise dans le fait de ne pas savoir.

❁

Connaissez-vous quelqu'un dont la fonction principale, dans la vie, consiste apparemment à créer son propre malheur et celui des autres, à répandre l'infortune ? Pardonnez-lui, car lui aussi participe à l'éveil de l'humanité. Il a le rôle d'intensifier le cauchemar de la conscience égoïque, l'état de non-lâcher-prise. Il n'y a là rien de personnel. Ce n'est pas sa nature essentielle.

❁

D'une certaine manière, le lâcher-prise est la transition intérieure de la résistance à l'acceptation, du « non » au « oui ». Lorsque vous lâchez prise, votre sentiment personnel cesse de s'identifier à une réaction ou à un jugement mental pour passer à *l'espace qui entoure* cette réaction ou ce jugement. Au lieu de s'identifier à la forme – pensée ou émotion –, il est, tout simplement, et reconnaît en vous ce qui est sans forme – la conscience spacieuse.

❁

Tout ce que vous acceptez entièrement vous mène à la paix, même l'impossibilité d'accepter, même la résistance.

❁

Laissez la Vie tranquille. Laissez-la être.

La comtemplation de la nature

peut vous libérer de ce « moi »,

le grand fauteur de troubles.

CHAPITRE SEPT

La nature

Notre survie matérielle n'est pas notre seule forme de dépendance de la nature. Cette dernière doit également nous indiquer le chemin du retour, la sortie de la prison du mental. Nous nous sommes perdus dans l'action, la pensée, le souvenir, l'anticipation – dans un labyrinthe complexe et un monde de problèmes.

Nous avons oublié ce que les pierres, les plantes et les animaux savent encore. Nous avons oublié comment être calmes, nous-mêmes, être là où se trouve la vie : ici et maintenant.

Chaque fois que vous portez attention à un élément naturel parvenu à l'existence sans intervention humaine, vous vous délivrez de la pensée conceptuelle et participez, dans une certaine mesure, au lien avec l'Être où existe encore tout ce qui est naturel.

Pour porter attention à une pierre, à un arbre ou à un animal, il ne s'agit pas d'y penser, mais de le percevoir, de l'entretenir dans votre conscience.

Une part de son essence vous parvient alors. Lorsque vous sentez le calme de cet être, ce calme émerge en vous. Vous le sentez reposer dans l'Être – uni à sa nature et à son espace. En prenant conscience de cela, vous arrivez, vous aussi, à un espace de repos au fond de vous.

En vous promenant, en vous reposant dans la nature, accordez-lui votre respect par une présence entière. Soyez calme. Regardez. Écoutez. Voyez comme chaque animal, chaque végétal est tout à fait lui-même. À la différence des humains, il ne s'est pas scindé. Comme sa vie ne dépend pas d'une image mentale de lui-même, il ne se soucie pas de la protéger ni de l'améliorer. Le cerf est lui-même. La jonquille est elle-même.

Tout, dans la nature, est uni non seulement en soi, mais aussi à la totalité. Rien ne s'est retiré de la trame de l'univers en proclamant une existence séparée : « moi » et le reste de l'univers.

La contemplation de la nature peut vous libérer de ce « moi », le grand fauteur de troubles.

❁

Portez votre attention aux sons de la nature, nombreux et subtils : le bruissement des feuilles au vent, les gouttes de pluie qui tombent, le bourdonnement d'un insecte, le premier chant d'oiseau à l'aube. Donnez-vous complètement à l'écoute. Par-delà les sons, il se passe quelque chose de plus grand : ce sacré, la pensée ne peut le saisir.

❁

Comme vous n'avez pas créé votre corps, vous ne pouvez contrôler ses fonctions. Une intelligence plus grande que le mental humain est à l'œuvre. Cette même intelligence soutient la nature entière. Pour vous en rapprocher davantage, il vous suffit de prendre conscience de votre propre champ d'énergie intérieur – cette vitalité, cette présence stimulante dans le corps.

Le caractère enjoué et joyeux d'un chien, son amour inconditionnel et son empressement à célébrer la vie à tout moment contrastent fortement avec l'état intérieur de son propriétaire – déprimé, anxieux, soucieux, perdu dans sa pensée, absent du seul lieu et du seul temps qui soient : ici et maintenant. À vivre avec cette personne, comment le chien parvient-il à demeurer si épanoui, si joyeux ? On se le demande bien !

❁

En ne percevant la nature que par l'esprit, ou la pensée, vous ne pouvez sentir sa vitalité, son état d'être. Vous n'en voyez que la forme, sans prendre conscience de la vie qui bat à l'intérieur – le mystère sacré. La pensée réduit la nature à une commodité utile à la recherche du profit ou de la connaissance, ou à quelque autre but utilitaire. La forêt ancienne devient bois d'œuvre ; l'oiseau, un projet de recherche ; la montagne, un objet d'exploitation ou de conquête.

Lorsque vous percevez la nature, réservez-vous des espaces de non-pensée, de non-mental. Si vous l'approchez ainsi, elle vous répondra en participant à l'évolution de la conscience humaine et planétaire.

Remarquez comme la fleur est présente, abandonnée à la vie.

❁

La plante que vous avez chez vous, l'avez-vous jamais regardée ? Avez-vous laissé cet être familier mais mystérieux, que nous appelons une plante, vous enseigner ses secrets ? Avez-vous remarqué sa paix profonde ? Son champ de calme ? Dès que vous prenez conscience de l'émanation calme et paisible d'une plante, celle-ci devient votre maître.

❁

Observez un animal, une fleur, un arbre, et voyez comme chacun prend appui dans l'Être, *est* lui-même. Sa dignité, son innocence et son caractère sacré sont immenses. Mais pour voir cela, vous devez dépasser l'habitude mentale de nommer et de cataloguer. Dès que vous traversez les étiquettes mentales, vous sentez cette dimension ineffable de la nature que la pensée ne peut concevoir ni les sens, percevoir. Cette harmonie, ce sacré imprègnent non seulement la nature, mais vous-même.

L'air que vous respirez est la nature, tout comme le processus même de la respiration.

Portez attention à votre respiration et prenez conscience du fait que vous n'y êtes pour rien. C'est la respiration de la nature. Si vous deviez vous rappeler de respirer, vous mourriez bientôt ; si vous tentiez d'arrêter de respirer, la nature prévaudrait.

La façon la plus intime et la plus forte de vous relier à la nature consiste à prendre conscience de votre respiration et à apprendre à y maintenir votre attention. C'est salutaire et profondément valorisant. La conscience passe alors du monde conceptuel de la pensée au domaine intérieur de la conscience inconditionnée.

❁

Pour vous relier à l'Être, vous devez suivre les enseignements de la nature. Vous avez besoin d'elle, mais elle aussi a besoin de vous.

Vous n'êtes pas séparés de la nature. Nous faisons tous partie d'Une Seule Vie qui se manifeste d'innombrables manières dans l'univers entier, sous des formes complètement interreliées. En reconnaissant le sacré, la beauté, le calme et la dignité incroyables d'une fleur ou d'un arbre, vous lui ajoutez quelque chose. Par votre reconnaissance et votre conscience, la nature arrive elle aussi à se connaître. Grâce à vous, elle en vient à connaître sa beauté et son caractère sacré !

❁

Un grand espace de silence garde toute la nature dans son étreinte. Il vous tient, vous aussi.

❁

Seul le calme intérieur vous donne accès au calme des pierres, des plantes et des animaux. Lorsque votre mental bruyant se retire, vous pouvez vous relier profondément à la nature et dépasser le sentiment de séparation créé par l'excès de pensées.

La pensée est un stade de l'évolution de la vie. La nature baigne dans un calme innocent, préalable à la venue de la pensée. L'arbre, la fleur, l'oiseau, la pierre n'ont pas conscience de leur beauté ni de leur caractère sacré. Par le calme, les humains dépassent la pensée et accèdent à une dimension supplémentaire de certitude, de conscience.

La nature peut vous amener au calme. C'est le cadeau qu'elle vous offre. Lorsque vous la percevez et la rejoignez dans le champ de calme, ce champ s'imprègne de votre conscience. C'est votre cadeau à la nature.

Par vous, la nature prend conscience d'elle-même. Elle vous a attendu, pour ainsi dire, pendant des millions d'années.

C'est merveilleux de dépasser le désir

et la peur dans les relations !

L'amour ne veut ni ne craint rien.

CHAPITRE HUIT

Les relations

Comme nous sommes prompts à former une opinion sur une personne, à la juger ! Il est satisfaisant pour le mental égoïque de classer un autre humain, de lui accoler une identité conceptuelle, de prononcer sur lui un jugement vertueux.

Chaque être humain est conditionné à penser et à se comporter de certaines façons – généralement par des expériences vécues dans l'enfance et par son environnement culturel.

Vous ne voyez pas l'essence de cette personne, mais son apparence. En jugeant quelqu'un, vous confondez sa nature avec ces schémas mentaux conditionnés. Cette attitude est en soi un schéma profondément conditionné et inconscient. Vous lui attribuez une identité conceptuelle et fausse qui devient une prison non seulement pour lui, mais aussi pour vous-même.

Ne plus juger une personne, ce n'est pas ne pas voir ses gestes. C'est reconnaître que son comportement correspond à une forme de conditionnement et que vous la voyez et l'acceptez ainsi. Ce n'est pas lui fabriquer une identité.

Cela vous libère, de même que l'autre, de l'identification au conditionnement, à la forme, au mental. Ainsi, l'ego ne dirige plus vos relations.

Tant que l'ego dirige votre vie, la plupart de vos pensées, de vos émotions et de vos gestes émanent du désir et de la peur. Alors, dans les relations, vous désirez ou craignez quelque chose de l'autre.

Ce que vous voulez de lui, ce peut être le plaisir ou le gain matériel, la reconnaissance, des louanges ou de l'attention, ou un renforcement de votre sentiment de soi par la comparaison et l'affirmation que vous êtes supérieur à lui, du point de vue de l'être, de l'avoir ou des connaissances. Ce que vous craignez, c'est le contraire : qu'il puisse, d'une façon ou d'une autre, diminuer votre sentiment de soi.

Lorsque vous focalisez votre attention sur le moment présent – au lieu d'en faire usage comme d'un simple moyen –, vous dépassez l'ego et l'impulsion inconsciente d'utiliser les gens pour vous mettre en valeur à leurs dépens. En accordant toute votre attention à votre interlocuteur, vous écartez de la relation le passé et le futur, sauf pour des questions pratiques. En étant pleinement présent à votre interlocuteur, vous renoncez à l'identité conceptuelle que vous lui avez fabriquée – votre interprétation de son identité et de son passé – et pouvez interagir sans les impulsions égoïques du désir et de la peur. La clé, c'est l'attention, qui est la quiétude éveillée.

Comme c'est merveilleux de dépasser le désir et la peur dans les relations ! L'amour ne veut ni ne craint rien.

Si son passé était le vôtre, sa douleur la vôtre, son niveau de conscience le vôtre, vous penseriez et agiriez exactement comme lui. Avec cette prise de conscience viennent le pardon, la compassion, la paix.

L'ego n'aime pas entendre cela, car s'il ne peut plus être réactif et vertueux, il perd de sa force.

Lorsque vous recevez comme un noble invité quiconque entre dans l'espace du Présent, et que vous laissez cette personne être soi, elle commence à changer.

Pour connaître un autre humain dans son essence, vous n'avez pas vraiment besoin de connaissance *sur* lui – son passé, son histoire. Nous confondons la connaissance superficielle avec une connaissance profonde, qui n'est pas conceptuelle. Ce sont là deux modalités complètement différentes. L'une se préoccupe de la forme, l'autre de ce qui n'en a pas. L'une procède de la pensée, l'autre du calme.

La connaissance superficielle est utile à des fins pratiques. Sur ce plan, nous ne pouvons nous en passer. Mais lorsque c'est le mode prédominant de la relation, elle devient fort contraignante et même destructrice. Les pensées et concepts engendrent une barrière artificielle, une séparation entre les humains. Alors, vos interactions ne sont pas enracinées dans l'Être, mais basées sur le mental. Sans les barrières conceptuelles, l'amour est naturellement présent dans toutes les interactions humaines.

❖

La plupart des interactions humaines se limitent à l'échange verbal – le domaine de la pensée. Il est essentiel d'apporter du calme, surtout dans vos relations intimes.

Aucune relation ne peut s'épanouir sans le sentiment d'ampleur qui accompagne le calme. Méditez, ou passez du temps ensemble en silence dans la nature. En vous promenant, ou assis dans la voiture ou à la maison, coulez-vous dans votre calme commun. Ce dernier ne peut et ne doit pas être créé. Il suffit d'être réceptif au calme déjà présent, mais généralement couvert par le bruit mental.

Sans ce calme spacieux, la relation sera dominée par le mental et aisément envahie par les problèmes et les conflits. Le calme, lui, peut tout contenir.

❖

L'écoute véritable est un autre moyen d'apporter le calme dans la relation. Lorsque vous écoutez vraiment, la dimension du calme émerge, devenant un aspect essentiel de la relation. Mais l'écoute véritable est un talent rare. Habituellement, une personne accorde une grande part de son attention à sa pensée. Au mieux, elle peut évaluer vos paroles ou préparer son prochain propos. Ou elle n'écoute peut-être pas du tout, perdue dans ses propres pensées.

L'écoute véritable dépasse largement la perception auditive. C'est l'attention éveillée, un espace de présence dans lequel les paroles sont reçues. Celles-ci deviennent alors secondaires, pouvant ou non avoir un sens. Ce qui compte, bien plus que *ce que* vous écoutez, c'est l'écoute même ; l'espace de présence consciente se manifeste dans votre écoute. Cet espace est un champ de conscience homogène dans lequel vous rencontrez l'autre sans les barrières créées par la pensée conceptuelle. Ainsi, cette personne n'est plus « autre ». Dans cet espace, vous êtes tous deux reliés en une seule conscience.

❁

Vivez-vous des drames fréquents et répétitifs dans vos relations intimes ? Des désagréments relativement insignifiants déclenchent-ils souvent des discussions violentes et une douleur émotionnelle ?

Cela repose sur les schémas égoïques de base, soit le besoin d'avoir raison et, bien sûr, de donner tort à l'autre. En somme, sur l'identification à des positions mentales. Il y a aussi le besoin de l'ego d'être en conflit périodique avec une chose ou une personne afin de renforcer son sentiment de séparation entre « moi » et « l'autre », condition essentielle à sa survie.

S'y ajoute l'accumulation de la douleur émotionnelle antérieure que vous portez, comme tout être humain, celle de votre passé personnel et de la douleur collective de l'humanité, fort ancienne. Ce « corps de souffrance » est un champ d'énergie intérieur qui s'empare sporadiquement de vous, par besoin de ressentir une plus grande douleur émotionnelle, pour s'en nourrir et se reconstituer. Il tente de contrôler votre pensée et de la rendre profondément négative. En réalité, il adore vos pensées négatives. Comme il résonne à leur fréquence, il peut s'en nourrir aussi. Il provoque également des réactions émotionnelles négatives chez vos proches, surtout votre partenaire, pour se repaître du drame et de la douleur émotionnelle qui s'ensuivent.

Comment vous libérer de cette inconsciente et profonde identification à la douleur qui engendre tant de malheur dans votre vie ?

Prenez-en conscience. Voyez que ce n'est pas votre nature et reconnaissez-la pour ce qu'elle est : une douleur passée. Observez-la chez votre partenaire ou chez vous-même. Lorsqu'elle est rompue, lorsque vous pouvez l'observer en vous, vous ne l'alimentez plus et elle perd graduellement sa charge énergétique.

❁

L'interaction humaine peut être un enfer. Ou une grande pratique spirituelle.

Si, en considérant un autre humain, vous ressentez beaucoup d'amour à son égard, ou si, en contemplant la beauté de la nature, quelque chose en vous réagit profondément, fermez un instant les yeux et ressentez en vous l'essence de cet amour ou de cette beauté, essence inséparable de qui vous êtes, de votre nature véritable. La forme extérieure est un reflet temporaire de votre nature intérieure, de votre essence. C'est pourquoi l'amour et la beauté ne vous quitteront jamais, contrairement à toutes les formes extérieures.

❁

Quelle est votre relation au monde des objets, aux innombrables choses qui vous entourent et que vous manipulez quotidiennement ? Ce fauteuil, ce stylo, cette voiture, cette tasse ? Sont-ils pour vous de simples moyens, ou vous arrive-t-il parfois de reconnaître leur existence, leur être, ne serait-ce que brièvement, en les remarquant et en leur accordant votre attention ?

Lorsque vous vous attachez aux objets, que vous les utilisez pour rehausser votre valeur à vos propres yeux et à ceux des autres, les préoccupations matérielles peuvent facilement s'emparer de votre vie. En vous identifiant aux choses, vous ne les appréciez pas pour ce qu'elles sont, car vous vous cherchez en elles.

Si vous appréciez un objet pour ce qu'il est, si vous reconnaissez son être sans projection mentale, vous *ne pouvez* qu'être reconnaissant de son existence. Vous pouvez également sentir qu'il n'est pas vraiment inanimé, que ce n'est qu'apparence des sens. En effet, les physiciens confirmeront que, sur un plan moléculaire, tout objet constitue un champ d'énergie en pulsation.

Grâce à votre appréciation désintéressée du domaine des objets, le monde qui vous entoure prendra vie de bien des façons dont votre mental n'a pas la moindre idée.

Lorsque vous rencontrez quelqu'un, ne serait-ce que brièvement, reconnaissez-vous son être en lui accordant toute votre attention ou bien le réduisez-vous à un simple moyen, à une fonction ou un rôle ?

Quelle est la qualité de votre relation avec la caissière du supermarché, le préposé au stationnement, le réparateur, le « client » ?

Un moment d'attention suffit. Lorsque vous regardez ou écoutez cette personne, un calme éveillé se produit – de deux ou trois secondes, peut-être d'une durée plus longue. Cela suffit pour qu'émerge quelque chose de plus réel que les rôles habituels auxquels nous nous identifions. Tous les rôles font partie de la conscience conditionnée qu'est le mental humain. Ce qui se révèle par le geste attentif, c'est l'inconditionné – votre nature essentielle, derrière votre nom et votre forme. Vous n'êtes plus en train de jouer un scénario ; vous devenez réel. Lorsque cette dimension monte du fond de vous, elle l'attire aussi chez l'autre.

En définitive, il n'y a bien entendu personne d'autre ; c'est toujours vous-même que vous rencontrez.

La vie est éternelle.

CHAPITRE 9

La mort et l'éternel

En marchant dans une forêt qui n'a été ni domestiquée ni dérangée par l'homme, non seulement vous verrez une vie abondante tout autour de vous, mais vous rencontrerez aussi, à chaque pas, des arbres tombés, des troncs et des feuilles en train de pourrir et de la matière décomposée. Partout où vous regarderez, vous trouverez la vie aussi bien que la mort.

En y regardant de plus près, toutefois, vous découvrirez que le tronc et les feuilles en décomposition non seulement donnent naissance à une nouvelle vie, mais sont eux-mêmes pleins de vie puisque des micro-organismes y travaillent, des molécules se réorganisent. La mort ne se trouve donc nulle part. Il n'y a que la métamorphose des formes de vie. Quelle leçon pouvez-vous en tirer?

La mort n'est pas le contraire de la vie. La vie n'a pas de contraire. Le contraire de la mort est la naissance. La vie est éternelle.

De tout temps, les sages et les poètes ont reconnu le caractère onirique de l'existence humaine – en apparence si solide et si réelle, mais en fait si fugace qu'elle pourrait se dissoudre à tout moment.

À l'instant de la mort, en effet, l'histoire de votre vie peut vous apparaître comme un rêve tirant à sa fin. Mais même un rêve doit avoir une essence réelle. Il doit se concrétiser dans une conscience; autrement, il ne *serait* pas.

Cette conscience est-elle créée par le corps ou crée-t-elle le rêve du corps ou de quelqu'un?

Pourquoi la plupart de ceux qui ont survécu à la mort ne craignent-ils plus la mort ? Réfléchissez à cela.

Vous savez, bien sûr, que vous allez mourir, mais cela demeure un simple concept mental jusqu'à votre première rencontre « personnelle » avec la mort : une grave maladie ou un accident qui vous arrive ou afflige un proche, ou le décès d'un être aimé. La mort entre alors dans votre vie en tant que conscience de votre propre mortalité.

La plupart des gens s'en détournent par peur, mais si vous ne bronchez pas et affrontez la fugacité de votre corps qui pourrait se dissoudre à tout moment, vous parvenez à un certain degré de désidentification, même léger, de votre forme physique et psychologique, le « moi ». Lorsque vous voyez et acceptez la nature transitoire de toutes les formes de vie, un étrange sentiment de paix s'installe en vous.

En affrontant la mort, votre conscience se libère dans une certaine mesure de l'identification à la forme. C'est pourquoi, dans des traditions bouddhistes, les moines visitent régulièrement la morgue pour méditer assis parmi les dépouilles.

La culture occidentale entretient un déni généralisé de la mort. Même les gens âgés tentent de ne pas en parler ni d'y penser, et l'on cache les cadavres. Une culture qui nie la mort finit par devenir superficielle, préoccupée uniquement par la forme extérieure des choses. Lorsqu'on nie la mort, la vie perd sa profondeur. La possibilité de savoir qui nous sommes par-delà le nom et la forme, soit d'accéder à la dimension du transcendant, disparaît de notre vie, puisque la mort est la porte d'entrée de cette dimension.

Les gens ont tendance à vivre une fin avec un malaise, car toute fin est une petite mort. C'est pourquoi, dans bien des langues, l'expression employée lorsqu'on se quitte signifie « au revoir ».

Chaque fois qu'une expérience tire à sa fin – une réunion d'amis, un congé, le départ des enfants –, on vit une petite mort. Une « forme », que cette expérience a fait apparaître dans votre conscience, se dissout, et cela laisse souvent un sentiment de vide que la plupart des gens s'efforcent de ne pas ressentir, de ne pas affronter.

Si vous apprenez à accepter et même à accueillir la fin dans votre vie, vous découvrirez peut-être que le sentiment de vide, qui paraissait inconfortable au début, prend une ampleur profondément paisible.

En apprenant ainsi à mourir au quotidien, vous vous ouvrez à la Vie.

La plupart des gens ont l'impression que leur identité, leur sentiment de soi, est une chose incroyablement précieuse qu'il ne faut pas perdre. C'est la raison pour laquelle ils ont si peur de la mort.

Il semble inimaginable et effrayant que « je » puisse cesser d'exister. Mais vous confondez ce précieux « je » avec votre nom, votre forme et l'histoire qui y est associée. Ce « je » n'est qu'une création temporaire dans le champ de la conscience.

Tant que votre connaissance se résume à cette identité formelle, vous n'êtes pas conscient du fait que ce caractère précieux est votre propre essence, votre sentiment le plus intime du « Je Suis », qui est la conscience même. C'est l'éternel en vous – et la seule chose que vous ne pouvez perdre.

Chaque fois qu'une perte profonde survient dans votre vie – celle de vos biens, de votre maison, d'une relation intime ; ou celle de votre réputation, de votre travail ou de vos capacités physiques –, quelque chose meurt en vous. Vous vous sentez diminué dans votre sentiment d'identité. Vous pouvez également ressentir une certaine désorientation : « Sans cela… qui suis-je ? »

Lorsqu'une forme que vous aviez inconsciemment identifiée à une partie de vous-même vous quitte ou se dissout, ce peut être extrêmement pénible. Elle laisse un trou, pour ainsi dire, dans le tissu de votre existence.

Dans ce cas, ne niez pas et n'ignorez pas votre douleur ni votre tristesse. Acceptez leur présence. Méfiez-vous de la tendance de votre mental à élaborer autour de cette perte une histoire dans laquelle vous vous donnez le rôle de victime. La peur, la colère, le ressentiment ou l'apitoiement sur soi sont les émotions qui accompagnent ce rôle. Puis, prenez conscience de ce que cachent ces émotions et cette construction du mental : ce trou, cet espace vide. Pouvez-vous affronter et accepter cet étrange sentiment de vide? Le cas échéant, vous découvrirez peut-être que cet espace n'est pas si terrifiant. Vous aurez peut-être la surprise de constater qu'une paix en émane.

Chaque fois que la mort survient, qu'une forme de vie se dissout, Dieu, l'informe et le non-manifesté, rayonne par l'ouverture laissée par la forme en dissolution. Voilà pourquoi la mort est ce qu'il y a de plus sacré dans la vie. Voilà pourquoi la paix de Dieu peut vous parvenir par la contemplation et l'acceptation de la mort.

Comme chaque expérience humaine est éphémère, comme nos vies sont fugaces! Y a-t-il quelque chose qui ne soit pas sujet à la naissance et à la mort, quelque chose d'éternel?

Réfléchissez : s'il n'y avait qu'une seule couleur, disons le bleu, et que le monde entier, avec tout ce qu'il comprend, était bleu, il n'y aurait pas de bleu. Pour que l'on puisse reconnaître le bleu, il doit y avoir quelque chose qui ne l'est pas; autrement, il ne «ressortirait» pas, il n'existerait pas.

De même, ne faut-il pas quelque chose qui n'est ni fugace ni transitoire pour que soit reconnue la fugacité de toutes choses? Autrement dit, si tout était transitoire, y compris vous-même, le sauriez-vous? Puisque vous avez conscience de la nature éphémère de toutes les formes, y compris la vôtre, et que vous pouvez l'observer, n'est-ce pas un signe que quelque chose en vous n'est pas sujet à la décomposition?

À vingt ans, vous avez conscience de la force et de la vigueur de votre corps; soixante ans plus tard, vous avez conscience de sa faiblesse et de sa vieillesse. Votre pensée a peut-être changé, elle aussi, depuis vos vingt ans, mais la conscience de la jeunesse ou de la vieillesse du corps, ou du changement de votre pensée, n'a subi, elle, aucune modification. Cette conscience, c'est l'éternel en vous – la conscience même. C'est la Vie Une et sans forme. Pouvez-vous La perdre ? Non, car C'est ce que vous êtes.

Juste avant de mourir, certaines personnes deviennent profondément paisibles et presque lumineuses, comme si quelque chose luisait à travers la forme en dissolution.

Il arrive parfois que des gens très malades ou vieux deviennent en quelque sorte presque transparents au cours des ultimes semaines, mois ou même années de leur vie. Lorsqu'ils vous regardent, vous voyez une lueur dans leurs yeux. La souffrance psychologique a disparu. Comme ils ont lâché prise, la personne, ce « moi » égoïque construit par le mental, s'est déjà dissoute. Ils sont « morts avant de mourir » et ont trouvé une paix intérieure profonde, soit la conscience de leur part immortelle.

❁

Pour chaque accident et désastre, il existe une dimension de rédemption potentielle dont nous ne sommes habituellement pas conscients.

L'immense choc de la mort imminente et tout à fait inattendue peut subitement sortir votre conscience de l'identification à la forme. Aux derniers instants avant la mort physique, et au moment de celle-ci, vous avez l'impression d'être une conscience libérée de la forme. Soudain, plus de peur, seulement la paix et la certitude que « tout va bien » et que la mort n'est que la dissolution d'une forme. La mort est alors perçue, en fin de compte, comme une illusion – tout comme la forme à laquelle vous vous étiez identifié.

❁

La mort n'est pas une anomalie ni l'événement le plus terrible de tous, comme la culture moderne voudrait vous le faire croire, mais la chose la plus naturelle du monde, inséparable de son autre polarité, la naissance, tout aussi naturelle. Rappelez-vous cela lorsque vous accompagnerez un mourant.

C'est un grand privilège et un geste sacré que d'assister à la mort de quelqu'un, en tant que témoin et compagnon.

Lorsque vous accompagnez un mourant, ne niez aucun aspect de cette expérience. Ne niez pas ce qui est en train de se passer, ni vos sentiments. Reconnaître que vous ne pouvez rien faire peut vous donner un sentiment de désespoir, de tristesse ou de colère. Acceptez ce que vous ressentez. Puis, faites un pas de plus : acceptez votre impuissance, acceptez-la complètement. Vous ne dominez pas la situation. Abandonnez-vous profondément à chaque aspect de cette expérience, à vos sentiments, de même qu'à toute la douleur ou à l'inconfort du mourant. Votre conscience en lâcher-prise et le calme qui l'accompagne aideront grandement le mourant et faciliteront sa transition. S'il convient de prononcer quelques paroles, elles jailliront de votre calme intérieur, mais seront en somme secondaires.

Avec le calme vient la bénédiction : la paix.

La souffrance est nécessaire

jusqu'à ce que vous preniez conscience

de son inutilité.

CHAPITRE DIX

La souffrance et sa disparition

Tout est en interrelation : les bouddhistes l'ont toujours su et les physiciens le confirment à présent. Aucun événement n'est isolé, sinon en apparence. Plus nous le jugeons et l'étiquetons, plus nous l'isolons. La globalité de la vie devient fragmentée par notre pensée. Mais c'est la totalité de la vie qui a suscité cet événement, partie intégrante de la trame d'interrelation qu'est le cosmos.

En d'autres termes, tout ce qui *est* ne pourrait être autrement.

Dans la plupart des cas, nous n'avons pas la moindre idée du rôle qu'un événement apparemment insignifiant peut jouer au sein de la totalité du cosmos, mais la reconnaissance de son inévitabilité dans l'immensité de l'ensemble peut vous amener à accepter intérieurement ce qui est, et ainsi, vous réaligner sur l'entièreté de la vie.

La vraie liberté et la disparition de la souffrance consistent à vivre comme si vous aviez choisi tout ce que vous ressentez ou vivez en ce moment.

Cet alignement intérieur sur le Présent, c'est la disparition de la souffrance.

La souffrance est-elle nécessaire ? Oui et non.

Si vous n'aviez pas souffert comme vous l'avez fait, vous n'auriez ni profondeur humaine, ni humilité, ni compassion. Vous ne seriez pas en train de lire ceci, maintenant. La souffrance casse la coquille de l'ego, et vient un moment où celui-ci a rempli son but.

La souffrance est nécessaire jusqu'à ce que vous preniez conscience de son inutilité.

❁

Le malheur a besoin d'un « moi » construit par le mental, avec une histoire, une identité conceptuelle. Il a besoin de temps – le passé et le futur. Lorsque vous retirez le temps de votre malheur, que reste-t-il ? Cet instant tel qu'il est.

Ce peut être un sentiment de lourdeur, d'agitation, de contraction, de colère, ou même de nausée. Ce n'est ni le malheur ni un problème personnel. La douleur humaine n'a rien de personnel. Ce n'est qu'une pression ou une énergie intense ressentie quelque part dans votre corps. Lorsque vous y portez attention, ce sentiment ne devient pas une pensée qui active le « moi » malheureux.

Voyez ce qui se produit lorsque vous vous contentez de laisser monter un sentiment.

❁

Beaucoup de souffrance et de malheur surviennent lorsque vous tenez pour vraie chaque pensée qui vous vient en tête. Ce ne sont pas les situations qui vous rendent malheureux. Elles peuvent vous causer de la douleur physique, mais sans plus. Ce sont vos pensées qui vous rendent malheureux, dont vos interprétations, les histoires que vous vous racontez.

« Les pensées que j'ai à présent me rendent malheureux. » Cette seule prise de conscience rompt votre identification inconsciente à ces pensées.

Quelle journée de malheur !
Il n'a même pas eu la politesse de retourner mon appel !

Elle m'a laissé tomber !

Ce sont là des petites histoires que nous nous racontons à nous et aux autres, souvent sous forme de plaintes. Elles sont inconsciemment destinées à augmenter notre sentiment de soi toujours déficient, en nous donnant « raison » et en donnant « tort » à quelqu'un. Avoir « raison » nous place dans une position de supériorité imaginaire et, ainsi, renforce notre faux sentiment de soi, l'ego. Cela crée aussi une sorte d'ennemi : oui, l'ego a besoin d'ennemis pour définir ses frontières, et même la météo peut jouer ce rôle.

L'habitude du jugement mental et la contraction émotionnelle vous mettent en relation personnalisée, réactionnelle, avec les gens et les événements de votre vie. Ce sont là des formes de souffrance que vous vous créez, mais qui ne sont pas reconnues comme telles, car l'ego s'en satisfait, se développant par la réactivité et le conflit.

Comme la vie serait simple sans ces histoires !

Il pleut.

Il n'a pas appelé.

J'étais là. Elle, non.

Lorsque vous souffrez, quand vous êtes malheureux, restez complètement avec ce qui *est*, au Présent. Le malheur ou les problèmes ne peuvent survivre dans le Présent.

❁

La souffrance est déclenchée lorsque vous apposez mentalement à une situation l'étiquette d'indésirable ou de mauvaise. Vous avez du ressentiment face à une situation, et ce ressentiment la personnalise et amène un « moi » réactif.

On a l'habitude de nommer et de cataloguer, mais on peut rompre avec cette manie. Commencez une pratique de « non-étiquetage » par de petites choses. Si vous ratez l'avion, cassez une tasse ou glissez dans la boue, pouvez-vous vous retenir d'appliquer à cette expérience l'étiquette de « mauvaise » ou de « pénible » ? Pouvez-vous immédiatement accepter l'instant tel qu'il est ?

Le fait de donner à une chose l'étiquette de « mauvaise » provoque en vous une contraction émotionnelle. Lorsque vous la laissez être, sans la qualifier, un pouvoir énorme est soudain mis à votre disposition.

La contraction vous sépare de ce pouvoir, du pouvoir de la Vie même.

Ils ont mangé du fruit de l'arbre de la connaissance du bien et du mal.

Dépassez le bien et le mal en vous empêchant de donner à quoi que ce soit l'étiquette mentale de « bon » ou de « mauvais ». Lorsque vous dépassez l'habitude d'étiqueter, la force de l'univers passe par vous. Lorsque vous êtes en relation non réactive avec des expériences, ce que vous auriez appelé « mauvais » reçoit un redressement rapide, sinon immédiat, par la force de la Vie même.

Observez ce qui a lieu lorsque vous n'utilisez pas l'étiquette de « mauvaise » et que vous choisissez plutôt une acceptation intérieure, un « oui » intérieur, et laissez cette chose être telle qu'elle est.

Quelle que soit votre situation dans la vie, comment vous sentiriez-vous si vous l'acceptiez telle quelle – dès maintenant ?

Bien des formes de souffrance, subtiles et moins subtiles, sont si « normales » qu'on ne les reconnaît pas habituellement comme étant de la souffrance. Elles peuvent même donner l'impression d'être satisfaisantes pour l'ego – l'irritation, l'impatience, la colère, un ennui avec quelque chose ou quelqu'un, le ressentiment, le fait de se plaindre.

Vous pouvez apprendre à reconnaître toutes ces formes de souffrance à mesure qu'elles se présentent, et savoir : en ce moment, je suis en train de me faire souffrir.

Si vous avez l'habitude de vous faire souffrir, vous êtes probablement à faire souffrir les autres aussi. Ces schémas mentaux inconscients ont tendance à disparaître lorsqu'on les rend conscients, lorsqu'on en prend conscience dès qu'ils surviennent.

Vous ne pouvez à la fois être conscient *et* vous faire souffrir.

❁

Voici le miracle : derrière chaque condition, personne ou situation apparemment « mauvaise » se cache un bienfait plus profond. Ce dernier se révèle à vous – en vous et à l'extérieur – par l'acceptation de ce qui est.

« Ne t'oppose pas au mal » est l'une des plus grandes vérités de l'humanité.

Dialogue :

– Accepte ce qui *est*.

– Je ne peux vraiment pas. Je suis agité et en colère à ce sujet.

– Alors, accepte *ces sentiments*.

– Accepter d'être impatient et en colère ? De ne pas pouvoir accepter ?

– Oui. Mets de l'acceptation dans ta non-acceptation. Mets du lâcher-prise dans ta rigidité. Puis, vois ce qui se produit.

❁

La douleur physique chronique est l'un des maîtres les plus sévères que vous puissiez avoir. Son enseignement se résume à ceci : « Inutile de résister. »

Rien n'est plus normal que de s'opposer à la souffrance. Mais si vous pouvez laisser tomber cette opposition, et plutôt permettre à la douleur d'exister, vous remarquerez peut-être une subtile séparation intérieure par rapport à la douleur, un espace entre vous et elle, pour ainsi dire. Cela signifie une souffrance consciente, volontaire. Lorsque vous souffrez consciemment, la douleur physique peut rapidement consumer l'ego en vous, puisque ce dernier est surtout fait de résistances. Il en va de même pour l'incapacité physique extrême.

Lorsque vous « offrez votre souffrance à Dieu », c'est une autre façon d'exprimer la même chose.

❁

Il n'est pas nécessaire d'être chrétien pour comprendre la vérité universelle profonde que renferme sous forme symbolique l'image de la croix.

La croix est un instrument de torture. Elle représente la souffrance, la contrainte et l'impuissance extrêmes pour un humain. Soudain, cet humain lâche prise, souffre volontairement, consciemment, comme l'expriment ces paroles : « Que ta volonté soit faite, et non la mienne. » À cet instant, la croix, instrument de torture, montre sa face cachée : c'est aussi un symbole sacré, celui du divin.

Ce qui paraît nier à la vie toute dimension transcendantale devient, par le lâcher-prise, une entrée dans cette dimension.

À propos de l'auteur

Eckhart Tolle est né en Allemagne et y a passé les treize premières années de sa vie. Après des études universitaires à Londres, il s'orienta vers la recherche et, dans ce cadre, dirigea même un groupe à l'Université de Cambridge. À l'âge de 29 ans, il connut une profonde évolution spirituelle qui le transfigura et changea radicalement le cours de son existence.

Il consacra les quelques années suivantes à comprendre, intégrer et approfondir cette transformation qui marqua chez lui le début d'un intense cheminement intérieur.

Au cours des dix dernières années, il fut conseiller et enseignant spirituel auprès d'individus et de petits groupes en Europe et en Amérique du Nord. Depuis 1996, il vit à Vancouver, (Colombie-Britannique). Grâce à ce livre, un plus grand auditoire pourra enfin profiter de ses enseignements. Vous pouvez obtenir plus d'informations à propos d'Eckhart Tolle en vous adressant à:

Eckhart Teachings
P. O. Box 93661, Nelson Park RPO,
Vancouver, B.C. Canada V6E 4L7

Téléphone : (604) 893-8500

Site web : www.eckharttolle.com